中國古代地理總志叢刊

太平寰宇記

四

〔宋〕樂史撰

王文楚等點校

中華書局

太平寰宇記卷之八十二

劍南東道一

梓州　富國監

梓州

梓州，梓潼郡。今理郪縣。禹貢梁州之域。秦爲蜀國鹽亭之地，二漢屬廣漢、巴二郡。三國時，其爲東廣漢郡。按蜀志云：「先主入蜀，攻劉璋，遣諸葛亮等分定州郡，略地至郪，百姓以牛酒犒師於會軍堂山。」是此地，東廣漢郡，即後主置也。晉、宋、齊並爲廣漢郡。至梁初，武陵王蕭紀於郡置新州。西魏又於此立昌城郡。至隋開皇十八年廢郡，改新州爲梓州，取梓潼江爲郡名。煬帝初廢州，改爲新城郡。唐武德元年改爲梓州，領郪、射洪、鹽亭、飛烏、通泉五縣；三年又以益州玄武來屬；四年又置永泰縣。調露元年置銅山縣。天寶元年改爲梓潼郡。乾元元年復爲梓州。乾元後，分蜀爲東西川，梓州恒爲東川節度使治所也。皇朝改爲安靜軍節度。

領縣十：〔一〕郪縣，玄武，涪城，綿州割到。射洪，通泉，鹽亭，銅山，飛烏，永泰，東關。僞蜀置。

州境：東西三百六十五里。南北三百六十三里。

四至八到：東北取綿州路至東京三千六百里。東北至西京二千九百三十里。東北至長安二千里。東至果州三百五十里。正南微東至普州三百四十六里。西至漢州二百三十里。正北微東至劍州三百六十八里。東南至遂州一百八十五里。〔二〕西南至簡州一百八十五里。西北至綿州一百三十里。東北至閬州三百一十五里。〔三〕正東微南至果州二百五十里。

户：唐開元户六萬一千九百。皇朝户主三萬七千六百五十四，客二萬六千二百六十一。〔四〕

風俗：同益州。

人物：馮信，字季誠，郪人。凡十舉孝廉科，十辟公府，皆不就。王堂，字敬伯，廣漢郪人，曾孫商，爲蜀郡太守。馮顥，郪人，爲成都令。鄭純，郪人，爲南郡太守。〔五〕王涣，字稚子，郪人，當機善斷，陳寵辟爲功曹，由此顯名。〔六〕　譚顯，爲長樂衛尉。　唐陳子昂，射洪人。　李義府。射洪人。

土産：綾，綿，銀，空青，曾青，石緑，地黄，紅花，砂糖，甘橘，枇杷。十道記云：「廣漢之地有鹽井、銅山之富。本南夷，周末，秦并爲郡。有蔬食果實之饒。」舊進丙熟、烏頭、紋綾、水波綾。〔七〕

水名：梓潼，鹽亭水，涪江，郪江，合江。

地名：郪道，郪郎，新城，武都，巴西，南充。

郪縣，舊二十六鄉，今九鄉。按常璩國志云：「漢高帝六年置廣漢郡，管縣六，〔八〕郪縣是其一也。」舊縣在今縣南九里。〔九〕臨江，郪王城基址見存。又云以郪江爲縣名。蜀志：「姜維等聞諸葛瞻破，乃引軍由廣漢郪道，以審虚實。」即此地。後魏置新城縣于此，恭帝三年改爲昌城縣。隋開皇三年罷郡，縣屬新州；十年改新州爲梓州，縣屬不改。縣有鹽井四十三眼，二十二眼見煎，餘廢。

中江水，在縣西南三里。源從玄武縣東界流入當縣西南，八十餘里入涪江。

桃花溪，在縣東三十里。〔一〇〕源從涪城縣南流入當縣東，又六十里入射洪縣。

石谷溪，在縣東南二里。〔一一〕源出當縣杜山下，〔一二〕遶牛頭山南入中江。

牛頭山，在縣西南二里。高一里，形似牛頭，四面孤絶，俯臨州郭，下有長樂寺，樓閣烟花，爲一方之勝概。

涪江，在縣西二百里。自涪城縣東南流入縣界，合中江，東流入射洪縣界，屈曲二十里。通遂州。

郪道，漢郪道縣城在今縣西。〔三〕

玄武縣，州西一百十五里。四十三鄉。今十鄉。本漢五城縣地，〔四〕華陽國志：「漢時立倉，發五城縣人，尉部主之，後因以爲縣。」晉武改爲五城縣，屬東廣漢郡，在五城山。隋開皇三年置玄武縣，隸益州。唐貞觀元年割入梓州。

玄武山。九州要記云：「玄武山，一名赤雀山，一名宜君山，山有鹿尾入貢。」又華陽國志云：「玄武山，一名三嵎山，在縣東二里，其山六屈三起。山出龍骨，傳云龍升其山，值天門閉，龍升不達，死墜于此，後没入地中，民掘取其骨，入藥用。」

九州要記：「鹽井二，近江水淡，煎鹽不成。」

覆船山，改名泊山，〔五〕高五里。按十道録云：「堯遭洪水，維舟泊此，船覆于樹下，因此名焉。」又益州記：「覆船山中十五里，有七里阪，一名羊腸阪，屈曲有壁立，難升之路。」

犂刃山，在縣北十里。按李膺蜀記：「犂刃山長八里，高出衆峰，形如鏵刃。」

廢懷歸縣，在西北二十里。蜀記云：「宋元嘉九年置，後周明帝初併入玄武縣。」

廢五城縣，在縣東二里。李膺蜀記云：「五城在三嵎山之東。」

涪城縣，西北六十里。舊二十鄉，〔一六〕今五鄉。本漢縣，屬巴西郡。〔一七〕後漢初，吴漢入蜀，裨將臧宫拔涪城，即此邑。東晉立始平郡于此。隋初廢郡後爲涪城縣，以隸巴西郡。〔一八〕大曆十三年又自綿州卻隸梓州。管鹽井五十五所，一十眼煎，四十五眼塞。

涪城水，在縣北。從綿州巴西郡界流入縣界，卻入郪縣。

香積山，在縣東南三里。北枕涪江。

五層山，在縣北二十五里。

天柱山，高二里，四面平正，有重山，〔一九〕高一百餘步，孤秀如柱，故名天柱山。

射洪縣，東南六十里。舊十三鄉，今四鄉。本漢廣漢郡郪縣地，後魏恭帝于此分置射洪縣。〔二〇〕益州記：「郪僂灘東六里有射江，〔二一〕土人語訛以江爲洪。」

涪江，從郪縣界流入當縣北界。

梓潼水，從鹽亭縣南界流入當縣，又東流入涪江。

獨坐山，在縣東南二十五里。周迴一里，高一百丈，卓然孤峙，南枕涪、梓二水。

懸巖，在縣南一十五里。遠望懸崖，皎如白雪，舊名崖山，〔二二〕天寶三年勅改爲懸巖山。

射江。水經注云：「涪江水又東南流，合射江。」即今射洪縣南有此水。

通泉縣，東南百四十里。舊十二鄉，今五鄉。故西宕渠郡湧泉縣地名黄滸川，隋開皇三年於此置通泉縣，□□□□□□□交注，〔二三〕取其流通之名。管鹽井七十四所。

通泉山，在縣西北二十里。東臨涪江，絶壁二百餘丈，水從山頂湧出，下注涪江。湧泉郡故城在此。

涪江，從射洪縣東南流入縣界，又南流入遂州。

黄滸水，源從鹽亭縣東南流入當縣，合涪江。〔二四〕

萬頃澤田，在縣東北二十二里，澤内田方萬頃。〔二五〕

鹽亭縣，東北九十二里。舊十三鄉，今六鄉。按李膺蜀記云：「靈江東鹽井亭，古方安縣也。」周地紀：「梁大同元年於此亭置縣，因井爲名。」管鹽井三，一井見煎。

負戴山，在縣西一里，高二里。自劍門南來，過劍州，入當縣。其山龍盤虎踞，起伏四百餘里，至此卻蹲。山有飛龍泉噴下，南流入梓潼江，水色清泠，其味甘美，時以爲瓊漿水。

龍固山，在縣西北七十里。高四里，四面懸絶，可以固守。

董叔山，在縣東九十步，高一里。隔瀰江水，孤峰絶島，峭壁千仞。舊名潺亭山，隋開皇四年，縣令董叔封嘗遊宴此，後人思其德政，號曰董叔山。

梓潼水，源出劍州陰平縣豆圖山石穴東南，〔二六〕經綿州鹽泉縣，流入當縣。

鹽亭水，源出閬州西水縣，西南流入當縣鹽井亭，故名鹽亭水，去合梓潼江。

廢高渠郡城，在縣西十六里，北臨梓潼水。周保定初置。隋開皇三年廢爲縣，大業三年縣亦廢。

廢宕渠，在縣北三十二里安樂村。李膺蜀記：「宋元嘉十九年置西宕渠郡，領縣四：宕渠、宣城、〔二七〕漢初、東關。於宕渠，是其一也。梁天監中廢。」

嚴震墓，唐德宗朝爲山南西道節度使，移興元尹。礪，震之弟，元和中自山南西道移東川節度。以上二墓在負戴山下，去縣西一里。〔二八〕

銅山縣，西南一百二十里。舊七鄉，今三鄉。本蜀道銅山之冶，〔二九〕昔漢文帝時鄧通鑄錢，即此也。唐貞觀二十三年置監，上元三年廢監爲縣，〔三〇〕以銅山爲名。

私鎔山，在縣西二十四里。高一里，出銅。昔時任百姓採鑄，俗呼私鎔山。

可蒙山，在縣西北三十里。高一里，出銅。

賴應山，在縣北三十里。周二里，出銅及空青。出銅山甚多，此略書三所。

郪江水，源出玄武縣東南，流入縣界。

會軍堂山，〔二〕高三里。蜀主劉玄德遣孔明、張飛分定州界，略地至此，百姓以牛酒犒師，武侯因會軍士于此，後傳云會軍堂山。

銅官山，在縣西南五十八里，〔三〕長二里。蜀記云：「縣西南有銅官山，闊八丈，高出衆峰，鄧通、卓王孫冶鑄之所也。」景龍二年，採銅利害使、西臺侍御史奏稱梓州玄武縣、簡州金水縣競銅官坑，按兩縣圖經，其銅官山合屬玄武縣，請徙銅官于山南二里。

飛烏縣，西南一百四十里。四十鄉，今三鄉。本漢郪縣地之故城，在縣北三十五里，故郪王城也。隋開皇十年置飛烏鎮，十三年改鎮爲縣，取飛烏山爲名。貞觀二十二年以舊縣山重崄險，移就今縣理。管鹽井七，三井見煎，四井塞。

大飛烏山，高二里，周迴二里。又有小飛烏山，高一里，周迴二里。又山在縣東，重巒峻削，二山相向，如飛烏之狀。

小郪江水，源出當縣西南蓮池鄉小山下，東流入縣郭，〔三〕又七十六里合郪江。

永泰縣，東北一百二十七里。元三鄉。本漢充國縣之地，唐武德四年巡檢皇甫無逸以四境遥遠，人多草寇，遂以當州鹽亭縣、劍州普安縣、閬州西水縣三縣界析置此縣，因以永泰爲名。管鹽井五。

女徒山，在縣東二十五里。其山從閬州新井縣界來，故老相傳昔有女徒千人，于通泉縣康督井配役，遇賊于此山，乃于山頂置栅禦捍，遂破其賊，俗爲之置祠。今富順鹽井皆婦人推車汲水，〔三四〕由此而論，則女徒之山可録云。

李義府碑，在縣北三十步。義府本此郡人，武后朝爲中書令，後人立碑，以旌其餘烈。

東關縣，東南百四十里。元三鄉。本鹽亭縣雍江草市也，僞蜀明德四年以地去縣遠，徵輸稍難，寇盜盤泊之所，因割樂平等三鄉立招葺院，計徵兩税錢一萬三千貫碩。皇朝乾德四年平蜀升爲縣，取古東關地之名，從本州知州張澹之所請也。管鹽井四，三井有鹽煎，一井廢。

富國監

富國監者，本梓州郪縣富國鎮新井煎鹽之場也，皇朝置監，以董其事，兼領通泉、飛烏等鹽井地，去梓州九十里。

卷八十二校勘記

〔一〕領縣十　萬本、庫本「領」上皆有「元」字。

〔二〕東南至遂州一百八十五里　「東」，底本脱，據萬本、庫本補。按元和郡縣圖志卷三三梓州：「東南至遂州二百五十里。」唐宋梓州治郪縣，即今四川三臺縣，唐遂州治方義縣，宋改縣名小溪，即今遂寧縣，位於梓州東南，此脱「東」字。

〔三〕東北至閬州三百一十五里　「東北」，底本作「東南」，萬本、庫本同。通典卷一七六州郡六、元和郡縣圖志、元豐九域志卷七梓州皆作「東北」。按唐宋閬州治閬中縣，即今四川閬中縣，在梓州東北，此「南」爲「北」字之誤，據改。

〔四〕客二萬六千二百六十一　「六十」，萬本、庫本皆作「二十」。

〔五〕南郡太守　萬本、庫本皆作「南郡都尉」。按華陽國志卷一〇先賢士女總贊：鄭純，爲益州西部都尉，明帝「改西部爲永昌郡，以純爲太守」。此「南郡太守」爲「益州西部都尉」，或爲「永昌太守」之誤。

〔六〕王渙至由此顯名　萬本、庫本皆無王渙傳略。

〔七〕舊進丙熟烏頭紋綾水波綾　萬本、庫本皆無此文。

〔八〕管縣六　按華陽國志卷三蜀志：「廣漢郡，高帝六年置，屬縣八。」此「六」爲「八」字之誤。

〔九〕舊縣在今縣南九里　按資治通鑑卷八五晉紀七胡三省注引宋白曰：「漢舊郪縣城在今（郪）縣南九十里，臨江，郪王城基址見在，以郪江爲縣名。」宋郪縣即今三臺縣，郪江即今縣南郪江，此「九」下蓋脱「十」字。

〔一〇〕在縣東三十里　「東」，底本脱，庫本及輿地紀勝卷一五四潼川府引本書同，據萬本及蜀中名勝記卷二九潼川州引李膺益州記、嘉慶重修一統志卷四〇六潼川府引本書補。

〔一一〕在縣東南二里　「東南」，輿地紀勝潼川府引本書同，萬本及嘉慶重修一統志潼川府引本書皆作「西南」。按本書下文云：石谷溪源出郪縣杜山，逺牛頭山入中江，牛頭山在郪縣西南二里，則此「東」疑爲「西」字之誤。

〔一二〕杜山　「杜」，底本作「社」，據萬本、庫本及輿地紀勝、蜀中名勝記、嘉慶重修一統志引本書改。

〔一三〕漢郪道縣　按漢書卷二八地理志上，廣漢郡領郪縣，非「郪道」。

〔一四〕漢五城縣地　按宋書卷三八州郡志四：伍城縣，「晉武帝咸寧四年立，太康六年省，七年又立。何志劉氏立」。元和郡縣圖志梓州玄武縣：「本先主所立五城縣也。」則伍城縣置於三國蜀漢，後省，晉武帝咸寧四年復立，漢代無此縣，本書誤，「漢」上或脱「蜀」字。

〔一五〕改名泊山　「改」，庫本同，萬本作「舊」。按蜀中名勝記卷三〇中江縣引十道録作「又」，嘉慶重修一統志潼川府引本書作「舊」，此「改」蓋爲「舊」字之誤。

〔一六〕舊二十鄉　「二十」，庫本同，萬本作「二十一」。

〔一七〕本漢縣屬巴西郡　按西漢名涪縣，屬廣漢郡，載於漢書地理志，東漢因之，載於續漢書郡國志，此誤。

〔一八〕東晉立始平郡至以隸巴西郡　按隋書卷二九地理志上：金山郡涪城縣，「舊置始平郡，西魏改郡爲涪城，後周又改曰安城。開皇初郡廢，改縣曰安城，十六年改爲涪城」。輿地廣記卷三一梓州涪城縣：「漢涪縣地，東晉置始平郡，西魏改郡爲涪城，後周又改曰安城。隋開皇初郡廢，置安城縣，十六年改爲涪城，屬金山郡。」此云「隋初廢始平郡」，改名涪城縣，「隸巴西郡」，皆誤。

〔一九〕四面平正有重山　按嘉慶重修一統志潼川府引本書作「四面平延，上有重峯」。

〔二〇〕後魏恭帝于此分置射洪縣　庫本同，萬本此下有「周改射洪縣」。按隋書地理志上：「射洪，西魏置，曰射江，後周改名焉。」輿地廣記梓州射洪縣：「西魏置射江縣，婁縷灘東六里有射江，因以爲名，後周改曰射洪。」則此「射洪」爲「射江」之誤，其下脱「後周改名射洪縣」。

〔二一〕郪僂灘　按輿地廣記梓州作「婁縷灘」，輿地紀勝潼川府作「婁灘」，蜀中名勝記卷二九射洪縣引李膺益州記作「婁僂灘」。

〔二二〕舊名崖山　「崖山」，輿地紀勝引本書同，蜀中名勝記射洪縣引本書作「白巖山」。

〔二三〕□□□□□□□□交注　萬本無此空缺及「交注」二字，庫本亦無此空缺，「交注」作「通泉」。

〔二四〕黄滸水源從鹽亭縣東南流入當縣合涪江　按輿地紀勝引本書之黄滸溪「在通泉縣東五里，合江」。與此不同。

〔二五〕澤内田方萬頃　「田」，底本脱，庫本同，據萬本及嘉慶重修一統志潼川府引本書補。

〔二六〕豆圖山　按輿地紀勝潼川府引本書作「豆圖山」。

〔二七〕宣城　按南齊書卷一五州郡志下，西宕渠郡統縣四：「宕渠、宣漢、漢初、東關。」此「宣城」疑爲「宣漢」之誤。

〔二八〕嚴震墓至去縣西一里　庫本同，萬本作「嚴震、嚴礪墓，俱在縣西負戴山下」，嘉慶重修一統志卷四〇七潼川府引本書同。

〔二九〕本蜀道銅山之冶　「冶」，底本作「治」，萬本、庫本同，據輿地紀勝潼川府引本書改。按史記卷一二五佞幸列傳、漢書卷九三佞幸傳皆載：文帝「賜鄧通蜀嚴道銅山，得自鑄錢」。此「道」上疑脱「嚴」字。又輿地紀勝銅山縣序引皇朝郡縣志云：「漢文帝賜鄧道嚴道銅山，乃在今黎州，非此地也。」漢嚴道即今四川滎經縣，在唐宋黎州（今漢源縣北）之北，非此地也。

〔三〇〕上元三年廢監爲縣　元和郡縣圖志梓州銅山縣序：「前上元三年廢監，調露元年因廢監置銅山縣。」新舊唐書地理志皆載「調露元年分郪、飛烏二縣置銅山縣」，此云「上元三年爲縣」，蓋誤。

〔三一〕會軍堂山　按輿地紀勝潼川府引本書云：「在銅山縣東北。」疑此脱載。

〔三二〕在縣西南五十八里　「五」，底本作「六」，據萬本、庫本及輿地紀勝引李膺蜀記、嘉慶重修一統志卷四〇六潼川府引本書改。

〔三三〕東流入縣郭　「入」，庫本同，萬本及嘉慶重修一統志潼川府引本書皆作「合」。

〔三四〕富順　庫本同，萬本作「富國」，疑誤。

太平寰宇記卷之八十三

劍南東道二

綿州

綿州，巴西郡。今理巴西縣。禹貢梁州之域。秦屬蜀郡。按九州記云：「州之賨人、族人，〔一〕皆夷也。」華陽國志云：「秦昭襄王時，白虎爲害，乃募能殺者。時夷人朐䏰廖仲藥、秦精等伏弩于高樓，射殺之。昭襄王曰：『虎歷四郡，凡害千二百人，一朝除之，功莫大焉。』乃刻石與盟曰：『復夷人頃田不租，十妻不筭，傷人不論，殺人雇死倎錢。』又盟曰：『秦犯夷，輸黄龍一雙；夷犯秦，輸清酒一鍾。』」〔二〕至始皇末、漢初猶爲蜀郡之地，武帝始分蜀地爲益州，以此地爲涪縣，屬廣漢郡，即涪水之所經焉。晉孝武帝自梓潼故城徙梓潼郡置于此。西魏又于此置潼州，取潼水爲名。郡國志云：「梓潼東接巴西，南接廣漢，西接陰平，北接漢中。」梁武陵王蕭紀僭號，又於二郡置西、潼二州。〔三〕隋文帝開皇五年改潼州爲綿州，以綿水爲稱。煬帝廢州爲金山郡，以金山爲號。唐武德元年復爲綿州，領巴西、昌隆、涪城、魏城、金山、萬安、神泉七縣；三年分置顯武、龍安、文義、鹽泉四縣；七年省金山縣。貞觀元年又省文義縣。此州爲成都東北之要衝。

元領縣九。今八：巴西，彰明，魏城，羅江，神泉，龍安，鹽泉，西昌。一縣割出：涪城，入梓州。

州境：東西二百三十里。南北一百七十五里。

四至八到：東北至東京三千三百八十四里。〔四〕東北至西京二千九百五十四里。東北至長安一千七百三十四里。東至梓州一百三十里。〔五〕東至劍州二百里。〔六〕西至茂州取松嶺關路三百七十里。北至龍州二百五十里。東南至梓州二百五十里。〔七〕西南至漢州一百三十里。西北至龍州一百三十里。〔八〕東北至劍州二百八十里。

户：唐開元户六萬五千。皇朝户主二萬八千四百三十六，客九千二百八十。

風俗：大同梓州。又郡國志云：「賓人勁勇鋭氣而善舞，故古有巴渝舞。」

人物：張壽，字伯僖，廣漢涪人。爲五官功曹。王晏，字叔博，廣漢涪人。李膺。涪城人，撰益州記三卷。

土産：小綾，交梭紗，綿，緋紅，遊蜀記云：「左綿緋紅，三川所尚。綿州左綿郡有水所染緋紅，於此水濯

後益鮮，古人之所重。」毯，〔九〕紫參，栢桔。〔一〇〕

巴西縣，舊二十五鄉，今二十一鄉。本漢涪縣，屬廣漢郡。華陽國志：「後漢元初二年，廣漢郡自緜鄉移治涪縣，後治雒縣。」劉備據蜀，立梓潼郡，以縣屬焉。隋改爲巴西縣。

富樂山。周地圖記云：「此山甚高廣，爲衆山之秀，登之，望見州内。」

盤龍山，形如盤龍，故名。

靈山。〔一一〕郡國志云：「昔有神女，于此擣衣，因號擣衣山。山南絶巖有方石明瑩，謂之『神女擣練砧。』」

猿門山。益州記：「猿門山，在涪縣之北二十五里。上多猿，其山二峯竪立如門，〔一二〕故曰猿門山。」

金山。益州記云：「金山，在涪縣東五十步，東臨潤水，〔一三〕光照映川。」又李膺記云：「金山長七八里，每夏淹雨，有崩處，即金粟散出。」

五婦山。〔一四〕西蜀王使五丁力士迎秦五女，還到梓潼，見一大蛇入穴，五丁乃引之，力極山崩，壓殺五丁及秦五女。迄今謂之五婦山，連亘入梓州界。

孱山水。華陽國志云：「涪縣有孱山水，其源有金銀礦，民得採之。」又郡國志云：「漢有金山縣，〔一五〕縣東二里有一水瀨，有碎金珠隨波東注，傍水居人，採以爲業。」即此水。

石新婦，在劍閣上。〔一六〕蜀記云：「昔有人遠征，妻送至此大泣，不忍歸。因化爲石。至今郡人祠之。」

白馬山。〔一七〕郡國志云：「昔漢高帝乘白馬過此，遂有祀。」

蔣琬墓，在州西七里。琬爲益州刺史、安陽亭侯。

大劍鎮，在劍閣口。一人荷戟，萬夫莫向。魏時，蜀將姜維拒鍾會于此。

彰明縣，北七十里。依舊二十鄉。〔一八〕本漢涪縣地，〔一九〕西魏昌隆縣地，初在清廉鄉，大同四年移于讓水鄉〔二〇〕魏移于孟津里。唐先天元年避廟諱，改爲昌明縣。天寶中，江水決。〔二一〕建中元年移于舊縣，即今理也。今改爲彰明縣。

靈臺山，在縣北。一名天柱山，高四百丈，即漢張道陵昇仙之所。又郡國志云：「靈臺山天柱崖下有一桃樹，高五丈，外皮似桃，内心似松，道陵與王長、趙昇試法于此四百餘年。桃迄今未朽，小碑記之。」

豆萁山。九州記云：「高五百丈，上有北神池并祠廟。」〔二二〕

蕨山。郡國志云：「山有鍾乳穴十九。又西岸有自然石，塞其下流，水上有懸石，似磬，擊之，有磬可聽。」

廉水、讓水，一名長江水，東北自龍州江油縣流入。又按宋書云：「范百年，梓潼人，宋明帝因問曰：〔二三〕『卿鄉土有貪泉否？』對曰：『臣居梁、益之地，有廉水、讓水，不聞有貪泉。』帝嘉之，即拜蜀郡太守。一云此水飲之，使人廉讓，故以名之。」

孟津山，自十八壠山向縣東南一里。〔二四〕

石磬山，自戴天山向西連接，長三十里。李膺記云：「西有石室，口方一丈三尺，下有流泉，味甘。内有懸磬，聲聞數里。四面石床，高一丈。」〔二五〕

涪水，自龍州江油縣界南入，去縣一里。

李膺墓，在州西南四十里。膺，涪城人，爲益州大中正，撰益州記三卷。

李白碑，在寧梵寺門下，梓州刺史于邵文。

魏城縣，東北六十五里。依舊十鄉。〔二六〕本漢涪縣地，西魏于涪縣立潼州，故析涪之北部，立爲魏城縣。李膺記：「西溪東五十里有東西井，井西爲涪縣界，井東爲梓潼界。」隋大業中自鹽泉井移魏城縣于此。

白陶山，自劍州陰平縣界入。

甚岡。按郡國志云：「魏城縣有甚岡，東枕水，每夏洪水朝觸，〔二七〕金粟散出。」

石新婦山，已解在上，山連亘劍閣。

羅江縣，西南七十八里。舊二十鄉，〔二八〕今十鄉。本涪縣地，晉于梓潼水尾萬安故城置萬安縣。

晉末亂，移就潺亭，今縣城是也。梁置萬安郡。隋開皇二年廢郡爲縣。唐天寶元年改爲羅江縣。水經注云：「潺山石下有泉，曰潺水。」今縣北三里有潺亭廟，有碑，磨滅，「潺亭」之字存。

龍池山，在縣西南。山有池，池上有伏石如龍蟠。〔二九〕

羅嶺山，〔三〇〕在縣西南十里。故老相傳云羅公遠曾隱于此山。有洞，號「真人宫」。

天台山，在縣南。山似吴之天台，〔三一〕折脚之水出焉。

白馬關，在縣西南十里。與鹿頭關相對。

萬安故城，後魏恭帝元年又於此置萬安郡。隋罷郡，復徙萬安縣于此。

神泉縣，西南八十四里。依舊八鄉。本漢涪縣地，晉太元中置西充國縣。梁武陵王改爲平州縣。〔三二〕後魏恭帝移于今所。隋開皇六年改爲神泉縣。縣西有泉，飲之疾愈，因爲名。

神泉。按郡國志云：「縣西三十里有泉十四穴，甘香異常，痼疾飲之即差，故曰神泉。」今有祠。

龍子山，自漢州綿竹縣東入縣界。

龍安縣，西北九十四里。依舊十鄉。〔三三〕本漢涪縣地，後周爲金山縣。唐武德元年改爲龍安縣，〔三四〕因界内龍安山爲名。

松嶺關，在縣西北一百七十里。又有松嶺山，山上雖出茶。〔三五〕不可食，故毛文錫茶譜云：「綿州龍安縣生松嶺關者，與荆州同，其西昌、昌明、神泉等縣，連西山生者並佳，獨松嶺上者不堪採擷。」

巴西山，自彰明縣界來，縣北一十里。舊名曰崖山，天寶年中改爲巴西山。〔三六〕

附子山，自松嶺關山東連接，去縣四十里。山出附子，又有附子水出焉。

猿門，自縣北特起，去縣二十里。多出猿兒。嶮固如門。舊有猿門戍。

鹽泉縣，東八十五里。依舊五鄉。漢涪縣地，後魏于此置魏城縣。唐武德二年分魏城置鹽泉縣，〔三七〕以地有鹽井，民得採漉，爲四方買售之地。蜀都賦云「家有鹽泉之井」，取此爲名。

五層山，自梓州涪城縣邑山北入縣界，西南四十里。山有五層。

梓潼水，自梓潼縣界東流入。

西昌縣，西五十六里。依舊八鄉。舊名益昌縣，隋開皇三年廢入金山縣，即今龍安是也。唐永淳元年復置，以利州有益昌縣，在州西，改爲西昌縣。

西昌山，在縣北特起。舊名馬鞍山，〔三八〕天寶六年勅爲西昌山。

季城，一名鬼城，在縣南三里，臨泉。括地志云：「城西十里地名木棚，有益昌縣。」爲此也，未詳其由。

卷八十三校勘記

〔一〕州之賨人族人　萬本、庫本「賨」作「賓」。按太平御覽卷一六六綿州引九州記曰：「綿州之賓，賨人，族人，皆夷也。」疑此「之」下脱「賓」字。

〔二〕九州記云至輸清酒一鍾　原校：「按此乃巴東朐䏰事，即今夔州之雲安縣，不知何以載于此，當是以涪縣與涪陵相犯，而郡縣又皆名『巴』，故誤書于此耳。詳此，則所引九州記賨人族人事，恐亦誤。」按華陽國志卷一巴志載，秦昭襄王時，白虎爲害，秦、蜀、巴、漢患之，夷朐䏰廖仲藥、秦精等射殺白虎，非指東漢末以後巴東郡朐䏰一地而言。

〔三〕梁武陵王蕭紀僭號又於二郡置西潼二州　原校：「按南史蕭紀傳『：紀僭號于蜀，以巴西、梓潼二郡太守永豐侯撝爲征西大將軍。』則二郡上疑脱『巴西梓潼』字。又云『置西、潼二州』，豈增置『西潼州』爲二州乎？然無所考。」按梁書卷五五武陵王紀傳：「西魏將尉遲迥帥衆逼涪水，潼州刺史楊乾運以城降之。」宋本方輿勝覽卷五四綿州：「梁置西、潼二州。」則梁時置西、潼二州。

〔四〕東北至東京三千三百八十四里　「八」，萬本、中大本、庫本皆作「七」，此「八」蓋爲「七」字之誤。

〔五〕東至梓州一百三十里　「東」，通典卷一七六州郡六、元和郡縣圖志卷三十三綿州皆作「東南」。按唐綿州治巴西縣，在今綿陽城東一里，涪江東岸；梓州治郪縣，即今三臺縣，位於綿州東南，疑此脱「南」字。

〔六〕東至劍州二百里　按通典州郡六：巴西郡（綿州），「東北到普安郡（劍州）二百八十里。」本書下文載同。元豐九域志卷七綿州：「東北至本州界九十四里，自界首至劍州二百里。」唐宋劍州治普安縣，即今劍閣縣，在綿州東北，此方向、道里皆誤。

〔七〕東南至梓州二百五十里　「東南」，萬本、庫本同，中大本作「南」。按元豐九域志綿州：「南至本州界一百二十里，自界道至梓州一百四十八里。」此「東」字蓋衍。

〔八〕西北至龍州一百三十里　按通典州郡六：「巴西郡（綿州）西北到江油郡（龍州）二百五十里。」元和郡縣圖志綿州：「北至龍州二百二十里。」元豐九域志綿州：「西北至本州界一百五十里，自界首至龍州一百二十二里。」此「一百」蓋爲「二百」之誤。

〔九〕毯　萬本同，中大本「毯」上有「蜀漆」二字。按嘉慶重修一統志卷四一四綿州引本書州産漆，此當脱「漆」字。

〔一〇〕栢桔　「栢」，底本作「百」，庫本同，據萬本及嘉慶重修一統志卷四一四綿州引本書改。

〔一一〕盤龍山靈山　原校：「此皆閬中縣所已載，閬州舊亦爲巴西郡，故又誤載于此，當考。」按本書卷八六閬州閬中縣：仙穴山，在縣東北十里。周地圖云「昔蜀王鼈靈帝登此，因名靈山」。又載：「盤龍山，益州記曰：閬中盤龍山南有一石，長四十丈，高五尺，當中有户及扇，若人之掩户，故老以爲玉女房。」與此盤龍山、靈山名同實異。宋本方輿勝覽卷五四、蜀中名勝記卷九皆載綿州有靈山，則與閬州靈山名同地異，當非誤載。

〔一二〕其山二峯竪立如門　「竪立」，底本作「望」，據萬本及嘉慶重修一統志綿州引本書改。庫本作「堅如門」，「堅」爲「竪」字之誤。蜀中名勝記卷九引益州記作「其峯礫竪如門」。

〔一三〕潤水　按太平御覽卷四四、蜀中名勝記卷九引益州記皆作「澗水」，此「潤」蓋爲「澗」字之誤。

〔一四〕五婦山　萬本據四川通志於「山」下補「在縣北二十里，高四百二十丈」。按嘉慶重修一統志綿州引本書有「在縣北十二里，高四百二十丈」，此脱。

〔一五〕漢有金山縣　庫本及太平御覽卷六五同，萬本無「縣」字。按漢無「金山縣」，隋書卷二九地理志上：「金山，「後周別置金山」。元和郡縣圖志綿州龍安縣：「周武帝天和六年於此置金山縣，隋大業三年廢。」此當誤。

〔一六〕石新婦在劍閣上　原校：「魏城縣亦載。按巴西及魏城去劍閣甚遠，未知何以載於此，當考。然他郡類此者非一，因一見之。」本書下文云「大劍鎮在劍閣口」同。

〔一七〕白馬山　萬本、庫本皆作「白馬祠」。

〔一八〕依舊二十鄉　「二十」，庫本同，萬本作「十二」。

〔一九〕本漢涪縣地　「地」底本脱。按本書上文巴西縣序云：「本漢涪縣，隋改爲巴西縣。」則隋唐巴西縣，即漢涪縣。唐昌明縣，宋初改名彰明縣，在綿州治巴西縣北七十里，非一地，元和郡縣圖志、舊唐書卷四一地理志四綿州昌明縣序云：「漢涪縣地。」是也，萬本、庫本皆有「地」字，是，據補。

〔二〇〕讓水鄉　「鄉」，底本脱，萬本、庫本同，據中大本及蜀中名勝記卷九彰明縣引本書補。

〔二一〕江水決　「決」，萬本及嘉慶重修一統志卷三九九龍安府引本書作「圮」。

〔二二〕豆䒽山至北神池并祠廟　「䒽」、「北」，萬本作「萛」、「百」，庫本作「葊」、「北」，傅校改「䒽」爲「萛」。

〔二三〕范百年梓潼人宋明帝因問曰　太平御覽卷六五同；萬本作「明帝時梓潼涪人范百年，因論事之次，帝語及廣州貪泉」，同元和郡縣圖志綿州。

〔二四〕自十八壠山向縣東南一里　「壠」，中大本同，萬本、庫本作「隴」，蜀中名勝記卷九、嘉慶重修一統志龍安府引本書同。又蜀中名勝記引本書作「在縣東南一里，自十八隴山而來」。

〔二五〕長三十里至高一丈　萬本「懸磬」下有「擊之」二字。按蜀中名勝記引李膺益州記作「周三十里。山有石室，口方丈三尺。内有石床，四面高一丈，有懸石如磬，擊之，聲聞數里。下有流泉，甘冽可掬」。此「四面石床高一丈」當爲「内有石床，四面高一丈」之脱誤。

〔二六〕依舊十鄉　「十」，庫本同，萬本作「十一」。

〔二七〕甚岡至洪水朝觸　「甚」、「朝」，庫本同，萬本作「碪」、「激」，未知是否。

〔二八〕舊二十鄉　「二十」，萬本、庫本皆作「二十二」。

〔二九〕池上有伏石如龍蟠　「伏」，底本脱，據萬本、庫本及蜀中名勝記卷九羅江縣、嘉慶重修一統志綿州引本書補。

〔三〇〕羅嶒山　「嶒」，底本作「嶒」，庫本同，據萬本、中大本及蜀中名勝記羅江縣引本書改。

〔三一〕山似吴之天台　「吴」，嘉慶重修一統志綿州引本書作「越」，此「吴」爲「越」字之誤。

〔三二〕平州縣　「州」，庫本同，萬本作「川」，嘉慶重修一統志綿州引本書同。

〔三三〕依舊十鄉　「十」，庫本同，萬本作「十一」。

〔三四〕武德元年改爲龍安縣　「元年」，元和郡縣圖志、舊唐書地理志四、新唐書卷四二地理志六、輿地廣記卷二九皆作「三年」，此「元」疑爲「三」字之誤。

〔三五〕山上雖出茶　「出」，底本作「有」，據萬本、庫本及傅校改。

〔三六〕舊名曰崖山天寶年中改爲巴西山　「曰」，庫本同，萬本作「天」，嘉慶重修一統志綿州引本書作「北」。「天寶年中」，庫本同，萬本作「天寶初」，中大本作「天寶初勅」。

〔三七〕武德二年　「二年」，元和郡縣圖志、舊唐書地理志、新唐書地理志、輿地廣記皆作「三年」，此「二」疑爲「三」字之誤。

〔三八〕舊名馬鞍山　「山」，底本無，庫本同，據萬本及嘉慶重修一統志綿州引本書補。

太平寰宇記卷之八十四

劍南東道三

劍州　龍州

劍州

劍州，普安郡。今理普安縣。禹貢梁州之域。秦之蜀郡。漢廣漢郡之梓潼縣，後漢因之不改。按華陽國志云：「諸葛亮相蜀，鑿石架空爲飛閣道，以通蜀漢。」即此郡。晉以其地入梓潼郡，宋、齊如之。梁天監中於此立南梁，以在梁州之南故也。梁末改爲安州。〔一〕後入西魏，廢帝二年先下安州，始通巴、蜀，因改安州爲始州，取郡邑更始爲名，兼置普安郡。隋初郡廢而州存，大業初廢州爲郡。唐武德元年復爲始州，領縣七。聖曆二年置劍門縣。先天二年始改爲劍州，〔二〕取劍門山爲名。〔三〕天寶元年改爲普安郡。〔四〕乾元元年復爲劍州。

領縣七：〔五〕普安，武連，陰平，劍門，梓潼，臨津，普成。

州境：東西二百八十里。南北二百六十里。

四至八到：東北至東京三千二百里。東北至西京二千七百里。北至長安二千里。東北至利州二百里。南至梓州三百六十八里。西至綿州二百里。〔六〕北至利州一百六十三里。東南至閬州三百里。西南至綿州二百八十里。西北至龍州二百九十里。東北至利州一百九十里。

户：唐開元户二萬三千五百。皇朝户主七千五百三十六，客八千三百四。

風俗：同龍州。

人物：景鸞，入儒林傳。李業，字巨游，梓潼人，入獨行傳。文齊。爲鎮遠將軍。

土産：薑鞋，紗，絲布，舊貢蘇薰席，圖經云：「蘇家三陵草席。」今貢巴戟，〔七〕蠲紙。

普安縣，舊十三鄉，今十二鄉。本漢梓潼縣地，魏立普安郡，後郡廢爲普安縣，屬劍州。

故壘山，在州北。按益州記云：「姜維拒鍾會有故壘，〔八〕其山峭壁，下臨絶澗。」即此也。

卧龍山，在縣東二里。其山盤圍周布，〔九〕號卧龍山，高一百丈。

武連縣，西八十三里。舊十三鄉，今七鄉。漢爲梓潼縣地，宋置武都郡于此，并置下辯縣，又改下辯爲武功縣，後魏廢帝二年改名武連縣。

治山，一名五郡山。周地圖：「縣南有治山，縣人張逸背梁附後魏，與梁將楊乾運於此山下大戰，乾運大敗，死者千人。恭帝元年收骸骨，併爲一墓。死者五郡人，因改治山爲五郡山。」

五子山，在縣北七十三里。〔一○〕西自龍州界迤邐斜連馬閣山頂，其山至此特起五峯，鴈行相次，高五百丈，因名五子山。

龍祠山，在縣東三里，高三百丈。舊名九龍山，唐天寶六年勅改名龍祠山。貞觀年中，山上曾置九龍祠。

小潼津，發源在縣北七十里京兆山分水嶺南，名京兆水。

廢下辯縣城，在縣南五里，臨小潼水。益州記云：「宋文帝元嘉二十九年以武都流人于下辯縣安置，大明二年改爲武連縣。隋大業九年移今理。其城見廢。

陰平縣，西百四十里。依舊十鄉。〔一一〕本漢梓潼縣地，按顧野王輿地志：「晉人流寓于蜀者，仍于益州立北陰平郡。西魏廢帝二年定蜀，改陰平爲龍安。」隋省龍安縣，併爲陰平縣，屬始州。按三國志：「鄧艾伐蜀，自陰平縣景谷步劍閣道，懸車束馬，逕出江油而至。」是此地也。

馬閣山，在縣北六十里。北接梁山，〔一一〕西接岷峨。昔魏將鄧艾伐蜀，從景谷路出龍州江油縣至此，懸崖絶壁，乃束馬懸車，造作棧閣，〔一二〕方得路通，因名馬閣山。

十八壠山，〔一四〕在縣西南五十里。高千餘丈，岡巒連屬十八壠，因以爲名。十二壠在綿州昌明縣界，六壠在當縣界。

馬閣水，在縣北。源自龍州江油縣大業山下來，經馬閣山南流入縣界，又七十一里入梓潼縣界，便名潼水。〔一五〕

龍穴山，在縣東北五十里。亦名龍像巖，亦名龍血山。古老相傳，昔此山有龍鬬死，血變爲石。宋、齊于此置龍血戍。益州記云：「龍血東有龍像巖，絶壁約萬餘丈，有四石龍在壁間，今猶可驗。巖之東北有洞穴，莫測深淺，泉出其下。」

劍門縣，東北六十里。舊九鄉，今十一鄉。本漢梓潼縣地，諸葛武侯相蜀，于此立劍門，以大劍山至此有隘束之路，故曰劍門，即姜維拒鍾會于此。唐聖曆二年分普安、臨津、陰平三縣地，〔一六〕於方期驛城置縣。

大劍山，亦曰梁山。山海經：「高梁之山，西接岷、嶓，〔一七〕東接荆、衡。」王隱晉書：「張載隨父收入蜀，作劍閣銘，益州刺史張敏見其文，乃表天子，刻石于劍閣焉。」又有小劍山，在其西北三十里，〔一八〕故曰此爲大劍。崔鴻十六國春秋：「苻堅使楊安伐蜀，徐成破二劍」是也。其山東連莎鼻，西接綿州，凡二百三十一里。故左太沖云：「緣以劍閣也。」

大劍水。

小劍水。

石牛道。常璩國志：「周顯王時，秦惠王謀伐蜀，乃作石牛五頭，朝瀉金其後，曰牛便金，有養卒百人。蜀人悦之，使使請石牛，惠王許之。乃遣五丁迎石牛入蜀。」至靜王五年，秦大夫張儀、司馬錯等從石牛道伐蜀，滅之。

劍閣道。史記云：蔡澤謂范睢曰：「今君相秦，計不下席，謀不出廟廊，坐制諸侯，棧道千里，通于蜀漢。」晉中興書曰：「李特入漢州，至劍閣，顧盼險阻，嘆曰劉禪有如此地，而面縛於人，豈非庸才也！」

嘉陵江，自鳳州大散關發源，從利州下流入縣界，過廢始州，在縣西二十里。有隋内史令李德林撰碑銘。

梓潼縣，西南百六十里。舊十二鄉，今四鄉。本漢舊縣，屬廣漢郡。華陽國志云：「漢孝武帝元鼎元年置。」以縣東倚梓林，西枕潼水，以此爲名。蜀先主分置梓潼郡。西魏於此置潼川郡，移縣於郡南三十里，改爲安壽縣於此置。隋開皇三年廢郡，〔一九〕移縣復舊治，猶以安壽爲名。大業三年還名梓潼。

五婦山，在縣北一十二里，高四百二十丈。按蜀記云：「梓潼縣有五婦山，秦王遺蜀王美女五人，蜀王遣五丁迎女，至梓潼，五丁踴地大呼，驚五女，並化爲石。蜀王築臺而望之，不來，因名爲五婦候臺。」漢書地理志云：「梓潼五婦山。」碑志存，有五婦山神廟。李膺又云：「梓潼有鳴湍折碑祠，西臨潼水，湍迅激流，俗呼張湍祠，亦呼爲石碑祠。」

長卿山，在縣南五里，舊名神山。按圖經云：「唐玄宗幸蜀，遥見山上有窟，近臣奏此漢司馬相如讀書之窟，勑改爲長卿山。」

兜鍪山，在縣東十九里。〔二〇〕從武連縣東南來，羣峯列勢如兜鍪之狀，因以爲名。

潼江水，在縣西南四里。源出陰平縣馬閣山來，至五婦山西七曲山下，名潼水。漢書地理志云：「梓潼江水南流四里，至墊江入涪水。」〔二一〕

隱劍泉，在縣北十二里五丁力士廟西一十步。古老相傳云：「五丁開劍路，迎秦女，拔蛇，山摧，五丁與秦女俱斃於此，餘劍隱在路傍，忽生一泉。」又云：「此劍庚申日見。」

百神廟，在縣南四里。唐咸通十一年，盧耽除西川節度時，〔二二〕蠻寇圍成都，大將軍吴行魯統師過此，見斷碑皆古卿相之名，遂心禱之，願蕩除蠻寇，既而王師大捷。乾符三年，行魯除東川節度使，遂抽俸於路側置百神之廟。至景福、大順之間，廟遭兵火，王氏僭號，夢見一百神人，稱是梓潼百神未有祠宇，王氏因重與置。皇朝乾德三年尅復西蜀，又罹兵火，尋奉勑修葺。今廟貌儼然。

濟順王，本張惡子，〔二三〕晉人，戰死而廟存。郡國志云：「惡子昔至長安，見姚萇，謂曰：『卻後九年，君當入蜀，若至梓潼七曲山，幸當見尋。』至建元十二年，隨楊安南伐，〔二四〕未至七曲山，迷路，遊騎賈君蒙，忽見一鹿馳，逐至廟門，鹿自死，追騎共剥之，有頃萇至，悟曰：『此是張君爲我設主客之禮。』烹食而去。」唐書云：「廣明二年，僖宗幸蜀，神于利州桔栢津見，封爲濟順王，親幸其廟，解劍贈神。」時太子少師王鐸扈從，至廟親覩皇帝解劍授神，因題詩云：「盛唐明主解青萍，欲振新封濟順名。夜雨龍抛三尺匣，春雲鳳入九重城。劍門喜氣隨雷動，玉壘韶光待賊平。爲報山東諸將相，主天勳業賴陰兵。〔二五〕」注云：「時術士言，來春駕還京。」

蛟龍神祠，在縣東一十九里兜鍪山上，俗呼爲兜鍪神。古老相傳此神昔用生人祭之，〔二六〕不則瘴疾水潦爲害。張道陵誡之，遂絶。

臨津縣，東南一百三里。舊十鄉，今九鄉。本邑西閬州之界壤也，〔二七〕按舊圖經云：「梁天監十八年分閬州於此置胡原縣，〔二八〕屬巴西郡。隋開皇七年改爲臨津縣，以其俯臨津水爲名。

唐先天二年改始州爲劍州，其縣屬焉。

掌天山，在縣西六十里。益州記云：「掌天山在臨津縣，山多柘，堪爲良弓，雖檿絲、燕角，〔二九〕不能勝也。」

都竹水，在縣西五十里。從武連縣樂安水流入普安縣界，〔三〇〕南流入當縣，至掌天山下，入閬州。

廢永歸縣，在縣北四十九里。〔三一〕本臨津縣地，西魏得蜀，于此立永歸縣。今廢焉。

普成縣，南一百二十里。今七鄉。本漢梓潼縣地，周地圖：「梁置梁安縣，屬南梁州。武帝天和中改爲黄安縣。〔三二〕唐末改爲普成縣。

氐陌山，在縣西三十五里。舊圖經云：「晉太康年中，關西離亂，武都氐人流移入蜀，〔三三〕耕鑿此山，遂成陌，因名氐陌山。」

柘溪水，在縣東三十里。源發柘谷山，多生柘木。益州記云：「五婦山東百里有柘溪水。」

廢華陽縣城，在縣南四十里。益州記云：「宋大明年置，隸南安郡。後魏元帝廢。」

廢茂陵縣城，在縣西三十里。益州記云：「宋大明年置，〔三三〕隸扶風郡。圖經云：「後魏□□元年改屬黄原郡，〔三四〕至隋開皇三年廢。」

龍州

龍州，江油郡。今理江油縣，禹貢梁州之域。秦、漢及魏無聞。魏志云：「景元四年，諸軍攻蜀，鄧艾自陰平行無人之地七百里，鑿山通道，造作橋閣，〔三五〕山高谷深，甚爲險難。艾以氈自裹縛而下，將士自攀木緣崖，〔三六〕魚貫而進，先登至江油。」即此地。晉于此置平武縣，宋、齊皆因之。至梁，有楊、李二姓，〔三七〕各自稱藩于梁。至後魏武帝得其地，置江油郡。西魏廢帝二年定蜀，于此立龍州。隋大業初廢州爲平武郡。唐武德元年改爲龍門郡，其年加「西」字。貞觀元年改爲龍州。天寶元年改爲江油郡。乾元元年復爲龍州。舊屬隴右道，永徽後，改屬劍州。〔三八〕

領縣二：〔三九〕江油，清川。

州境：東西四百六十八里。南北二百九十六里。

四至八到：東北至東京二千九百三十里。東北至西京二千五百十里。東北取利州路至長安一千六百五十里。東至利州四百里。南至綿州二百二十二里。西至松州三百三十三里。〔四〇〕北至踰山至文州三百三十里。〔四一〕東南至劍州三百二十里。西南至茂州四百九十里。西北至扶州六百里。東北取白壩音霸。〔四二〕川廢景谷縣路至利州二百七十里，正路亦二百七十里。

户：唐開元户二千九百九十。皇朝户主八百九十，〔四三〕客六百四十二。

風俗：與劍州同。然山高水峻，人多瘤癡聾，〔四四〕蓋山水之氣使然也。

土産：麩金，舊貢。羚羊角，葛粉，附子。

江油縣，舊五鄉，今一鄉。秦、漢、曹魏爲無人之境，晉始置陰平縣及平武縣地，西魏廢帝二年置龍州及江油縣，取江水以稱邑兼郡。

石門山。漢水記云：「與氐分界於石門，仇池城去石門四百餘里。」左思蜀都賦云：「緣以劍閣，阻以石門。」顧野王輿地志云：「石門在褒中之北，漢中之西。」今按其山兩邊有石壁相對，望之如門，鄧艾伐蜀歷此。

鄧艾廟，在郡中。按土地志云：「鄧艾以伐蜀之勳，歷艱難，後人敬之，故廟在焉。」

大匡山，在州南八十里，高九百丈。陰洞潛穴，氣蒸成川，有飛泉，下流一百里入劍州陰平，合白澤水。

天池山，在州南一百三十里，高九十二丈。上有池，周二十三步。其水常滿，號曰天池。本名石人山，天寶六年勅改爲靈液山。

弩牙山，在州東二百三十四里，高三千七百丈。以山形似弩牙而名。〔四五〕

崆峒山，在州西二百五十一里，高二千五百丈。西接松州交川縣界，土人謂之崆峒山。

羊角山，在州南九十里。雙峯崛起如羊角，此山出錫。

涪水，在縣北一里。自松州崆峒山下出，西北至州界，南入綿州界。〔四六〕

馬閣水，在州東一百五十里。出大業山，東南流入劍州陰平縣界。

李龍遷祠，左近郭山上有李龍遷祠，〔四七〕唐玄宗幸蜀時，嘗令增修禱祝。至長慶四年，敬宗差高品張士謙至彼尋訪事跡。

清川縣，北一百里。舊二鄉，今一鄉。本後魏於此置馬盤縣及馬盤郡，屬龍州，以界内山名郡邑。隋初郡廢，縣仍屬龍州，又改爲清川縣。〔四八〕

馬盤山，在州北二百十里，高三千三百丈。〔四九〕重巒叠嶂，爲行者之難。

清水，出啼胡山，闊五丈。東流入利州界。其水清美，亦曰啼胡水。〔五〇〕

卷八十四校勘記

〔一〕梁天監中於此立南梁至梁末改爲安州　輿地紀勝卷一八六隆慶府（南宋紹熙元年升劍州置）：「梁置南梁州，武陵王紀又分立安州。按後周書紀書曰，魏廢帝二年平蜀，改置州郡，改南梁州曰隆州，改安州曰始州，則南梁州與安州自是兩處。方西魏改置州郡之時，同是年月而同改南梁州及始州，使南梁州在武陵王紀之時，既改爲安州，不應至西魏復有南梁州可改爲隆州也。蓋南梁州置於梁武之天監，而武陵王紀在蜀又分南梁州爲安州，故南梁自爲隆州，而安州自爲始州，庶不相牴牾耳。」宋本方輿勝覽卷六七隆慶府：「梁置南梁州，又分立安州，西魏改爲始州。」則此「改爲安州」蓋爲「分立安州」之誤。

〔二〕先天二年始改爲劍州　「始改爲劍州」，萬本、庫本同，中大本作「改始州爲劍州」，同舊唐書卷四一地理志四，傅校改同。

〔三〕取劍門山爲名　「劍門山」，傅校改爲「劍閣」，同元和郡縣圖志卷三三劍州。

〔四〕天寶元年改爲普安郡　「爲」，底本無，據萬本、庫本及舊唐書地理志四補。

〔五〕領縣七　萬本、庫本「領」上皆有「元」字。

〔六〕西至綿州二百里　按元豐九域志卷八劍州：「西至本州界一百九十里，自界首至綿州九十里。」與本書下文「西南至綿州二百八十里」里數相合，此重出而誤里數。

〔七〕絲布舊貢蘇薰席圖經云蘇家三陵草薦今貢巴戟　中大本同，萬本「舊貢」二字注於「絲布」下，「今貢」二字注於「蘇家三陵草薦」下，庫本同。

〔八〕姜維拒鍾會有故壘　按蜀中名勝記卷二六劍州引益州記云「山有姜維拒鍾會故壘」，較本書引文爲確。

〔九〕其山盤圍周布　「周布」，萬本、庫本同，中大本作「周市」。按輿地紀勝隆慶府引本書作「州」，蜀中名勝記引本書作「州市」，則本書原作「州市」，後人改作「周布」，誤也。

〔一〇〕在縣北七十三里　「三」，庫本同，萬本作「二」，嘉慶重修一統志卷三九〇保寧府引本書同。

〔一一〕依舊十鄉　「十」，庫本同，萬本作「十一」。

〔一二〕北接梁山　「北」，庫本同，萬本作「東」，嘉慶重修一統志卷四一四綿州引本書同，此「北」疑爲「東」字之誤。

〔一三〕造作棧閣　「造」，底本無，庫本同，據萬本及嘉慶重修一統志綿州引本書補。

〔一四〕十八壠山　「壠」，萬本作「隴」。按輿地紀勝隆慶府作「壠」，嘉慶重修一統志綿州引本書作「隴」。下同。

〔一五〕便名潼水　「便」，底本作「更」，據萬本、中大本、庫本及嘉慶重修一統志綿州引本書改。

〔一六〕普安臨津陰平三縣　「臨津」，底本作「臨漢」，庫本同，萬本作「臨津」。按唐無「臨漢縣」，新舊唐書地理志、元和郡縣圖志劍州皆領有臨津縣，此「漢」爲「津」字之誤，據改。又舊唐書地理志載：「聖曆二年分普安、永歸、陰平三縣地，於方期驛城置劍門。」新唐書地理志、元和郡縣圖志、輿地廣記卷三二劍州同，則此「臨津」應作「永歸」。

〔一七〕西接岷崌　「崌」，庫本同，萬本作「峨」，輿地紀勝、宋本方輿勝覽卷六七隆慶府、嘉慶重修一統志保寧府引山海經同，此「崌」宜作「峨」。

〔一八〕在其西北三十里　「北」底本脱，萬本、庫本同，據中大本及蜀中名勝記卷二六劍州、嘉慶重修一統志保寧府引本書補。

〔一九〕隋開皇三年廢郡　底本脱「隋開皇」三字，萬本、庫本同。隋書卷二九地理志上：「梓潼，舊曰安壽，西魏置潼川郡，隋開皇初郡廢。」輿地紀勝隆慶府、嘉慶重修一統志綿州引本書皆作「隋開皇三年廢郡」，此脱「隋開皇」，據補。

〔二〇〕在縣東十九里　「東」，萬本、中大本、庫本皆作「東南」。按輿地紀勝隆慶府、蜀中名勝記卷二六梓潼縣皆作「東」。

〔二一〕梓潼江水南流四里至墊江入涪水　按漢書卷二八地理志上梓潼縣顔師古注引應劭曰作「潼水所出，南入墊江」。

〔二二〕西川節度　「西」，底本作「四」，萬本、庫本同，中大本作「西」。按新唐書卷六七方鎮表四：至德二載「更劍南節度號西川節度」。咸通十一年，「西川節度復領統押近界諸蠻等使」。蜀中名勝記卷二六梓潼縣亦作「盧耽除西川節度」，此「四」爲「西」字之誤，據改。

〔二三〕張惡子　按輿地紀勝隆慶府、蜀中名勝記梓潼縣皆作「張亞子」，嘉慶重修一統志綿州引本書同。下同。

〔二四〕隨楊安南伐　按蜀中名勝記梓潼縣引郡國志作「萇隨楊安南伐」，疑此「隨」上脱「萇」字。

〔二五〕爲報山東諸將相主天勳業賴陰兵　「山」、「勳」，全唐詩卷五五七王鐸謁梓潼張惡子廟作「關」、「功」；「天」，底本作「持」，據萬本、庫本及全唐詩王鐸詩改。

〔二六〕昔用生人祭之　「生」，庫本同，萬本作「牲」，按「生」，通「牲」，皆無「人」字，蓋衍。

〔二七〕本邑西閬州之界壤也　「西」，嘉慶重修一統志卷三九一保寧府引本書作「南」。按蜀中名勝記卷二六劍州：「南八十里有義津，即古臨津縣地。」此「西」爲「南」字之誤。

〔二八〕梁天監十八年分閬州於此置胡原縣　「閬州」，萬本、庫本同，中大本作「閬中」，嘉慶重修一統志保寧府引本書同，則作「閬中」是。「胡原」，底本作「相源」，萬本、中大本、庫本同。嘉慶重修一統志保寧府引本書作「胡原」。按隋書地理志上：「臨津，舊曰胡原，開皇七年改焉。」元和郡縣圖志卷三三、輿地廣記卷三二劍州：「南齊置胡原縣，隋開皇七年改爲臨津縣。」輿地紀勝隆慶府：「南齊置胡原郡，隋改臨津。」「郡」當爲「縣」字之誤，謂南齊置，與此云梁置不同，此「相源」爲「胡良」之誤，據改。舊唐書地理志四作「相厚」，亦誤。

〔二九〕驟絲　「絲」，庫本同，萬本作「桑」。按元和郡縣圖志劍州作「桑」。蜀中名勝記劍州引本書亦作「絲」。

〔三〇〕從武連縣樂安水流入普安縣界　「樂安水」，萬本、庫本皆無「水」字，中大本作「樂安鄉」，疑此「水」字衍，或爲「鄉」字之誤。

〔三一〕在縣北四十九里　「北」，底本作「南」，萬本、庫本同，嘉慶重修一統志卷三九一保寧府引本書作「北」。元和郡縣圖志劍州：「永歸縣，西北至州五十三里。」「臨津縣，西北至州一百三里。」則永歸在北，臨津在南，即永歸在臨津之北，此「南」爲「北」字之誤，據改。又「四十九」，嘉慶重修一統志保寧府引本書同，萬本、庫本皆作「五十」。

〔三二〕武都氐人流移入蜀　「移」，底本作「離」，據萬本、庫本及嘉慶重修一統志卷三九〇保寧府引本書改。

〔三三〕宋大明年置　「置」，底本脱，據萬本、庫本及輿地紀勝隆興府引本書補。

〔三四〕後魏□□元年改屬黄原郡　萬本、庫本皆無此二空闕，輿地紀勝隆慶府引本書同，傅校删。

〔三五〕造作橋閣　「造」，底本無，萬本、庫本皆作「通」。按三國志卷二八魏書鄧艾傳作「造作橋閣」，元和郡縣圖志卷三三龍州總序同，此脱「造」字，據補。參見本書上文陰平縣馬閣山條及校勘記〔一三〕。

〔三六〕將士自攀木緣崖　「自」，萬本、庫本皆無，三國志魏書鄧艾傳作「皆」，元和郡縣圖志龍州總序同，此「自」蓋爲「皆」字之誤。

〔三七〕有楊李二姓　萬本、中大本此下有「最爲豪族，乃分據其地。周地圖記云江油郡楊李二姓」二十一字，傅校從補，此蓋脱。庫本同，惟「江油郡」作「江油帥」。

〔三八〕舊屬隴右道永徽後改屬劍州　「隴」下「右」上底本衍「西」字，萬本、庫本同，據中大本及舊唐書地理志四删。「改」，萬本、庫本皆作「割」，同舊唐書地理志四，傅校從改。

〔三九〕領縣二　萬本、庫本「領」上皆有「元」字。

〔四〇〕西至松州三百三十三里　「三十三」，萬本、中大本、庫本皆作「三十二」。

〔四一〕北至踰山至文州三百三十里　萬本、庫本同，中大本無前「至」字，當衍。

〔四二〕音霸　萬本、中大本皆無此二字，傅校删，蓋非樂史原文。

〔四三〕八百九十　萬本、庫本同，中大本作「八百九十六」。

〔四四〕人多瘤癭聾　底本「多」下衍「瘿」字，據萬本、庫本及宋本方輿勝覽卷七〇龍州、嘉慶重修一統志卷三九九龍安府引本書删。

〔四五〕以山形似弩牙而名　「而名」，底本脱，庫本同，據萬本及嘉慶重修一統志卷三九九龍安府引本書補，中大本作「故名」。

〔四六〕西北至州界南入綿州界　「西北入州界」，萬本作「下流入州界」，嘉慶重修一統志龍安府引本書同。「南入綿州界」，底本脱「入」字，庫本同，據萬本及嘉慶重修一統志龍安府引本書補，又

「界」，庫本同，萬本及一統志引本書皆無。

〔四七〕左近郭山上有李龍遷祠　「左」，底本作「在」，萬本同，據庫本及嘉慶重修一統志龍安府引本書改。

〔四八〕又改爲清川縣　按元和郡縣圖志、舊唐書地理志四、新唐書卷四二地理志六龍州皆云唐天寶元年改名清川縣，非隋也。

〔四九〕在州北二百十里高三千三百丈　「十」，萬本、中大本、庫本皆作「一」，嘉慶重修一統志龍安府引本書作「州北二百里」，無此字。「三千三百丈」，庫本同，萬本及嘉慶重修一統志引本書作「二千三百丈」。

〔五〇〕啼胡水　庫本同，萬本作「醍醐水」。宋本方輿勝覽龍州：「醍醐水，在清川縣北。」按「啼胡」、「醍醐」，音同字異。

太平寰宇記卷之八十五

劍南東道四

陵州　陵井監　榮州

陵州

陵州，仁壽郡。今理仁壽縣。禹貢梁州之域。漢犍爲郡之武陽縣東境，屬益州部。南有陵井。周地圖：「晉孝武帝太元中，益州刺史毛璩置西城戍，以爲捍防。周閔帝元年又于此置陵州，〔一〕因陵井爲名。」隋大業三年廢州爲隆山郡。唐武德九年割隆山屬眉州。〔二〕永徽四年分貴平置籍縣。天寶元年改爲仁壽郡。乾元元年復爲陵州。

領縣五：〔三〕仁壽，貴平，井研，始建，籍縣。

州境：東西一百二十七里。南北三百一十八里。

四至八到：東北至東京三千四百九十里。東北至西京三千七十里。東北至長安二千二百一十里。東至資州二百三十五里。南至榮州三百六十里。西至眉州八十里。北至成都二百里。〔四〕東南至榮州二百一十里。〔五〕南至嘉州九十里。〔六〕西北至眉州一百里。東南至簡州一百八十里。〔七〕

户：唐開元户三萬四千七百二十八。皇朝户主一萬二千三百九十二，客一萬三千一百一十五。

風俗：同益州。

土産：貢：麩金。元採於遵江水，〔八〕唐神龍元年起。出續斷子，一名百兩金，五月五日採，舊常進。苦藥子，永真年中停進。細葛，緞。進鵝溪絹，出梓州玄武縣鵝溪。

仁壽縣，依舊一鄉。本漢武陽縣東境，周地圖云：「後魏定蜀，於此置普寧縣，屬懷仁郡。」隋開皇三年罷郡，以普寧屬陵州，十八年改普寧爲仁壽縣。

三嵎山。益州記云：「東嵎、西嵎、南嵎三山相對，山去陵井各一里。」

鼎鼻山。按郡國志云：「周之九鼎，淪一於此，故後人往往見鼎耳，因名之。」

朝女山。郡國志云：「昔有一女于此山得道，今胕脛足跡尚存，故曰朝女。」

聶甘井，故鹽井也，其旁有神廟，今謂之聶社是也。

陵井，本狼毒井，今名陵井。按郡國志云：「昔張道陵於此得鹽井，因被紙排車，〔九〕引役人唱排車樂，願心齊力，祀玉女於井内。玉女無夫，後每年取一少年擲鹽井中，若不送水即竭。又蜀郡西山有大蟒蛇吸人，上有祠，號曰西山神，每歲土人莊嚴一女置祠傍，以爲神妻，蛇即吸將去，不爾，則亂傷人。周氏平蜀，許國公宇文貴爲益州總管，乃改畫爲神婚，合媒婚姻，擇日設樂，送玉女像以配西山神，自爾之後，無復此害。始因張道陵，今謂之陵井。」

健兒廟。朱遵拒公孫述死，〔一〇〕吴漢表爲立祠，後人祭祀不缺。

飛泉山，在縣東二里。舊名東嵎。按圖經：「隋仁壽元年，獠反，百姓城于山頂避難，遂有飛泉湧出。獠平，泉涸，因呼爲飛泉山。」

麗甘山，〔一一〕在縣東二十里。按圖經：「昔有十二玉女於此山汲鹽泉煎鹽，以玉女美麗，其鹽味甘爲名，今竈跡尚存。」

仁壽水，在縣西十里。〔一二〕東流合婆支水。

聖泉，在縣南七里。其水碧色，患瘡疾者洗之多愈，投銀即變成五色，孕婦飲之墮胎。俗以爲聖泉。

石臼泉，在縣東北二里石臼中。緣州在山上，居人無井，多汲此泉，衆泉皆涸，此泉常湧。

仁壽故城，在縣東二里。後魏廢帝元年置普寧縣，隋開皇十八年改爲仁壽縣，唐貞觀九年移入于城西。〔一三〕

牢固冢，在縣東南六十里，高一丈五尺。〔一四〕十道志云：「昔蒯參至孝，葬母於此，修墳牢固，因此爲名。」

貴平縣，東北九十里。元七鄉。〔一五〕本漢廣都縣之東南境，屬蜀郡。後魏恭帝二年置和仁郡，仍立平井、貴平、可曇三縣，舊治和仁城，開元十四年移治禄川。

貴平山，在縣二十三里。〔一六〕從簡州平泉縣及益州廣都縣界迤邐入縣。

禄水，在縣南三十七步。流入仁壽縣。

唱車廟，在舊縣南九里。漢朱辰爲巴郡守，有惠于人，吏人送辰到蜀，迴至此，爲辰立廟，以其山近鹽井，聞推車唱歌之聲爲名。今鹽井推轆轤，皆唱爲號令。

平井。益州記云：「官有兩竈二十八鎮，〔一七〕一日一夜收鹽四石，如霜雪也。」〔一八〕

井研縣，南一百五里。依舊七鄉。本漢武陽縣地，東晉置西江陽郡。梁置懷仁郡。魏置蒲亭縣。隋大業元年因井研鎮立井研縣。唐武德四年自擁思茫水移治今所，縣以界内井研爲名。

井鑊山，在縣北二里。其山俯臨井鑊，因以爲名。

擁思茫水，在州南一百五十里。從縣南界瀨下六池東流，〔一九〕即名擁思茫水。湍流迅急，不通舟船。西南入平羌縣界。

始建縣，南五十五里。〔二〇〕元五鄉。〔二一〕本漢武陽縣地，隋開皇十年於此置始建鎮，大業五年改鎮爲始建縣。〔二二〕舊治擁思茫水，唐聖曆二年移治滎祉山。

鐵山，在縣東七十里。周地圖云：「蒲亭縣有鐵山，諸葛武侯取爲刀器。周封宇文度爲鐵山侯。」〔二三〕

彭昌山，在縣東九十二里。彭昌，獠之姓也。

籍縣，西北一百里。元十鄉。梁天監中于此立席郡。隋廢郡爲縣，始曰席，後之語訛，今曰籍。

木梓山，在縣北六十里。出梓木。

丹砂山，在縣南四十里。〔二四〕本山出赤土，强以爲名。左思蜀都賦云「丹砂出其坂」，即此也。

沐馬川，在州北一百二十五里。蜀先主于此置籍田，牧馬於此江中，俗因名沐馬川。〔二五〕今割屬廣都縣。

道江水，從縣北三十五里過。

魚蛇水，在縣南三十五里。從縣界夷歌鄉來，入眉州青神縣界。

陵井監

陵井監，按圖經：「漢時有山神，號十二玉女，爲道人張道陵指陵上有井名陵井。今井上有玉女廟甚靈，監司奏之，若以火墜井中，即雷吼沸湧，烟氣上沖，濺泥漂石，甚可畏也。或云井泉傍通江海，微有敗船木浮出。其井煎水爲鹽，歷代因之。唐萬歲通天二年，右補闕郭文簡奏賣水一日一夜，得四十五函半，百姓貪利失業。長安二年停賣水，依舊税鹽。先天二年加課利，歲税有三千六百二貫。僞蜀井塞。國朝乾德三年平蜀，陵州通判賈璉重開舊井，一晝一夜汲水七十五函，每函煎鹽四十斤，日獲三千斤。至雍熙元年春冬日，收三千八百一十七斤，秋夏日收三千四百四十七斤，蓋水源之有長短也。」

又仁壽縣界别有五井，二井見在：

營井，在縣南二十五里。隋大業元年開，水淡遂廢。國朝乾德三年重開，日收鹽四十斤。

蒲井，在縣南四十里。唐武德初開，水淡遂廢。國朝太平興國三年重開，日收鹽三

十八斤。〔二六〕

五井廢：

賴賓井，石羊井，賴因井，仁壽井，奴襄井。

井研縣二十一井，五井見在：

研井，在州南一百三十三里。唐時日收鹽八斗，貞觀二十一年崩壞，總章二年重修。僞蜀棧塞不開，至皇朝乾德三年重開，日收鹽四十九斤。

陵井，在州南一百九里。唐時官私日收鹽五斗五升，龍朔元年壞，上元元年重開。僞蜀棧塞，至皇朝太平興國三年重開，〔二七〕日收鹽三十斤一十兩。

稜井，在州南一百里。僞蜀已前廢塞，至國朝太平興國三年重開，日收鹽五十三斤八兩。

律井，在州南九十里。僞蜀已前廢塞，至國朝太平興國三年重開，日收鹽五十五斤。

田井，在州南一百五十一里。僞蜀以前廢塞，至國朝太平興國三年重開，日收鹽三十六斤。

一十六井廢：

獠母井，還井，賴倫井，石烈井，茫井，宋井，桶井，柳泉井，賴郎井，遮井，新井，董川井，〔二八〕潘令井，小羅井，依郎井，帶井。

始建縣七井，一井見在：

羅泉井，舊廢，至國朝乾德三年重開，日收鹽三十五斤。

六井廢：

塔泥井，石縫井，賴胡儒井，赤石井，賴子井，賴溲井。

貴平縣一井：

上平井，在州東北九十三里。唐時日收鹽一石七斗五升，與百姓分利。僞蜀廢，至國朝乾德三年重開，日收鹽一百七十斤。

右陵井監井諸縣計十井，日收鹽四千三百二十三斤。

榮州

榮州，和義郡。今理旭川縣。禹貢梁州之域。古夜郎之國，漢武開西邊道，爲南安縣地，屬犍爲郡。齊於此立安陽縣。〔二九〕隋初廢之，以其地屬資陽郡。唐武德元年置榮州，領大牢、威遠二縣。貞觀元年置旭川、婆日、至如三縣；二年割瀘州之隆越來屬；六年自公井移州治大牢，仍割嘉州資官來屬；八年又割瀘州之和義來屬、廢婆日、至如、隆越三縣。永徽二年移州治于旭川。天寶元年改爲和義郡。乾元元年復爲榮州。

元領縣六，今五：旭川，威遠，應靈，資官，公井。一縣廢：和義。并入威遠。

州境：東西二百五十里。南北一百四十五里。

四至八到：東北至東京三千七百七十里。東北至西京三千三百五十里。東北取資、普二路至長安二千四百九十里。東至合州五百里。南至戎州三百一十里。西至嘉州二百一十里。北至陵州二百六十里。東南至瀘州水陸相兼五百四十里。西南至嘉州三百一十里。西北至陵州三百三十里。東北至資州二百一十九里。

户：唐開元户五千六百三十九。皇朝户主五萬一十一，〔三〇〕客一萬六千七百四。

風俗：夏人少，蠻獠多。男不巾櫛，女衣斑布。姓名顛倒，不知禮法。

土産：麩金，羌活，黄連，舊貢：斑布。有鹽井五十七。

旭川縣，舊四鄉，今三鄉。本漢南安縣，〔三一〕隋開皇十年於此置大牢鎮，十三年改鎮爲縣。唐貞觀初于此立旭川縣，乃移郡于此。

滇池，周迴三百里。水出駿馬，日行五百里，事同大宛。

馬鳴戍。益州記云：「漢刺史韋拔夜過此地，有神馬嘶，漢中馬嘶以應之，故有此戍也。」

成都市。九州要記云：「和義郡，古夜郎之地。武帝時有南中令使通僰道無功，〔三二〕唐蒙因殺之，令曰：恨不見成都市而死。蒙即立市如成都以殺之，故曰成都市。」

竹王廟。蜀記云：「昔有女人於溪浣紗，有大竹流入而觸之，因有孕。後生一子，自立爲王，因以竹爲姓。漢武使唐蒙伐牂柯，斬竹王，因有此故，故土人不忘其本，立竹王廟，歲必祀之，不爾，爲人患。」

明月祠，其神如圓月，民祀以祈福。

榮德山，在州東北四十二里。其山在川谷之中，獨拔五百餘尺。中有老君祠，〔三三〕刻石爲像。有小路至山頂，以木爲梯。

落陽水，從陵州始建縣界南流入界。〔三四〕

威遠縣，東七十里。舊三鄉，今五鄉。本漢資中縣及後漢漢安縣地，屬犍爲郡。隋開皇二年於威遠舊戍置威遠縣。〔三五〕唐武德元年割屬榮州。皇朝併和義入威遠。

獨孤水，自陵州始建縣界流入，又南流過公井縣界，出瀘州富義縣界。

葛仙山，在縣東十五里。古老傳云葛仙公曾遊之地，今又隨地割屬昌州。

十江水，〔三六〕從資州内江縣南流入縣界五十步，又東流入瀘州富義縣界，通舟船。

廢和義縣，在州東北一百七十里。本漢資中縣地，後漢漢安縣地，隋大業三年置和義縣。〔三七〕唐元和十三年移于舊縣安置，以便水陸貿遷之宜，從東川節度使李逢吉之請。皇朝乾德五年廢入威遠縣。

應靈縣，西南一百五十里。舊五鄉，今三鄉。本漢南安縣地，屬犍爲郡。隋置大牢鎮，尋改爲縣。唐武德元年割資州之大牢、威遠二縣，于公井爲縣；〔三八〕六年自公井縣移州於大牢、威遠二縣界。〔三九〕貞觀初移於旭川縣。〔四〇〕天寶元年改爲應靈。

大牢溪水，一名賴溪。

資官縣，西北九十里。元四鄉。本漢南安縣地，晉義熙中置資官縣，〔四一〕屬犍爲郡。唐武德初屬嘉州。貞觀六年割屬榮州。舊名「咨」字誤。〔四二〕

鐵山，在州西北一百里。從資州月山縣西來，其山出鐵。

擁思茫水，〔四三〕在縣西二十里。從陵州始建縣界南流至縣西，又南入戎州宜賓縣界。

公井縣，東南九十里。舊二鄉，今五鄉。本漢江陽縣地，屬犍爲郡。後周置公井鎮。唐武德元年于鎮置榮州，改爲公井縣。貞觀六年移州于大牢。

野容山，從當縣界至嘉州犍爲縣界，東西長三百餘里，南北七十里，唯此山大在邑界。

卷八十五校勘記

〔一〕周閔帝　底本「閔」下有「一作武」三字。按周書卷三孝閔帝紀：元年正月丙寅，「於劍南陵井置陵州。」輿地紀勝卷一五〇隆州引本書云「後周閔帝置陵州」，此「一作武」乃衍文，據刪。萬本、庫本作「周閔武帝」，誤。

〔二〕唐武德九年割隆山屬眉州　萬本、庫本同。中大本作「唐武德元年改爲陵州，領仁壽、貴平、井研、始建、隆山五縣，貞觀元年割隆山屬眉州」。同舊唐書卷四一地理志四，傅校同。

〔三〕領縣五　萬本、庫本「領」上皆有「元」字。

〔四〕北至成都二百里　按本書卷七二益州沿革載：皇朝「爲成都府」，此「成都」下蓋脱「府」字。

〔五〕東南至榮州二百一十里　「二」，元和郡縣圖志卷三三陵州作「三」。元豐九域志卷七陵井監（北宋熙寧五年改陵州爲陵井監）：「東南至本監界一百四十七里，自界首至榮州一百八十九里。」此「二」宜作「三」。

〔六〕南至嘉州九十里　按元和郡縣圖志陵州：「西至嘉州一百九十里。」本書卷七四嘉州：「東北至陵州一百九十里。」唐、宋初陵州治仁壽縣，即今四川仁壽縣；嘉州治龍遊縣，即今樂山市，在陵州西南，則此「九十」前脱「一百」二字。

〔七〕東南至簡州一百八十里　「東南」，元和郡縣圖志陵州作「東北」，本書卷七六簡州：「西南至陵州一百八十里。」唐、宋初簡州治陽安縣，今簡陽縣西北，在陵州東北，此「南」爲「北」字之誤。

〔八〕遵江水　「遵」，嘉慶重修一統志卷四一三資州引本書作「道」。按本書下文籍縣有「道江水，從縣北三十五里過」。此「遵」爲「道」字之誤。

〔九〕因被紙排車　萬本、庫本皆作「因披排車」，此「被」疑爲「披」字之誤，「紙」字衍。

〔一〇〕朱遵拒公孫述死　「朱遵」，萬本、庫本皆無此二字。輿地紀勝卷一五〇隆州引本書作「昔有人」，嘉慶重修一統志資州引本書作「健兒」，當是，此恐誤。

〔一一〕麗甘山　「甘」，底本作「井」，據萬本及輿地紀勝隆州、嘉慶重修一統志資州引本書改。

〔一二〕在縣西十里　「西十里」，萬本、庫本、嘉慶重修一統志資州引本書同。輿地紀勝隆州引本書作「西北十里」。

〔一三〕貞觀九年移入于城西　按輿地紀勝隆州：仁壽故城，「唐貞觀十九年移於子城西」。「十九年」與「九年」有差，此「于城」疑爲「子城」之誤。

〔一四〕高一丈五尺　「一丈五尺」，底本作「丈五」，據萬本、庫本、嘉慶重修一統志資州引本書及傅校改補。

〔一五〕元七鄉　萬本、庫本皆作「元□鄉，今七鄉」。

〔一六〕在縣二十三里　庫本同，萬本「縣」下有「□」。按嘉慶重修一統志資州：「貴平山，在仁壽縣東北廢貴平縣北二十三里。」此「縣」下疑脱「北」字。

〔一七〕官有兩竈二十八鎮　「鎮」，輿地紀勝隆州引益州記作「鑊」，宋本方輿勝覽卷五三隆州亦云「官有兩竈二十八鑊」，此「鎮」蓋爲「鑊」字之誤。

〔一八〕如霜雪　輿地紀勝隆州引益州記作「白如霜雪」，此「如」上宜有「白」字。

〔一九〕從縣南界瀨下六池東流　「東流」，嘉慶重修一統志資州引本書作「南流」。

〔二〇〕南五十五里　底本「南」下有「北」字，中大本無。按元和郡縣圖志陵州始建縣：「北至州五十五里。」此記縣方位，是以州而言，則此「北」爲衍字，據删。萬本、庫本皆作「西北五十五里」，誤。

〔二一〕元五鄉　萬本作「依舊六鄉」，庫本作「元舊六鄉」。

〔二二〕大業五年改鎮爲始建縣　按隋書卷二九地理志上：「始建，開皇十一年置。」與此不同。

〔二三〕周封宇文度爲鐵山侯　「周」，底本作「因」，庫本同，據萬本及輿地紀勝隆州引周地圖改。

〔二四〕在縣南四十里　「南」，底本作「西」，萬本、庫本皆作「南」。按元和郡縣圖志陵州籍縣：「丹沙山，在縣南七十里。」此「西」爲「南」之誤，據改。

〔二五〕俗因名沐馬川　「俗」，底本作「浴」，萬本同，中大本、庫本及蜀中名勝記卷五雙流縣引本書作「俗」，傅校同，此「浴」乃「俗」字之誤，據改。

〔二六〕日收鹽三十八斤　萬本、中大本、庫本「斤」下並有「五兩」二字，此蓋脱。

〔二七〕太平興國三年重開　「太平興國」，萬本、中大本、庫本皆並作「乾德」。

〔二八〕董川井　「川」，底本作「村」，據萬本、庫本及傅校改。

〔二九〕齊於此立安陽縣　「縣」，萬本、庫本皆作「郡」。按輿地紀勝卷一六〇榮州引本書作「齊立南安郡」，通典卷一七六和義郡榮州沿革亦載「齊置南安郡」，此「安陽縣」爲「南安郡」之誤。

〔三〇〕户主五萬一十一　「萬」，萬本、庫本同，中大本作「千」。

〔三一〕本漢南安縣　按漢南安縣即今四川樂山市，唐、宋初旭川縣即今榮縣，則唐、宋初旭川縣，非漢南安縣，元和郡縣圖志卷三三榮州旭川縣：「本漢南安縣地。」太平御覽卷一六六榮州引十道志同，此「縣」下脱「地」字。

〔三二〕武帝時有南中令使通僰道無功　按蜀中名勝記卷一一引九州要記作「武帝時開南中，使僰道令通僰青衣道無功」，此「有」疑爲「開」字之誤，「令使」爲「使令」之倒誤。

〔三三〕中有老君祠　按輿地紀勝榮州引本書作「中有希夷觀、老君祠」，宋本方輿勝覽卷六四紹熙府、蜀中名勝記卷一一榮縣載同，與此别。

〔三四〕從陵州始建縣界南流入界　底本脱後一「界」字，據萬本、庫本及輿地紀勝榮州引本書補。

〔三五〕開皇二年　「二」，庫本同，萬本、中大本皆作「三」。按隋書地理志上云「開皇初置」，元和郡縣圖志榮州云「開皇三年於此置威遠戍以招撫生獠，十一年改戍爲縣」。設縣年代皆異。

〔三六〕十江水　「十」，萬本、庫本及輿地紀勝榮州引本書同。嘉慶重修一統志卷四〇四嘉定府引本書作「中」。按元豐九域志卷七、輿地廣記卷三一榮州威遠縣有中江。輿地紀勝榮州中江水：「皇朝郡縣志云，在威遠縣東一百一十里，來自資州内江縣，南流入威遠縣界，入富順監。」此「十」爲「中」字之誤。

〔三七〕大業三年　「三年」，元和郡縣圖志榮州作「十二年」。

〔三八〕于公井爲縣　舊唐書地理志四大牢縣序：「武德元年割資州之大牢、威遠二縣，於公井鎮置榮州，又改公井爲縣。」公井縣序：「武德元年，公井鎮置榮州，改爲公井縣。」則此「于公井」下「爲縣」上蓋脱「鎮置榮州又改公井」八字。

〔三九〕六年自公井縣移州於大牢威遠二縣界　按舊唐書卷四一地理志四：公井縣，「貞觀六年，治移於大牢縣也」。本書榮州序亦云「貞觀六年自公井移(榮)州治大牢」，與此不同，新唐書卷四二地理志六：榮州，「武德六年徙治大牢」。所載年代與此同，此「威遠二縣界」五字疑衍誤。

〔四〇〕貞觀初移於旭川縣　按新舊唐書地理志、唐會要卷七一州縣改置下及本書榮州序並載：「永徽二年移榮州於旭川縣」，此云「貞觀初」，當誤。

〔四一〕晉義熙中置資官縣　「資」，萬本據元和郡縣圖志改爲「冶」。按宋書卷三八州郡志四犍爲郡治官令；「晉安帝義熙十年立。」南齊書卷一五州郡志下犍爲郡領冶官縣。舊唐書地理志四作「資官縣」，輿地紀勝榮州引同。元和郡縣圖志榮州咨官縣：「晉義熙十年置冶官縣，屬犍爲郡。隋後誤以『冶』爲『咨』也。」嘉慶重修一統志卷四〇五嘉定府：「按縣自晉置，名曰冶官，蓋以縣有鐵山，出鐵置冶而名也。隋譌『冶』曰『咨』，『咨』、『冶』字尚相類，通典、新舊唐書志又誤『咨』爲『資』，則去本字逾遠，賴有元和志之言，始知其沿誤之因，至寰宇記曰『晉義熙中置資官縣，舊作咨字誤，反以元和志爲非，謬甚。」

〔四二〕舊名咨字誤　「咨」，底本作「資」，庫本同，據嘉慶重修一統志嘉定府引本書及傅校改。萬本缺此文。

〔四三〕擁思茫水　萬本同，庫本及輿地紀勝榮州作「擁思水」，嘉慶重修一統志嘉定府作「擁思茫水」，引本書作「擁思水」，則二名皆是也。

太平寰宇記卷之八十六

劍南東道五

果州 閬州

果州

果州，南充郡。今理南充縣。禹貢梁州之域。春秋及戰國時爲巴子國。秦、二漢並屬巴郡，即安漢縣也，亦爲充國之地。三國志云：「劉璋初分墊江以上置巴郡，理此縣。建安六年，璋改巴郡爲巴西郡，徙理閬中。」今郡在嘉陵江之西。後魏平蜀，于今州北三十七里石苟壩置南宕渠郡，其縣亦移就郡理。晉于此立巴西郡，宋、齊因之不改。隋開皇初郡廢，以縣屬隆州，仍移縣理安漢城，十八年改安漢爲南充縣。唐武德初猶爲隆州地，至四年分隆州之南充、相如二縣置果州，以郡南八里果山爲名，又置西充、朗池二縣。萬歲通天二年分南充、相如二縣置岳池縣。天寶元年改爲南充郡。乾元元年復爲果州。大曆四年改爲充州，〔一〕十年復爲果州。至皇朝乾德六年割岳池縣屬廣安軍。

元領縣五。今四：南充，西充，相如，流溪。一縣割出：岳池。入廣安軍。

州境：東西二百四十五里。南北未詳。

四至八到：東北至東京三千一百三十里。東北至西京二千七百一十里。東北至長安一千八百五十里。東至渠州二百八十里。南至合州水陸相兼三百里。西至梓州三百五十里。〔二〕北至閬州三百里。東至廣安軍岳池縣界二十五里。西南至遂州一百七十五里。東北至蓬州二百一十里。西北至閬州封山鎮界一百三十里。

户：唐開元户四萬一千三百。皇朝户主二萬三千二百四十九，客六千六百三十七。

風俗：同閬州。

人物：紀信，安漢人。誑楚，脱高祖，爲項羽所殺。〔三〕 陳禪，字紀山，安漢人。爲司隸校尉。 龔調，字叔侯，安漢人。爲荆州刺史。 譙周，字允南，安漢人。仕蜀漢爲光禄大夫。〔四〕 陳壽，字承祚，安漢人。師事譙周，官中庶子，爲著作郎，撰三國志。 閻纘。安漢人。獨哭張華。

土産：巴戟，大黄，絲布，貢。黄柑，〔五〕紫梨，〔六〕雞父草，五月採。山大豆。八月採。以上二藥，本草無名。山大豆療急風寒，雞父草治婦人因産破血。

南充縣，元二十二鄉。本漢安漢縣地，屬巴郡。宋于安漢城置南宕渠郡。隋開皇十八年改安漢爲南充縣，以古充國爲名。

果山，在州西八里。層峯秀起，松柏生焉，郡因山以爲名。

車騎崖。郡國志云：「馮車騎，後漢爲將，於此鐫崖刊石十有餘處，是車騎將軍馮緄所治處也，故後有斯名。」

昆井。益州記云：「南充縣西六十里有大昆井，即古之鹽井。」

龍城山，盤屈若龍，絶壁如城。

朱鳳山，在州南十里。高一百七十二丈，周迴二十里。昔有鳳凰集，因置鳳山觀，今存。

大斗溪，在邑界。

嘉陵江，在州東二百步。自相如縣界入南充界，南流至合州漢初縣界。

謝真人祠。唐書：「貞元十年，謝真人名自然，于縣界金泉紫極宫白日上昇，郡郭是夕有虹霓雲氣之狀，真身輕舉，〔七〕萬目之所覩焉。」

西充縣，州西九十五里。元十鄉。本南充縣地，唐武德四年以南充之地繁闊，故析西北之境以立此縣，故曰西充，取後漢西充縣爲名。

西充山，縣以此山爲名。

西溪水，在縣西。源出崇禮市山。

亞夫山，在縣東。與縣城相倚。

雙圖山，在縣東十里。

相如縣，東北八十五里。元十鄉。亦巴西縣地，梁天監六年置相如縣，兼立梓潼郡于此。至後周郡廢而縣存，〔八〕即漢司馬相如所居之地，因以名縣。其宅今爲縣治。

司馬相如故宅，在縣南二十里。周地圖記：「其地有相如坪，相傳相如別業在此。宅右西濱漢水，蓁薄鬱然，其臺名相如琴臺，高六尺，周四十四步。」

龍角山，在縣東，高三百丈。從蓬州朗池縣界西來。

雞卸神祠。益州記云：「雞卸神在相如縣，以神祠在雞卸溪側，故爲名。」〔九〕

西漢水。水經注云：「縣有漢車騎將軍馮緄、桂陽太守李温冢二子之靈，常以二月還，漢水暴長，郡俗於水上祭之。」

嘉陵江，在縣東二百步。

流溪縣，西南八十五里。元七鄉。本漢南充縣地，唐開耀元年析南充置縣于溪水側，因號流溪縣。

龍城山，在縣東六十里。與石梯山相連，其形盤屈如龍，絶壁如城焉。

流溪水，在縣東北四十步。源出遂州方義縣界，下至當州北流向東，〔一〇〕迤邐入嘉陵江。

賴郎溪、瀨猿溪，二溪並從遂州方義縣來。

閬州

閬州，閬中郡。今理閬中縣。禹貢梁州之域。春秋時爲巴國之地。按華陽國志：「巴子後理閬中。」秦爲巴郡地。後漢建安六年，劉璋改巴郡爲巴西郡，自安漢移理于此。蜀漢張飛曾爲此郡守。至李雄之亂，巴郡荒蕪，太守理無定處。宋元嘉八年復于此城立北巴西郡，宋末除「北」字，齊不改。按地形志云：「閬中居蜀漢之半，當東道要衝。」今郡城，即古之閬中城。梁天監中又于此立南梁州及北巴郡。〔一一〕西魏廢帝二年平蜀，改爲隆州，取其連岡地勢高隆爲郡名。後魏典略云：「此州故有隆城堅隆，〔一二〕因置隆州。」尋又立盤龍郡，以郡中有盤龍岡爲名。隋開皇初郡廢而州存，〔一三〕兼改閬中爲閬内縣。大業初州廢，併其地入巴西郡。唐武德元年改爲隆州，領閬中、南部、蒼溪、南充、相如、西水、三城、奉國、儀隴、大寅十縣；其年又立新井、思恭二縣；四年以南充、相如屬果州，儀隴、大寅屬蓬州，又置新政縣；七年又以奉國屬西平州。貞觀元年還以奉國來屬，又省思恭入閬中縣。先天元年避玄宗諱，改爲閬州，取郡西南閬山爲名。天寶元年改爲閬中郡。乾元元年復爲閬州。按十道録云：「果、閬二州貞觀中屬劍南道，開元中又屬山南道，天寶中屬劍南道，乾元中又屬山南道。若據地勢言之，嘉陵江既在劍門之外，流歷果、閬、合三州而合涪江，且三州同是漢巴郡之地，以山川論定，合屬山南道。」後唐天成四年升爲保寧軍節度。皇朝改爲安德軍。

領縣九：閬中，新井，晉安，新政，蒼溪，西水，奉國，南部，岐坪。

州境：東西二百四十九里。南北二百六十三里。

四至八到：東北至東京二千九百六十里。東北至西京二千四百一十里。東北至長安一千五百五十里。東至蓬州三百里。西至劍州三百里。北至利州二百九十里。東南至果州三百六十里。〔一四〕西南至遂州二百七十里。西北至梓州二百一十五里。〔一五〕西北至劍州二百里。東北至巴州二百八十里。

户：唐開元户一萬八千二百。皇朝户主二萬一千七百四十六，客二萬二千二百三十四。〔一六〕

風俗：同果州。

人物：譙隆，字伯思，〔一七〕閬中人。景帝時爲上林令。武帝欲廣苑囿，隆固諫，遷成臯令。洛下閎，字長公，閬中人。隱于洛亭，武帝徵待詔太史，改造太初曆，閎曰：「後八百歲，此曆差一日，當有聖人出定之。」譙玄。字君黄，閬中人。拜議郎，遷繡衣使者。〔一八〕

土産：獠布，當歸，重蓮綾，鹽，〔一九〕絹。段氏蜀記云：「果、閬二州絹長十五丈，重一斤，其色目鮮白。」〔二〇〕

閬中縣，舊十八鄉，〔二一〕今十二鄉。本漢舊縣，華陽國志云：「周慎王五年，〔二二〕秦惠文王遣張儀、司馬錯伐蜀，因取巴王以歸，分其地爲三十一縣。」此爲閬中縣，閬水迂曲逕其三面，縣居其中，取以爲名。

仙穴山，在縣東北十里。周地圖云：「靈山峯多雜樹，昔蜀王鼈靈帝登此，因名靈山。山東南隅有五女擣練石，山頂有池常清，有洞穴懸絶，微有一小逕通，名靈山。」天寶六年勅改爲仙穴山。

嘉陵水，又名西漢水，又名閬中水。周地圖云：「水源出秦州嘉陵，因名之，經閬中，即爲閬中水。」〔二三〕

閬中山，其山四合于郡，故曰閬中。按名山志曰：「閬中山多仙聖遊集焉。」

盤龍山。益州記曰：「閬中盤龍山南有一石，長四十丈，高五尺，當中有户及扇，若人之掩户，故老以爲玉女房。」

閬中，〔二四〕亦曰閬江，亦曰渝水。按譙周三巴記云：「閬中有渝水，賨音倧。〔二五〕民鋭氣喜舞，故高祖樂其猛鋭，數觀其舞，使樂人習之，故樂府中有巴渝舞，即名因斯地始。」

彭道將池。郡國志云：「彭道魚池在州面南。」〔二六〕四夷述云：「州東南有南池，〔二七〕東西二里，南北約五里。州城西南十里有郭池，周約五十畝。二池與漢志注相符。」

充國故城，西南九十四里，即今新井縣東北二十八里充國故城是也，其城東北去州六十里。李雄亂後，其城荒廢。

張飛冢，在刺史大廳東二十步，高一丈九尺。

新井縣，西南九十里。元十九鄉。本漢充國縣地，唐武德元年割南部、晉安二縣置，縣界頗有鹽井，因斯立名。

西水，北自晉安縣入，南流經縣東，又東南入南部縣。

晉安縣，西七十里。舊十二鄉，今十鄉。本閬中縣地，晉立巴郡於閬中，〔二八〕析此置晉安縣。按四夷縣道記：「梁於此置金遷戍，周閔帝改爲金遷郡，仍置晉安、晉城、西水三縣以屬焉。」郡理晉安。隋開皇三年罷郡，仍省晉安縣，自今縣東十四里移晉城縣于晉安舊理。唐武德元年改晉城爲晉安縣，即今理也。

忠山，在縣東五里。

西水，上源由京兆水，西自西水縣界流入，東南入新井縣界。

新政縣，東南一百四十里。〔二九〕依舊十鄉。本漢充國縣地，唐武德四年割相如、南部二縣置新城縣，後以隱太子諱，改名新政縣。

龍奔山，在縣東二十六里。

嘉陵江，在縣東十里，南流。

西水，在縣東三十五里。〔三〇〕東南流入嘉陵。

總角山，在縣東南六十里。山峯如女郎之總角。

蒼溪縣，西北五十七里。〔三一〕依舊十三鄉。本漢閬中縣地，後漢永元中於今縣北巴岳山側置漢昌縣。宇文周以縣屬閬州。隋開皇四年移理曲肘川，〔三二〕即今縣是也；十八年改漢昌爲蒼溪縣，因縣界蒼溪谷爲名。

雲臺山，一名天柱山，在縣東南三十五里。高四百丈，上方百里。有魚池，宜五穀，無惡毒，可度災。周地圖云：「漢末張道陵在此學道，使弟子王長、趙昇投身絶壑，以取仙桃，長等七試已訖，九丹遂成，隨陵白日昇天。」

白鶴山，在邑界。

嘉陵江，在縣東一里。東南流。

東水，一名宋熙水，西北自利州界來，南流經縣東四十里，又東流入閬中縣界。

西水縣，西一百二十里。依舊十五鄉。亦閬中縣地，〔三三〕梁大同中於今縣西北三十五里置掌天戍，後魏廢戍。後周閔帝元年改爲西水縣，以界内西水爲名。大業元年移于今理。

掌天山，在縣西北三十五里。

西水，北自劍州界來，東南入晉安縣界。

奉國縣，東北九十四里。舊一十五鄉，今四鄉。本漢閬中縣地，屬巴郡。梁武帝始于此立白馬、義陽二郡。後魏恭帝二年廢義陽郡，改爲奉國縣，屬白馬郡，始因此地附于魏，故以奉國爲名。隋開皇三年罷郡，以縣屬閬州。〔三四〕

方山，在縣西北三十五里。

和溪水，一名護溪水，自利州義清縣界流入，南流經縣東，又南入閬中縣界。

天目山，在縣東十五里。又名天溪洞，葛仙翁修道之山。赤烏七年勑置集靈觀，〔三五〕先天二年改名天目觀，中和三年改爲福唐觀。

南部縣，東南七十里。舊十四鄉，今十二鄉。亦充國縣地，〔三六〕梁于此置南部郡。後周閔帝元年罷郡，立南部縣，屬盤龍郡，以地居閬中之南，故曰南部。隋開皇三年罷郡，以縣屬閬州。

九子山，一名九隴山，在縣南七十里。

嘉陵江，在縣東南一里。入，東南流。〔三七〕

西水，在縣西南十里。入，東南流。

岐坪縣，東北一百二十里。〔三八〕依舊四鄉。本漢葭萌縣地，屬葭萌，爲漢壽，晉又改爲晉壽。〔三九〕宋分晉壽於此立宋安縣，屬宋熙郡。後魏廢帝三年改宋安爲岐坪。隋開皇三年罷郡，以縣屬利州。開元二十三年割屬閬州。

岳陽山，在縣東十五里。

陽門山，在縣西二十里。〔四〇〕

東水，〔四一〕北自利州胤山縣界流入，南流經縣。

鑿水，〔四二〕在縣東北四十五里。源自利州葭萌縣界南流，經縣入蒼溪縣界，合東江水。

卷八十六校勘記

〔一〕大曆四年改爲充州　「四年」，新唐書卷四〇地理志四作「六年」。

〔二〕西至梓州三百五十里　萬本、中大本、庫本皆無此文。按本書卷八二梓州：「東至果州三百五十里。」則底本是。

〔三〕紀信至爲項羽所殺　萬本、庫本皆無紀信傳略。

〔四〕譙周至光禄大夫　萬本、庫本皆無譙周傳略。按三國志卷四二蜀書譙周傳：「巴西西充國人。」此云「安漢人」，誤。

〔五〕黄柑　萬本、庫本皆無，傅校删。按宋本方輿勝覽卷六三順慶府（南宋寶慶三年升果州置）土産黄柑，則萬本、庫本誤。

〔六〕紫梨　萬本、庫本皆無，傅校删。按宋本方輿勝覽卷六五廣安軍土産紫梨，宋廣安軍於唐屬渠、合、果三州地，則萬本、庫本誤。

〔七〕真身輕舉　萬本無此文，庫本作「真輕舉」。傅校「真」下補「人」字。按輿地紀勝卷一五六順慶府、蜀中名勝記卷二七引唐書皆無此文，而兩書引韓愈謝自然詩有「須臾自輕舉」句，或竄入於此。

〔八〕至後周郡廢而縣存　「而」，底本脱，據萬本、庫本及輿地紀勝順慶府引本書補。

〔九〕雞卸神至故爲名　「故爲名」，萬本、庫本皆作「故爲祠號」。按輿地紀勝順慶府引益州記云：「雞卸祠在相如縣，以神在雞卸溪側，故以爲號。」蜀中名勝記引益州記同，唯末句作「故爲祠號」，此「雞御神」下疑脱「祠」字，「故爲名」宜作「故爲祠號」。

〔一〇〕下至當州北流向東　「當州」，嘉慶重修一統志卷三九三順慶府引本書作「當縣」，應是。

〔一一〕梁天監中又于此立南梁州及北巴郡　按宋書卷三七州郡志三、南齊書卷一五州郡志下梁州北巴西郡，治閬中縣。梁書卷二武帝紀中：天監八年夏四月，「以北巴西郡置南梁州」。陳書卷三四何之元傳：「侯景之亂，武陵王以太尉承制，授南梁州刺史、北巴西太守。」此「北巴郡」，蓋脱「西」字。

〔一二〕此州故有隆城堅隆　後「隆」字，太平御覽卷一六七引後魏典略作「險」，此「隆」疑爲「險」字之誤。

〔一三〕隋開皇初郡廢　「初」，底本作「中」，萬本、庫本同，中大本作「初」。按隋書卷二九地理志上、輿地紀勝卷一八五閬州並云「隋初郡廢」。隋書卷一高祖紀云開皇三年十一月，「罷天下諸郡」，則此「中」爲「初」字之誤，據改。

〔一四〕東南至果州三百六十里　「六十」，萬本、中大本、庫本皆作「六十四」。按通典卷一七五州郡五作「六十」，萬本、中大本、庫本誤。

〔一五〕西北至梓州二百一十五里　按元和郡縣圖志卷三三梓州：「東北至閬州三百一十五里。」本書卷八二梓州：「東南（北字之誤）至閬州三百一十五里。」唐、宋初閬州治閬中縣，即今四川閬中縣；梓州治郪縣，即今三臺縣，在閬州西南，此「北」爲「南」字之誤，「二百」爲「三百」之誤。

〔一六〕客二萬二千二百三十四　「二百」，萬本、庫本同，中大本作「三百」。

〔一七〕伯思　「思」，中大本同，萬本、庫本皆作「司」。按輿地紀勝順慶府、宋本方輿勝覽卷六七閬州皆云「譙隆，字伯同」，此「思」蓋爲「同」字之誤。

〔一八〕譙玄至繡衣使者　萬本、庫本皆無譙玄傳，傅校删，蓋非樂史原文。

〔一九〕鹽　萬本、庫本皆無，傅校删。

〔二〇〕其色目鮮白　「目」，庫本同，萬本作「自」，嘉慶重修一統志卷三九二保寧府引本書無此字。

〔二一〕舊十八鄉　「十」，萬本、庫本皆作「四十」。

〔二二〕周慎王　「慎」，底本作「順」，萬本、庫本同，據華陽國志卷三蜀志及史記卷四周本紀改。

〔二三〕即爲閬中水　「爲」，萬本、庫本皆無，蜀中名勝記卷二四引本書同；輿地紀勝閬州引本書作「名」。此「爲」字衍，傅校删，或「名」字之誤。

〔二四〕閬中　「中」，中大本作「水」。按蜀中名勝記引本書云：「閬中水，亦曰渝水。」則此「閬中」下脱「水」字。又輿地紀勝閬州引晏公類要云：「閬水，亦曰閬江，亦曰渝水。」此「中」或爲「水」字之誤。

〔二五〕音悰　萬本、庫本皆無此二字，按輿地紀勝、蜀中名勝記引本書同，傅校删，蓋非樂史原注，爲後世所加注。

〔二六〕郡國志云彭道魚池在州面南　萬本作「漢書地理志：彭道將池在南，彭道魚池在西南」。按本書下文引四夷述云：州東南有南池，州西南有郭池，「二池與漢志注相符」。則萬本是。又輿地紀勝閬州引郡國志云：「彭道將魚池在州西南。」此「面」爲「西」字之誤。

〔二七〕州東南有南池　底本作「州東南池」，庫本同，萬本作「州東南有南池」，嘉慶重修一統志卷三九〇保寧府引本書同。按宋本方輿勝覽閬州：「南池，在高祖廟傍，東西四里，南北八里。」又輿地紀勝閬州：「漢高祖廟，在州城南十數里西偃山下。」則南池在州南漢高祖廟傍，蓋偏東也，此脱「南有」二字，據補。

〔二八〕晉立巴郡於閬中　按晉書卷一四地理志上：巴西郡治閬中縣，蜀置。本書閬州總序：「後漢建安六年，劉璋改巴郡爲巴西郡，自安漢移理於此。」則後漢建安六年劉璋置巴西郡，治閬中，此誤。

〔二九〕東南一百四十里　「南」，底本無，萬本、庫本同，嘉慶重修一統志卷三九一保寧府引本書作「東南」。按元豐九域志卷八、輿地紀勝閬州新政縣：「在州東南一百三十五里。」唐宋新政縣即今四川儀隴縣西南新政鎮，位於閬州（治今閬中市）東南，則此「東」下脱「南」字，據補。

〔三〇〕西水在縣東三十五里　據嘉慶重修一統志卷三九〇保寧府載，西水河即流逕今閬中市西南、南部縣南，東南流入嘉陵江之西河，下游流逕唐宋新政縣（今儀隴縣西南新政鎮）之西，則此「東」

爲「西」字之誤。

〔三一〕西北五十七里　「西北」，底本作「東南」，萬本、庫本同，中大本作「西南」。元豐九域志、輿地紀勝閬州：蒼溪縣，「州北四十里」。嘉慶重修一統志卷三九一保寧府引本書作「閬州西北五十七里」。按唐、宋蒼溪縣即今蒼溪縣，在閬州治閬中縣即今閬中市北少西，此「東南」爲「西北」之誤，據改。

〔三二〕隋開皇四年移理曲肘川　「隋開皇」，底本無，萬本、庫本同；「川」，底本作「州」，萬本、庫本同，中大本作「川」。按嘉慶重修一統志保寧府引本書作「隋開皇四年移理曲肘川」。輿地紀勝閬州蒼溪縣引圖經云：「隋開皇四年，刺史鄭鐸以治所狹隘，徙於四肘川。」則此脱「隋開皇」三字，「州」爲「川」字之誤，據以補改。

〔三三〕亦閬中縣地　按輿地紀勝閬州西水縣引本書作「本秦閬中縣地」，嘉慶重修一統志保寧府引本書作「亦漢閬中縣地」，此蓋脱「秦」或「漢」字。

〔三四〕以縣屬閬州　輿地紀勝奉國縣序引本書：「隋開皇三年屬隆州。」本書閬州總序：西魏改置隆州和盤龍郡，隋開皇初郡廢而州存，大業初州廢，併其地入巴西郡，唐武德元年改爲隆州，「先天元年避玄宗諱，改爲閬州」。輿地紀勝閬州總序載同，則隋開皇時應是隆州，此作「閬州」誤。本書下文南部縣序云開皇三年「以縣屬閬州」，「閬州」亦爲「隆州」之誤。

〔三五〕集靈觀　「靈」，底本作「烏」，據萬本、中大本、庫本、傅校及蜀中名勝記卷二四改。

〔三六〕亦充國縣地　按嘉慶重修一統志保寧府引本書作「漢充國縣地」，此疑脱「漢」字。

〔三七〕入東南流　中大本同，萬本、庫本皆無「入」字。

〔三八〕東北一百二十里　「二」，庫本同，萬本作「六」，嘉慶重修一統志保寧府引本書同，疑此「二」爲「六」字之誤。

〔三九〕屬葭萌爲漢壽晉又改爲晉壽　庫本同，萬本無此文。按漢置葭萌縣，東漢建安末，劉備改名漢壽，晉太康元年又改名晉壽，據本書下文載，岐坪縣爲分晉壽縣置，則底本是。

〔四〇〕在縣西二十里　「二十」，嘉慶重修一統志卷三九〇保寧府引本書作「三十」。

〔四一〕東水　庫本同，萬本作「東遊水」。按東水，又名東遊水，水經漾水注：「東水出巴嶺，南歷獠中，謂之東遊水。」

〔四二〕鬻水　萬本、庫本同，中大本作「鬻江水」。按輿地紀勝閬州亦作「鬻江水」。

太平寰宇記卷之八十七

劍南東道六

遂州　普州

遂　州

遂州，遂寧郡。今理小溪縣。禹貢梁州之域。漢高帝置廣漢郡，今州又爲廣漢縣地，屬益州部。後分廣漢縣于此置德陽縣。東晉分置遂寧郡，屬益州，蓋德陽之舊壘也。〔一〕西北接涪縣東鄉之横山，東極巴郡之青石，〔二〕與巴郡爲界。譙縱亂後，移於石坪，蓋其地多獠，官長力弱，不相威攝。宋泰始五年，刺史劉亮表分遂寧爲東、西二郡，梁因之。後周武帝廢郡，始置遂州，〔三〕尋又置興西郡。〔四〕隋初廢郡而州存，煬帝廢州，又爲遂寧郡。唐武德元年改爲遂州，領方義、長江、青石三縣；二年置總管府，管遂、梓、資、普四州。貞觀初罷總管，十年復置都督府，督遂、果、普、合四州，十七年罷都督府。天寶元年改爲遂寧郡。乾元元年復爲遂州。昔廣漢郡有冤鬼爲害，後漢陳寵爲太守，遂收枯骨葬之，冤鬼遂絶。皇朝爲武信軍節度。

領縣五：小溪，長江，蓬溪，青石，遂寧。

州境：東西一百一十九里。南北缺。〔五〕

四至八到：東北至東京三千八百里。東北至西京二千八百八十里。東北取果州路至長安一千八百四十三里。東至果州流溪縣界四十里。西至普州樂至縣界七十九里。南至合州銅梁縣界一百二十里。北至梓州二百五十里。〔六〕東南至合州二百六十里。西南至普州一百四十里。東北至果州西充縣界九十四里。西北至梓州飛烏縣界九十五里。

户：唐開元户三萬五千六百三十。皇朝户主二萬二千四十七，客一萬六千六百三十四。

風俗：無。

人物：無。

土産：樗蒲綾，簟子，苓根，靸鞋，紫葛根，交讓木，葉似槐。蔗霜。唐大曆間，有僧跨一白驢，至傘子山下，山民以植蔗凝糖爲業，驢食蔗，民咎僧，僧曰：「汝知蔗之爲糖，而不知糖之爲霜，其利十倍。」因示以法，遂成

蔗霜，色如琥珀，稱奇品。〔七〕

小溪縣，舊二十鄉，今十四鄉。〔八〕本晉小溪縣地，〔九〕穆帝永和十一年置，屬遂寧郡。後魏恭帝二年改小溪爲方義縣。皇朝太平興國二年復爲小溪縣。〔一〇〕

銅盤山，壁立四絶，人莫能上，故曰銅盤山。

鄧艾廟，伐蜀有大功，死葬此，郡有祠存。

鶴鳴山，在州東北二十里。上有古觀，松上常有皓鶴鳴唳。

尋香山，在州東二十里。本名血腥山，刺史白子昉改爲尋香山。

龍頭山，在州東五十里。山有石，勢如龍頭。唐乾元元年奏置龍歸寺。〔一一〕

奴厥山，在州西五十里。本名屈山，唐景雲年中改爲奴厥山。

梵雲山，在州西南二里。三面懸絶，東臨涪水，西枕靈星池。〔一二〕

滄唐江，今名大桑江。〔一三〕

靈星池，在縣西北四里。益部耆舊傳云：「趙瑶爲閬中令，時西州遭旱，瑶率掾吏齋戒于靈星池，歸咎自責，稽首流血，應時大雨，即此也。」

龍池，故老相傳池側有柳樹，大十圍，周武帝天和初，〔一四〕有龍自樹升天，士女共觀之。自後其樹乃枯，〔一五〕池亦淺竭。

北流溪，今名流溪。〔一六〕

長江縣，北五十里。元十鄉。本東晉巴興縣，穆帝永和十一年置，屬遂寧郡。後魏恭帝改巴興爲長江縣，以界内大江爲名，即涪江也。唐上元元年以舊縣不安，移在明月山下鳳凰川。

明月山，在縣西二里。

廟山，在縣南十里。其山孤峯峻秀，下臨江島。唐乾元元年勅置龍臺觀。〔一七〕

蓬溪縣，東北一百二十里。舊十二鄉，今十鄉。本漢廣漢縣地，唐開元二年置唐興縣於此。〔一八〕天寶初改爲蓬溪縣，取邑内蓬溪爲名。

七弟崖山，在縣西南一十五里。有崖七堵，鱗次相連，比之兄弟。

賨王山，在縣西四十八里。又名賴王山。大曆十四年，度支使牒管内山川有「賴」字者並改易，刺史盧幼平改爲賨王山。〔一九〕

青石縣，東南七十里。〔二〇〕舊十一鄉，今無鄉，管十里。亦廣漢之地，〔二一〕東晉孝武帝于此立爲晉興縣，宋因之。後魏武帝改爲始興縣。隋改爲青石縣，以界内有青石山爲名。

青石山，有祠甚嚴。九州要記云：「此山，天下青石，無佳於此，可爲鐘磬。」郡國志：「昔巴、蜀爭界，歷歲不決，漢高帝八年，一朝密霧，山爲之自裂，從上至下，開數尺，若引繩以分之，〔二二〕於是始判。其山高九丈，遂爲二州之界。巴、蜀之民懼天責罰，乃息所爭，因共立祠。民將採石，必先祀之。」

九節溪，源出縣東二十九里九節嶺。李膺記：〔二三〕「嶺有九節故也。」

珠玉溪，地有珠玉村，因名。

風門山，在縣東三十里。四面峻嚴，常有清風，因號風門山。

鄧芝墓。華陽國志：「芝征涪陵，見玄猿緣其山，芝性好弩，手自射猿，中之。猿子拔其箭，卷木葉塞其瘡。芝嘆曰：『吾傷物之性，其將死矣！』」見此山美之，後遂葬焉。

遂寧縣，西北一百二十里。舊二鄉，今十鄉。本廣漢郡地，〔二四〕景龍元年置縣，取郡名以稱邑。

□□□、□□□，二山在邑内。〔二五〕

普州

普州，安岳郡。今理安岳縣。禹貢梁州之域。漢武置十三州，在益州之部。今州境，即漢之資中、牛鞞、墊江、後漢之德陽等四縣之境。資中，今資陽縣；墊江，今合州石鏡縣是也；德陽，遂州方義是也。李雄亂後，爲獠所没。梁置普慈郡于此，梁普通中，益州刺史臨汝侯賜群獠金券鏤書，〔二六〕其文云：「今爲汝置普慈郡，可率屬子弟，奉官租以時輸送。」周武帝建德四年於郡立普州。隋煬帝初州廢，併其地入資陽郡。唐武德二年分資州之安岳、隆康、安居、普慈四縣置普州，三年又置樂至、隆龕二縣。天寶元年改爲安岳郡。乾元元年復爲普州。

元領縣六。今四：安岳，安居，普康，本隆康改。〔二七〕樂至。　二縣廢：崇龕，舊隆龕，今改併入安居。〔二八〕普慈。併入樂至。

州境：東西三百一十九里。南北四百四十里。

四至八到：東北至東京三千四百四十里。東北至西京三千二十里。東北至長安二千一百六十里。東至昌州大足縣一百五十里。南至資州三百七十八里。西至簡州一百八十里。北至梓州飛烏縣界一百八十里。東南至合州銅梁縣界二百九十里。西南至資州盤石縣界一百八十五里。東北至遂州一百四十里。西北至簡州陽安縣三百一十里。〔二九〕

户：唐開元户二萬五千六百。皇朝户主一千三百六十六，客一萬三千一百四十四。

風俗：同遂州。

人物：無。

土産：葛，梅，杏。

安岳縣，舊十一鄉，今七鄉。漢犍爲、巴郡地，資中、牛鞞、墊江三縣地，李雄亂後，爲獠所據。梁招撫之，置普慈郡。後周建德四年與州同置。隋省州。唐武德二年復置，安岳縣，〔三〇〕本以邑地在山之上，四面險絕，故曰安岳。

靈居山，在縣南七里。〔三一〕

多岳山，在縣南二里。

金羊山，在縣西五里。

安居縣，北七十里。舊八鄉，今二鄉。本周柔剛縣，屬安居郡，周武帝建德四年置。隋開皇十三年改柔剛爲安居。舊理柔剛山，唐天授二年移理張柵。

柔剛山，在縣東二十里。〔三二〕

龍魚山，〔三三〕去縣一百四十里。

奴雞山，去縣六十里。與合州銅梁縣分界。

廢崇龕縣，在州東南一百里。〔三四〕後周置隆龕戍，隋爲隆龕縣。舊治整瀨川，唐久視元年移居波羅川，先天元年改爲崇龕縣。皇朝併入安居。

隆龕山，在縣西二里。〔三五〕

八角山，在縣東三十里。

普康縣，南五十里。舊五鄉，今四鄉。周武帝建德四年置永康縣，〔三六〕屬普安郡。隋開皇三年罷郡，縣屬普州；十九年移居伏疆鎮，改爲永康，〔三七〕又以縣重名，改爲隆康，犯唐玄宗名，改爲普康。

乾峨山，其山四面嵯峨。

樂至縣，西一百里。舊五鄉，今四鄉。本周車免鎮，唐武德三年于鎮置樂至縣，因樂至池爲名，改鎮爲戍。

天邮山，在縣北三里。〔三八〕

玉女山，在縣南十五里。〔三九〕

官禄山，在縣東二里。

廢普慈縣，在縣西一百里。本名多業縣，周武帝建德四年置。隋開皇十三年改多業爲普慈。皇朝併入樂至縣。

大婆娑山，在縣西北四十里。〔四〇〕

小婆娑山，在縣北三十里。

奴南山，去縣六十里。

卷八十七校勘記

〔一〕蓋德陽之舊壘也　「壘」，底本作「屬」，據萬本、中大本、庫本、傅校及輿地紀勝卷一五五遂寧府引本書改。

〔二〕東極巴郡之青石　「巴郡」，底本空缺，萬本、庫本皆無，據輿地紀勝遂寧府引本書補。

〔三〕後周武帝廢郡始置遂州　按周書卷三孝閔帝紀：元年春正月，「於遂寧郡置遂州」。此云周武帝始置遂州，誤。

〔四〕尋又置興西郡　庫本同，萬本無此文。按通典卷一七六遂寧郡遂州：「後周置遂州及興西郡。」同此。又隋書卷二九地理志上、輿地紀勝遂寧府皆云後周改置石山郡，與此不同。

〔五〕南北缺　萬本據元和郡縣圖志遂州州境改補爲「南北一百九十里」。

〔六〕北至梓州二百五十里　「五」，萬本、庫本皆作「六」，同元和郡縣圖志遂州。按通典遂寧郡遂州：「北至梓潼郡（梓州）二百五十里。」同本刊，元豐九域志卷七遂州：「北至本州界五十五里，自界首至梓州一百五十里。」里數又不同。

〔七〕蔗霜至稱奇品　萬本、庫本皆無此文。宋本方輿勝覽卷六三遂寧府列有蔗霜，亦無此「唐大曆間」云云以下文。

〔八〕舊二十鄉今十四鄉　底本「二十」下衍「四」字，「十四」作「十二」，皆據萬本、中大本、庫本及傅校删改。

〔九〕晉小溪縣　按晉書地理志不載，隋書地理志上：方義縣，「梁曰小溪」。

〔一〇〕太平興國二年　「二年」，元豐九域志遂州作「元年」，輿地紀勝遂寧府引同。

〔一一〕乾元元年　「元年」，輿地紀勝遂寧府、蜀中名勝記卷三〇、嘉慶重修一統志卷四〇六潼川府引本書皆作「二年」，此「元年」爲「二年」之誤。

〔一二〕靈星池　「靈」，萬本、嘉慶重修一統志潼川府引本書及元和郡縣圖志遂州同；中大本、庫本皆作「落」，蜀中名勝記卷三〇引本書同。

〔一三〕大桑江　「桑」，輿地記勝遂寧府作「葉」。

〔一四〕天和初　「初」，底本作「中」，據萬本、庫本、蜀中名勝記引本書及輿地紀勝遂寧府引類要改。

〔一五〕自後其樹枯　中大本同；萬本作「自龍升後其樹乃枯」，蜀中名勝記引本書同。

〔一六〕今名流溪　輿地紀勝遂寧府：「北流溪，在小溪縣。寰宇記：今名劉溪。」按「流」、「劉」，音同。

〔一七〕龍臺觀　底本作「南龍臺觀」，萬本、庫本同，據中大本及輿地紀勝遂寧府、嘉慶重修一統志潼川府引本書删「南」字。

〔一八〕開元二年置唐興縣於此　「開元二年」，元和郡縣圖志、舊唐書卷四一地理志四、新唐書卷四二地理志六遂州皆作「永淳元年」，唐會要卷七一州縣改置下作「開耀元年」。

〔一九〕又名賴王山至刺史盧幼平改爲賓王山　「又」，輿地紀勝遂寧府引本書作「古」；「平」，紀勝引本書作「年」。

〔二〇〕東南七十里　「七十」，底本作「七」，萬本、庫本同。元和郡縣圖志遂州：青石縣，「西北至州七十里」。即在遂州東南七十里，此脱「十」字，據補。

〔二一〕亦廣漢之地　輿地紀勝遂寧府引本書云「亦漢廣漢縣地」，此脱「漢」、「縣」二字。

〔二二〕若引繩以分之　「引」，底本作「一」，據萬本、庫本及輿地紀勝遂寧府、嘉慶重修一統志潼川府引本書改。

〔二三〕李膺記　萬本、庫本皆作「李膺益州記」，蜀中名勝記卷三〇同，此「記」作「益州記」爲是。

〔二四〕本廣漢郡地　萬本、庫本同，中大本作「本漢廣漢郡地」。

〔二五〕□□□□□□二山在邑内　萬本、中大本、庫本皆無，蓋屬衍文。

〔二六〕賜群獠金券鏤書　「群」，底本作「郡」，據萬本、庫本、傅校及蜀中名勝記卷三〇引本書改。

〔二七〕本隆康改　庫本同，萬本無此文。按以本書例，應無此文。

〔二八〕舊隆龕今改併入安居　「舊」，萬本作「即」，傅校同，庫本作「本」；「改」，庫本同，萬本無。按隆龕縣置於隋，唐先天元年改爲崇龕縣，此云「舊隆龕」，是，輿地紀勝卷一五八普州亦作「舊隆龕」，但云「今改併入安居」，「改」字當衍，因改名早在唐先天年，非宋初，宋初併崇龕縣入安居縣，萬本是。

〔二九〕西北至簡州陽安縣三百一十里　萬本、庫本皆無「一十」二字，中大本缺脱此文。

〔三〇〕唐武德二年復置安岳縣　按本書上文載後周建德四年置普州及安岳縣，隋省普州，是安岳縣仍存，唐武德二年何以復置安岳縣？舊唐書地理志四載後周置普州，隋省普州，「武德二年復置，安岳爲治所」。則武德二年復置者，爲普州，非安岳縣，此「安岳縣」下蓋脱「爲治所」三字。

〔三一〕在縣南七里　「七」，輿地紀勝普州引本書作「一」，疑此「七」爲「一」字之誤。

〔三二〕在縣東二十里　「里」，底本作「步」，萬本、庫本同，據中大本及元和郡縣圖志卷三三普州安居縣改。

〔三三〕龍魚山　按輿地紀勝普州引本書作「魚龍山」，嘉慶重修一統志潼川府：「魚龍山在安岳縣東六十里。」疑此「龍魚」爲「魚龍」之倒文。

〔三四〕在州東南一百里　按元和郡縣圖志普州崇龕縣：「西至州一百一十里。」此「南」字衍。

〔三五〕隆龕山在縣西二里　按隆龕山，唐避玄宗李隆基諱，改名崇龕山，隆龕縣亦改名崇龕縣，此宜作「崇龕山」，元和郡縣圖志、輿地紀勝普州皆作「崇龕山」，是也。又元和郡縣圖志云「山在縣西三里」，與此不同。

〔三六〕永康縣　「永」，底本作「安」，據萬本、中大本、庫本及元和郡縣圖志、輿地廣記卷三一普州改。又舊唐書地理志四普康縣：「後周永唐縣，隋改爲永康。」則不同。

〔三七〕十九年移居伏疆鎮改爲永康　「永康」，萬本、庫本同，中大本作「永唐」。按隋書地理志上、元和郡縣圖志、輿地廣記、輿地紀勝普州並載，後周置永康縣，隋開皇十八年改名隆康縣，皆不載「改爲永康」。惟舊唐書地理志云：「後周置永唐縣，隋改爲永康，「尋改爲隆康」。謂「永唐」，則與中大本合，但所指朝代不同。本書下文云「又以縣重名，改爲隆康」，所謂「以縣重名」，以與隋東陽郡永康縣重名而改，隋無「永唐縣」重名，則作「永唐」，誠可疑，待考。

〔三八〕在縣北三里　「三」，輿地紀勝普州引本書作「二」。

〔三九〕在縣南十五里　「南」，輿地紀勝普州引本書作「北」。

〔四〇〕在縣西北四十里　按嘉慶重修一統志潼川府引本書作「在縣西十里」，無「北四」二字。

太平寰宇記卷之八十八

劍南東道七

瀘州　富順監　昌州

瀘州

瀘州，瀘川郡。今理瀘川縣。禹貢梁州之域。春秋、戰國時爲巴子國。秦爲巴郡。漢爲犍爲郡之江陽、符二縣，〔一〕後漢因之。晉于此立爲江陽郡，〔二〕宋、齊因之。梁大同中置瀘州，遠取瀘川爲名。華陽國志云：瀘川縣，「本漢江陽是，昔漢光武微時，過江陽，生一子，望氣者言江陽有貴兒。王莽求之，縣人殺之。後光武怒，爲子立祠，謫江陽人不使冠帶。」〔三〕按郡地則江、山所合，故水經注云：「綿水至江陽縣方山下入江，謂之綿水口。」隋煬帝時州廢，置瀘川郡。唐武德元年復爲瀘州，領富世、江安、綿水、合江、來鳳、和義六縣；武德三年置總管府，管一州；九年省來鳳縣。貞觀元年置思隸、思逢、施陽三縣；二年置隆越縣入榮州；八年割和義屬榮州，仍置涇南縣，〔四〕又省施陽縣；十三年省思隸、思逢二縣；十七年置溱、珍二州。儀鳳二年又置晏、納、奉、浙、鞏、陰六州。〔五〕載初二年置順州，天授元年置思峨州，久視元年置淯州，大足元年置能州，並屬瀘州都督，凡十州。天寶元年改爲瀘川郡，依舊都督。乾元元年復爲瀘州。皇朝乾德五年併綿水入江安縣，割富義縣爲富順監。

元領縣六。今三：瀘川，合江，江安。一縣割出：富順。爲監。二縣廢：綿水，併入江安。涇南。舊廢入瀘川。

州境：東西四百七十八里。南北五百六十三里。

四至八到：東北至東京水陸四千一百九里。〔六〕東北至西京三千八百二十里。〔七〕西泝流至資州六百三十里，自資州陸路至長安二千三百三十里，計二千九百六十里。東至渝州七百六十里。南至土納州都寧縣界三百二十里。西至戎州三百二十里。北至合州五百四十一里。東南至土納州四百五十里。東南至戎州南溪縣界一百七十七里。〔八〕西北至榮州四百六十里。東北至渝州萬壽縣界二百九十里。〔九〕

户：唐開元户一萬六千五百九十四。皇朝管漢户主二千四十七，獠户二千四百一十五。

風俗：地無桑麻，每歲畬田，刀耕火種。其夷獠則與漢不同，性多獷戾而又好淫祠，巢居巖谷，因險憑高，著班布，擊銅鼓，弄鞘刀。男則露髻跣足，女即椎髻横裙。夫亡，婦不歸家，葬之崖穴。刻木爲契，刺血爲信，銜冤則累代相酬，乏用則鬻賣男女。其習俗如此。

人物：尹吉甫，江安人。〔一〇〕侯馥，不屈李雄者。漢光武帝，微時過江陽，生一子，望氣者言江陽有貴兒。縣人殺之。光武後爲子立廟，讁江陽人不使冠帶。董允，瀘川人。何隨。江安人。〔一一〕

土産：大黄，杏仁，石青，石緑，〔一二〕斑布，茘枝，鰉魚，楠木，〔一三〕花竹簟，茶。按茶經云：「瀘州之茶樹，夷獠常携瓢穴其側，每登樹採摘芽茶，必含于口，待其展，然後置于瓢中，旋塞其竅，比歸必置于暖處，其味極佳。又有粗者，其味辛而性熱，彼人云飲之療風，通呼爲瀘茶。」

瀘川縣，元八鄉。本漢江陽縣地，屬犍爲郡。蜀志云「曹操入漢中，諸葛亮出屯江陽」〔一四〕是也。隋大業元年改江陽爲瀘川縣。

汶江。漢書地理志云汶江出徼外，〔一五〕從江安縣西南入縣界，東流入合江縣。

支江水，從富義縣鴛鴦池屈曲方至城下，與汶江合流。

赤水溪，從昌州昌元縣界流入，〔一六〕去合支江。

瀘江。按郡國志：「瀘江水中有大闕焉。季春三月，則黄龍堆没，闕即平。黄龍堆者，昔尹吉甫子伯奇至孝，後母譖之，自投江中，衣苔帶藻。忽夢見水仙賜其美樂，揚聲悲歌，船人學之。吉甫聞船人之聲，疑似伯奇，援琴作子安之操在此。」

瀘津關，有瀘峯，高三十丈。〔一七〕地多瘴氣，若三四月經之必死，非時猶令人悶吐，若五月上旬渡之，即無害，故諸葛亮五月渡瀘是也。〔一八〕

合江縣，東一百二十里。元三鄉。本漢符縣地，梁於安樂溪置安樂戍於此，周武帝保定四年改爲合江縣。唐元和十二年移於舊縣，以便水陸貿遷之宜，從東川節度李逢吉之請也。

安樂溪水，〔一九〕從牂柯生獠界流來，八十里與汶江水合。〔二〇〕

安樂山，在縣東五里八十步。羣峯峭峻，有瀑布千尺飛流。天寶六年勑改爲合江山。

江安縣，西南五十里。舊五鄉，今九鄉。本漢江陽縣，〔二一〕晉中興書云：「穆帝永和二年，漢安獠反，攻郡縣，又置漢安縣于此。」隋開皇十八年改漢安爲江安。

納溪水，源從牂柯生獠界流來，入汶江。

方山，唐天寶六年勑改爲迴峯山。在縣東二十里，山形八角。

廢綿水縣，在漢江陽縣地，晉置綿水縣，在綿水溪口，〔二二〕因以爲縣。皇朝乾德五年併入江安縣。

悦州江水，從戎州部落悦州流下縣界。

之溪，曲折如「之」字，故名。

思晏江水，從晏州流下，合流至綿水。

廢涇南縣，唐貞觀八年分瀘川縣置，在涇水之南，今廢入瀘川縣。按峽程記云：「瀘、合、遂、蜀四郡，皆峽之郡，自蠻江、梏柏、〔二三〕池導等江至此二百八十江，會于峽前，次荆門都，四百十五灘，即有清水、重峯、湖灘、漢灘、忽雷、閃電、叱灘、瀨灘、狼尾、使君、主簿灘，皆使君、主簿沈舟之所，遂以爲名，其他不悉。謂之三峽者，即明月峽、巫山峽、廣澤峽，其有瞿唐、灔澦、燕子、屏風之類，皆不預三峽之數。」

元管溪洞羈縻州一十六，〔二四〕計縣五十六：

一州割入戎州：

扶德州，唐開元十八年七月割入。

領縣三：扶德，宋水，牱隆。〔二五〕

一州連接黔府及柘在生蠻，承前不輸税課：

能州，唐大足元年置。

領縣二，户十二。曲水，甘泉。〔二六〕

浙州，唐儀鳳二年置。

領縣四，户二十四。浙源，越賓，洛川，〔二七〕鱗山。

四州輸納半税，其州在邊徼溪洞，不伏供輸：

納州，儀鳳二年開山洞置。天寶元年改爲都寧郡。乾元元年復爲納州。

領縣七，户一百六十八。羅圍，播羅，施陽，羅當，羅藍，都寧，羅掌。〔二八〕

藍州，儀鳳二年置。〔二九〕

領縣一，户五十一。胡茂。〔三〇〕

順州，載初二年置。

領縣四，户五十九。曲水，順山，靈巖，來猿。〔三一〕

宋州。

領縣四，户六十九。牁龍，牁支，宋水，盧吾。

九州在溝井監，供輸紫竹：

高州。

領縣三，户二十一。牁巴，移甫，徒西。

奉州，儀鳳二年置。

領縣三，户三十九。㸌里，犯巴，蓬羅。〔三二〕

思峨州，天授元年置。

領縣二，户三十七。多溪，洛溪。

薩州，儀鳳二年招生獠置。天寶元年改爲黄池郡。乾元元年復爲薩州。

領縣三：枝江，黄池，播陵。〔三三〕

晏州，儀鳳二年招生獠置。天寶元年改爲羅陽郡。乾元元年復爲晏州。

領縣七，户七十七。思峨，㸌陰，新賓，扶來，哆岡，羅陽，思晏。

長寧州

領縣四，户三十八。婆員，婆居，青盧，羅門。

鞏州，儀鳳二年開山洞置。天寶元年改爲因忠郡。乾元元年復爲鞏州。

領縣五，户十五。哆樓，比求，都善，〔三四〕播郎，波婆。

淯州，久視元年置。

領縣二，户十五。新定，固城。〔三五〕

定州

領縣二，户十六。支江，扶德。

富順監

富順監，晉富世縣以縣下有鹽井，〔三六〕人獲厚利，故曰富世。唐貞觀二十三年改爲富義縣。按井深二百五十尺，〔三七〕鑿石以達鹽泉口，俗謂之玉女泉。華陽國志云江陽有富義鹽井，以其出鹽最多，商旅輻輳，言百姓得其富饒，故名也。皇朝乾德四年割爲富順監，其縣廢。〔三八〕

監境：東西一百九十里。南北二百一十里。

四至八到：東至東京四千七十里。東至西京三千六百七十里。東至長安二千八百七十里。東至昌州昌元縣二百四十里。西至榮州公井縣一百三十里。南至瀘州瀘川縣二百八十八里。北至榮州和義縣一百二十里。東南至瀘州瀘川縣二百八十八里。西南至戎州南溪縣二百四十里。東北至榮州和義縣一百二十里。西北至榮州公井縣一百里。

户：舊户瀘州籍。皇朝户主二千二百九十八，客三千一百二。〔三九〕

風俗。同瀘州。

管鹽井大小六井，歲出鹽貨三十餘萬貫。

雞足山，在城東隔水三里。

同心山，在城東五里。〔四〇〕

昌州

昌州，昌元郡。今理大足縣。唐乾元元年，左拾遺李鼎祚奏以山川闊遠，請割瀘、普、渝、資、榮等界地置昌州；至二年，張朝、楊琳作亂，爲兵火所廢。〔四一〕大曆十年，西川節度使崔寧奏復置，以禦蕃戎。舊理賴婆溪南，〔四二〕以昌元縣爲倚郭。景福元年移就大足縣，即今理。

元領縣四。今三：大足，昌元，永川。　一縣廢：靜南。分入三縣。

州境：東西三百六十里。南北三百二十里。

四至八到：東北至東京三千八百三里。〔四三〕東北至西京三千七百里。東北至長安二千三百里。西至資州二百三十里。東至合州一百八十里。北至普州二百六十里。南至瀘州七百二十里。東南至渝州七百二十里。〔四四〕西南至榮州三百七十里。西北至資州四百一十里。東北至普州四百里。

户：唐管户一千一百九十。皇朝户主一千一百八十，客一萬二千七百。

風俗：有夏風，〔四五〕有獠風，悉住叢菁，懸虛構屋，號「閣闌」。男則蓬頭跣足，女則椎髻穿耳，以生處山水爲姓名，以殺爲能事，父母喪不立几筵。

人物：無。

土産：班布，筒布，今貢：絹。

大足縣，舊三鄉，今一鄉。本合州地，與州同置，以界内大足川爲名。今理在河樓湍，〔四六〕東臨赤水。

赤水溪，源從普州安居縣界來。

牛鬬山，在縣東南八十里。山長三百里，崖石巉岩，有雙峯對立如牛之狀。

望鄉山，在縣西北四十里。於衆山中最高，可以望鄉。

昌元縣，西一百里。舊四鄉，今三鄉。與州同置，東接賴婆溪。

井九山，在縣南一百五十里。側有鹽井，土人呼爲井九山。

賴婆溪，在縣南五十步。源自靜南縣來，多有石磧，不通舟行。因賴婆村爲名，舊爲州所理。

賴婆山，在縣南九十里。四面懸絶。大曆四年在山上置行州。

永川縣，東一百五十里。〔四七〕元管二鄉。本渝州壁山縣地，與州同置。枕侯溪水，山川闊遠，因名永川縣。

鐵山，在縣南八十里。其山出鐵。

綾錦山，在縣南一百里。山水之花木如錦。〔四八〕

佷溪，在縣西南一百八十里。

廢静南縣，在州西五十里。與州同置。西接龍溪，地名静南壩，因爲縣名。〔四九〕以地荒民少，皇朝併入大足等三縣。

銅鼓山，在縣北八十里。

綾波羅山，在縣西三十里。

始龍溪，在縣東七十五里。

卷八十八校勘記

〔一〕漢爲犍爲郡之江陽符二縣　元和郡縣圖志卷三三瀘州：「武帝分置犍爲郡，今州即犍爲郡之江陽、符二縣之地。」此「二縣」下脱「地」字，傅校補。

〔二〕晉于此立爲江陽郡　續漢書郡國志五：犍爲郡，「劉璋分立江陽郡」。水經江水注：江陽郡，「故犍爲枝江都尉，建安十八年，劉璋立」。華陽國志卷三蜀志同，則東漢建安十八年，劉璋置江陽郡，此云晉立，誤。

〔三〕華陽國志云至謫江陽人不使冠帶　原校：「按華陽國志有江陽郡，無『瀘川縣本漢江陽是』文，惟瀘川縣圖經有之，今記承誤耳。又光武生子事，見華陽國志、水經，皆與此文小異。」按光武生子事，見於水經江水注，非水經。

〔四〕仍置涇南縣　「涇南」，萬本作「浫南」。原校：「按通典、新唐書地理志與今圖經皆云『浫南』，唯舊唐志與今記作『涇』，未知孰是，今因之以存疑。」按通典卷一七五州郡五、新唐書卷四二地理志六皆作「涇南」，舊唐書卷四一地理志四作「浫南」，「浫」乃「涇」字之誤。

〔五〕陰　萬本作「薛」。輿地紀勝卷一五三瀘州作「陰」，舊唐書地理志四、宋史卷八九地理志五瀘州皆作「薛」，按宜作「薛」。

〔六〕東北至東京水陸四千一百九里　「一百」，庫本同，萬本作「四百」。

〔七〕東北至西京三千八百二十里　「三千」，底本作「二千」，萬本、庫本同，中大本作「三千」。元和郡縣圖志：瀘州「東北至東都三千八百三十里」。唐以洛陽爲東都，北宋以洛陽爲西京，則此「二千」爲「三千」之誤，據改。

〔八〕東南至戎州南溪縣界一百七十七里　按唐宋瀘州治瀘川縣，即今四川瀘州市，南溪縣在今南溪縣西李莊鎮，其地今屬宜賓市東，在唐宋瀘州西偏南，此「東南」蓋爲「西南」之誤。

〔九〕東北至渝州萬壽縣界二百九十里　萬本、庫本皆無「界」字。按唐萬壽縣在今四川永川縣南長江北岸，西南至瀘州（治今瀘州市）約二百餘里，則無「界」字，是。

〔一〇〕江安人　蜀中名勝記卷一六引本書作「江陽人」。輿地紀勝、宋本方輿勝覽卷六二瀘州皆載：「尹吉甫，江陽人。」此「江安」爲「江陽」之誤。

〔一一〕董允瀘川人何隨江安人　萬本、庫本皆無。

〔一二〕石青石緑　萬本、庫本皆無，傅校删。按嘉慶重修一統志卷四一二瀘州土産石青、石緑，引自明統志，蓋此非樂史原文，爲後世竄入。

〔一三〕荔枝鯢魚楠木　萬本、庫本皆無，傅校删。按嘉慶重修一統志瀘州土産荔枝、楠木，引自明統志，此疑爲後人竄入。

〔一四〕蜀志云曹操入漢中諸葛亮出屯江陽　原校：「按三國志：『建安二十年，先主已得益州，聞操定漢中，與孫權連和。』武侯傳及華陽國志皆不載屯江陽事，惟今瀘州圖經與今記合，莫詳所據，況聞操定漢中，而出屯江陽，絶無謂，必謬誤。」

〔一五〕漢書地理志云汶江出徼外　按漢書卷二八地理志上：蜀郡汶江，「渽水出徼外，南至南安，東入江」。記蜀郡汶江道有渽水出徼外，非「汶江出徼外」。輿地紀勝瀘州：汶水，出岷山，東南過犍爲數縣境，又曰汶江，「圖經云，東流入合江縣界」。則此「漢書地理志云汶江出徼外」文乃舛誤。

〔一六〕從昌州昌元縣界流入　底本無「昌州」二字，萬本、庫本皆作「漢昌縣」，中大本作「漢昌州」。輿地紀勝瀘州：「赤溪水，從昌州昌元縣界流入。」又新唐書地理志六：昌州，「乾元二年析資、瀘、普、合四州之地置，治昌元」。萬本、庫本「漢昌縣」、中大本「漢昌州」並爲「昌州」之誤，此脱「昌州」二字，傅校補，據補。

〔一七〕高三十丈　「十」，底本作「千」，萬本、庫本同，據永樂大典卷一六引本書及輿地紀勝瀘州、蜀中名勝記卷一六引郡國志改。

〔一八〕故諸葛亮五月渡瀘是也　「諸葛亮」，底本作「武侯」，據萬本、庫本、永樂大典卷一六引本書及輿地紀勝瀘州引郡國志改。

〔一九〕安樂溪水　底本作「樂溪水」，萬本、庫本同，嘉慶重修一統志瀘州引本書作「安樂溪水」。按水經江水注：「符縣治安樂水會。」華陽國志卷三蜀志載同，輿地紀勝亦作「安樂溪」。此脱「安」字，據補。

〔二〇〕從牂柯生獠界流來八十里與汶江水合　嘉慶重修一統志瀘州引本書作「從牂柯生獠界來，流八十里，與汶江合」，文有小異。

〔二一〕本漢江陽縣　按漢江陽縣，即今瀘州市；唐宋江安縣，在瀘州（今瀘州市）西南五十里，今屬納溪縣西南，元和郡縣圖志瀘州江安縣「本漢江陽縣地」，是也，此蓋脱「地」字。

〔二二〕在綿水溪口 按輿地紀勝瀘州引本書此下有「汶江水中洲上」六字。

〔二三〕梏柏 「梏」，萬本、庫本皆作「桔」。

〔二四〕元管溪洞羈縻州一十六 原校：「按舊唐書地理志都督十州，新唐志增四州，今記與圖經管十六州，比新志又增扶德州、藍州，皆未知孰是。」

〔二五〕牁隆 庫本同，萬本、中大本皆作「阿陰」。

〔二六〕領縣二曲水甘泉 原校：「按新舊唐志能州四縣，長寧、來銀、菊池、猿山，今記止兩縣，又縣名皆與志不合，而與今圖經同，未知孰是。」

〔二七〕洛川 「川」，底本作「州」，據萬本、中大本及舊唐書地理志四、新唐書卷四三地理志七改。庫本作「山」，誤。

〔二八〕領縣七至羅掌 原校：「按今記領縣七，圖經領縣六，新舊唐志領縣八，其四書同者，曰羅圍，曰播羅，曰施陽，曰羅藍，曰都寧，凡五縣。今記與新舊唐志皆有，而圖經所無者，曰羅當。今記與圖經皆有，而新舊唐志所無者，曰羅掌。新舊唐書所有，而今記、圖經皆所無者，曰都，曰胡茂。然今記及圖經自別有藍州，領縣一，曰胡茂，而新舊唐志無藍州，皆未知孰是。」

〔二九〕藍州儀鳳二年置 舊唐書地理志四、新唐書地理志七皆不載，元豐九域志卷一〇、宋史卷八五地理志五載有藍州，皆不記設置時代。參見本卷校勘記〔二八〕。

〔三〇〕胡茂　舊唐書地理志四、新唐書地理志七胡茂屬納州。參見本卷校勘記〔二八〕。

〔三一〕領縣四至來猿　原校：「按新舊唐志順州領縣五，今記無龍池縣，與圖經同，未知孰是。」

〔三二〕蓬羅　舊唐書地理志四作「羅蓬」，新唐書地理志七作「邏蓬」。

〔三三〕領縣三枝江黄池播陵　舊唐書地理志四薛州領縣三，即此三縣，新唐書地理志七薩州領縣二，無枝江。

〔三四〕都善　「善」，新唐書地理志六作「檀」，萬本作「擅」，爲「檀」字誤。

〔三五〕領縣二新定固城　原校：「按新舊唐志淯州領縣四，新定、淯川、固城、居牢，今記無淯川、居牢二縣，與圖經同，未知孰是。」

〔三六〕晉富世縣　隋書卷二九地理志上：「富世縣，後周置。」元和郡縣圖志瀘州富義縣：「周武帝於此置富世縣，貞觀二十三年改爲富義縣。」則富世縣不置於晉，此誤。

〔三七〕井深二百五十尺　「二百五十」，底本作「二十五」，萬本、庫本同，據中大本、輿地紀勝卷一六七富順監引本書及舊唐書地理志四改。

〔三八〕乾德四年割爲富順監其縣廢　元豐九域志卷七富順監：「乾德四年以瀘州富義縣地置富義監，太平興國元年改富順。治平元年置富順縣，熙寧元年廢。」輿地紀勝富順監引國朝會要同。此「富順監」爲「富義監」之誤，其下脱「太平興國元年改富順監」文。

〔三九〕三千一百二　「二」,底本作「三」,據宋版、萬本、中大本、庫本改。

〔四〇〕在城東五里　「五」,底本作「三」,據宋版、萬本、中大本、庫本及輿地紀勝富順監、嘉慶重修一統志卷三九五敘州府引本書改。

〔四一〕唐乾元元年至爲兵火所廢　元和郡縣圖志卷三三昌州云乾元元年置,不載廢罷年代,新唐書地理志六、唐會要卷七一州縣改置下皆云乾元二年置。輿地紀勝卷一六一昌州:「象之謹按,李鼎祚奏乞置昌州在乾元元年,唐會要載建置昌州年月在乾元二年,而寰宇記乃以爲乾元二年州遂廢,既新置於二年,不應於當年遂廢,使二年爲賊所焚,亦不應至六年始廢也。如昌州以乾元元年李鼎祚奏請,二年建置,大曆六年爲賊焚蕩而廢,至大曆十年而復置,其年月初不相亂也。」王象之説甚合史實。

〔四二〕賴婆溪　「婆」,宋版、庫本同,萬本作「波」,同元和郡縣圖志、輿地紀勝昌州。按嘉慶重修一統志卷三八七重慶府:「瀨波山,一名賴婆山。」則「波」、「婆」同。

〔四三〕東北至東京三千八百三里　後「三」字,萬本、庫本皆作「三十」。

〔四四〕東南至渝州七百二十里　按唐宋昌州治大足縣,即今四川大足縣,渝州治巴縣,即今重慶市。元豐九域志卷七昌州:「東南至本州界二百二十里,自界首至渝州一百三十里。」此載里數有誤。

〔四五〕有夏風　「有」，底本作「無」，萬本同，據庫本及輿地紀勝昌州改。

〔四六〕今理在河樓湍　輿地紀勝昌州引本書作「今治在城北河樓湍」，此疑脱「城北」二字。

〔四七〕東一百五十里　「東」，嘉慶重修一統志卷三八八重慶府引本書作「東南」。元豐九域志昌州永川縣：「州南一百五十里。」按宋昌州治大足縣，即今四川大足縣，永川縣即今永川縣，位於昌州東南，此脱「南」字。

〔四八〕在縣南一百里山水之花木如錦　「一百」，庫本及輿地紀勝昌州引本書同，嘉慶重修一統志卷三八七重慶府引本書作「八十」，萬本改同。「山水」，輿地紀勝、嘉慶重修一統志引本書皆無「水」字。

〔四九〕地名靜南壩因爲縣名　「壩因爲縣名」，底本作「鎮因爲縣」，萬本、庫本同，據輿地紀勝昌州、嘉慶重修一統志卷三八八重慶府引本書改。

太平寰宇記卷之八十九

江南東道一

潤州

潤州，丹陽郡。今理丹徒縣。禹貢揚州之域。春秋時屬吴，謂其地爲朱方。左傳云「齊慶封奔吴，與之朱方」是也。至魯哀公二十二年，吴爲越所并，地復屬越。楚靈王使屈申圍朱方，執慶封，其地屬于楚。〔一〕秦併天下，爲會稽、鄣二郡之境。按吴地志云：「自句容以西屬鄣郡，以東屬會稽郡。」漢初爲荆國，故荆王劉賈所都之地，今郡城中有賈墓尚存。至吴王濞誅，以其地并入江都國。武帝又分屬丹陽、會稽二郡之地。後漢吴、丹陽二郡地。按後漢建安十四年，吴孫權自吴徙都于京口；十六年，遷都秣陵，復於京口置京督以鎮焉。又吴志云：「京督所統，〔二〕蕃衛尤要，是以爲重鎮。」後爲南徐州，置刺史，鎮下邳，而京城有留局。其後徐州或鎮盱眙，或鎮姑孰，皆置留局于京口。晉平吴，又爲毗陵、丹陽二郡地，兼置揚州。元帝渡江，都建康，改爲丹陽尹。爾雅云：「絶高爲京。」其城因山爲壘，緣江爲境，因謂之京口。宋因置南東海郡及南徐州，而揚州如故。齊、梁以後並因之，至陳六代，常以此地爲重鎮。隋平陳，因廢南徐州以爲延陵鎮，移居于京口爲延陵縣，屬蔣州。開皇十五年罷延陵鎮，以蔣州之延陵、永年，常州之曲阿三縣置潤州于鎮城，蓋取州東潤浦以立名焉。大業三年廢爲江都郡之延陵縣。唐武德三年，杜伏威歸國，置潤州于丹徒縣，改隋延陵縣爲丹徒，移延陵還治故縣，屬茅州；六年，輔公祏反，復據其地；七年，賊平，又置潤州；領丹徒縣；八年廢簡州，以曲阿來屬；九年，揚州移理江都，以延陵、句容、白下三縣屬潤州。天寶元年改爲丹陽郡。乾元元年復爲潤州。永泰後，常爲浙西道觀察使理所。

皇朝爲鎮江軍節度。

元領縣六。今四：丹徒，延陵，丹陽，金壇。　二縣割出：上元，入昇州。句容。入昇州。

州境：東西一百十里。南北一百六十里。〔三〕

四至八到：西北至西京一千八百二十里。西北至東京一千四百里。西北至長安二千六百七十里。東至常州一百七十里。南至宣州四百五十里。西至揚州六合縣四百五十三里。北渡江至揚州六十三里。東南至常州一百九十六里。西南至昇州一百八十里。西北隔江至揚州一百八十里。東北至揚州界四十五里。

户：唐開元户五萬四千五百。皇朝户主一萬六百四十七，客一萬五千九百。

風俗：吴、越之君皆好勇，故其人至今好用劍，輕死易發。自永嘉南遷，斯爲帝鄉。人性禮讓謙謹，亦驕奢淫逸。婚嫁喪葬，雜用周、漢之禮。〔四〕

姓氏：丹陽郡四姓：許、左、〔五〕甘、紀。

人物：包咸，字子良，曲阿人。王莽末，避居海上，爲赤眉賊所拘，囚經旬，朝夕誦讀自若，賊異而遣之。韋昭，字弘嗣，雲陽人。嘗撰吴書，官侍中。〔六〕檀道濟，高平金鄉人。世居京口。唐桓彦範，潤州曲阿人。〔七〕以誅張易之之功，拜納言，爲侍中、扶陽郡王。皇甫冉，字茂政，丹陽人。十歲能文，官右補闕。弟曾，官御史，與冉竝以詩名。戴叔倫，字幼公，金壇人。嘗刺撫州，作均水法，一郡便之。累官經略使，聲震邊塞。許渾。字仲晦，丹陽人。官刺史。所賦詩號丁卯集。〔八〕

土産：方紋綾，貢。水波綾，羅綿絹。〔九〕禹餘糧，出金壇茅山，即華陽第八洞天。鱘魚，鯿魚。〔一〇〕

丹徒縣，舊二十鄉，今七鄉。春秋吴朱方之邑。漢爲丹徒縣地。吴録地理云：「朱方，後名谷陽。秦望氣者云其地有天子氣，始皇使赭衣徒三千人，鑿長坑，敗其勢，改云丹徒。〔一一〕」漢書曰丹徒縣屬會稽郡。續漢書郡國志云屬吴郡。吴大帝嘉禾三年改丹徒爲武進。晉太康三年復曰丹徒。南徐州記云：「京口先爲徐陵，〔一二〕其地蓋丹徒縣之西鄉京口里也。」

萬歲樓。京口記云：「晉王恭爲刺史，改創西南樓名萬歲樓，西北樓名芙蓉樓，〔一三〕樓之最高者，至今存焉。」又按輿地志云：「俗傳此樓飛向江外，以鐵鎖縻之方已。」

北固山，在縣北一里。南徐州記云：「城西北有别嶺斜入江，〔一四〕三面臨水，號云北固。」劉楨京口記云：「回嶺入江，懸水峻壁。」舊北顧作「固」字，梁高祖云：「作鎮作固，誠有其語，然北望海口，實爲壯觀，以理而推，宜改爲顧望之顧。」輿地志云：「天景清明登之，望見廣陵城，如在青霄中，相去鳥道五十餘里。」

金山，在城西北江中，一名浮玉。唐裴頭陀于此開山得金，故名。

銀山，在城西。舊名土山，以與金山對峙，改名銀山。〔一五〕

蒜山，在縣西北三里。晉安帝時，海賊孫恩戰士十萬至蒜山，〔一六〕宋武帝衆無一旅，横擊，大破之，即此處也。山生澤蒜，因以爲名。

高驪山，在縣西南七十里。梁武帝輿駕東行記云：「自覆船山、酒甖山，南次高驪山。〔一七〕」傳云：昔高驪國女來此，東海神乘船致酒禮聘之，女不肯，海神撥船覆酒，流入曲河湖，故曲阿酒美也。」又搜神記云：「諸葛恪爲丹陽尹，出獵于兩山之間，忽見小兒，衆莫之識。參佐問之，曰：『此事在白澤圖，云兩山之閒，其精如小兒，名曰傒囊。』衆咸服其博識。」

京峴山。梁典云：「武帝望京峴山盤紆似龍，掘其石爲龍目二湖也。」

譙山戍，即海口之戍也。〔一八〕

中泠泉，天下第一泉。〔一九〕

伊婁河。開元二十二年，〔二〇〕潤州刺史齊澣以潤州北界隔江爲限，每船繞瓜步江沙尾，迂迴六十里，多爲風濤所損。臣請於京口埭下直截渡江二十里，開伊婁河二十五里，即達楊子縣。無風水之災，歲收利百億。并立伊婁埭，自是免漂損之災。

西浦。南徐州記云：「京口，舊名項口。〔二一〕」異苑云：「交州阮郎，晉永和中出都，至西浦泊舟，見一青衣女子云杜蘭香遣信托好君子，郎諤然曰：『蘭香已降張碩，何以敢爾！』女曰：『見伊年命不修，必遭凶厄，欽聞姿德，志相存益。』〔二二〕郎彎弓射之，即馳牛奔轂，軒遊霄漢。後郎尋被害也。」

丁卯橋，在城南。晉褚裒鎮廣陵，運糧出京口，爲水涸，奏請立埭，以丁卯日，後人搆橋，因名。許渾別墅在其側。〔二三〕

魯肅墓。續搜神記云：「王伯陽者，家在京口，東有大冢，傳是魯肅墓。伯陽妻卒，乃平其墳，以葬焉。經數年，忽一日，伯陽方在廳事中，見一人乘肩輿，從者數十輩，逕前，怒謂伯陽曰：『我魯子敬也，冢在此二百許年矣，君何敢輒相毁壞！』因目左右與之毒手，從者遂牽伯陽下，以刀環築之數百而去，登時即死，良久乃蘇，其環築處，遂皆發疽，〔二四〕尋卒焉。」

京江水。〔二五〕干寶晉記：「魏文帝臨江嘆曰：嗟乎！固天所以限南北也。」

甘露寺。在城東角土山上，下臨大江。晴明，軒檻上望見揚州歷歷。詩人多留題，〔二六〕唯盧肇云：「地從京口斷，山到海門迴。」張祜云：「日月光先到，江山勢盡來。」周朴云：「幾連揚子霧，獨倚潤州城。」孫魴云：〔二七〕「地拱千尋險，天垂四面青。」

狠石，在北固山甘露寺内。石狀如羊，相傳諸葛孔明坐其上，與孫仲謀計攻孟德，即此也。

多景樓，在甘露寺内。〔二八〕

金山澤心寺，在城東南揚子江中。〔二九〕按圖經云：「本名浮玉山，因頭陀開山得金，故名金山寺。」詩人多留題，張祜曰：「一宿金山頂，微茫水國分。僧歸夜船月，龍出曉堂雲。樹影中流見，鐘聲兩岸聞。因悲在朝市，終日醉醺醺。」孫魴云：「鳴鱅妨僧夢，驚濤濺佛身。」以上二寺，爲江山之勝絶，復有名人篇什，故編之。

武烈帝廟，在縣東南一里。隋司徒陳果仁也，僞唐册爲武烈帝，其神可畏。

黄鶴山，在縣西南三里。宋高祖，丹徒人，潛龍時常遊竹林寺，每息于此山，常有黄鶴飛舞，〔三〇〕因名黄鶴山。後改竹林寺爲鶴林寺。

招隱山，在縣西南七里。梁昭明太子曾遊此山讀書，因名招隱山。今石案古跡猶存見。有虎跑泉及玉蘂樹。唐李德裕在任作記，碑存。

白兔山，在縣東南一十五里。

延陵縣，南一百里。舊十七鄉，今十五鄉。本漢曲阿縣地，晉太康二年分曲阿之延陵鄉以置也。隋移治丹徒。唐武德三年移于今理。此非古之延陵也，古延陵即今常州晉陵縣也。

句曲山，一名茅山，在縣西南三十里。茅君内傳云：「山形曲折似句字，故名句曲。」古名岡山，孔子福地記：「岡山之閒，茅山有三仙人住，〔三一〕是洞庭北門，又能辟兵，周時名其原澤爲句曲之穴，秦名句金之壇。山本無名，因茅君以爲名。」南徐州記云：「山内有靈府洞室，七塗九原，交通四方；外有五穴，南二東西北各一。」吴興記云：「此山洞室地道，交通五岳。」南徐州記云：「洞天三十六所，句曲爲第八，名金壇華陽之洞。」茅盈之祖曰濛，先於此清身勵行，許爲東卿，〔三二〕後天皇來授司命策書，乃登羽車，仗紫旄之節，驂駕龍虎，浮雲而去。茅山記云：「此洞昔東海青童乘獨飈飛輪車來此山，輪迹見在東山嶺上。〔三三〕」

延陵季子廟，在縣東北九里。史記云：「吴王壽夢之少子。」太康地志云：「吴封季札州來而居延陵，故曰延州。」顧野王云：「吴自有延州來，此地先已封季子，非楚州來邑也。祠前有沸井四所。〔三四〕」

梁簡文帝陵，有麒麟碑尚存。陵有港，名曰蕭港，直止陵口大河，〔三五〕去縣二十五里。

韋昭冢。吴書云：「昭字弘嗣。」墓在縣西南，去縣七里。

周氏墓，在縣西六里。

包氏墓，在縣後一里。

丹陽縣，東南六十里。舊四十鄉，今二十鄉。本漢曲阿縣地，舊名雲陽，屬會稽郡。史記云：「秦始皇改雲陽爲曲阿。」按輿地志：「曲阿縣雲陽地屬朱方，南徐之境。秦有史官奏東南有王氣在雲陽，〔三六〕故鑿北岡，截其道以壓其氣。」又吴録云：「截直道使曲，故曰曲阿。」漢封劉賈爲荆王，遂爲荆國地。立六年，爲黥布所殺，國廢。至景帝四年，以曲阿縣屬揚州。王莽又改曲阿爲風美縣。梁改爲蘭陵縣。唐武德二年置雲州；五年改爲簡州，以崔順爲刺史；八年州廢爲縣，復隸潤州。天寶元年復爲丹陽縣，以邑界楊樹生丹以爲名，故今字從木爲稱。

後湖，亦名練湖。在縣北百二十步。南徐州記云：「晉時陳敏所立。」語林云：「晉太傅褚裒遊于湖，狂風忽起，船欲傾，褚公已醉，乃云此舫人皆無可以招天譴者，惟有孫興公多塵埃，正當以厭天災爾。」輿地志云：「曲阿出名酒，皆云後湖水所釀，故醇洌也。今按湖水上承丹徒高驪、覆船山、馬林溪水，水色白味甘。〔三七〕」輿地志云：「練塘，陳敏所立，遏高陵水，以溪爲後湖。」又丹陽記云：「吳孫皓寶鼎元年，丹陽宣騫之母年八十，因浴，化爲黿。」

玉乳泉。天下第四泉。〔三八〕

天子道。漢賈山上書：「秦爲馳道于天下，東窮燕、齊，南極吳、楚。」即此道也。

金壇縣，東南一百四十里。舊二十鄉，今二十四鄉。〔三九〕本漢曲阿縣延陵之鄉，春秋爲吳之地。按輿地志云：「秦、漢屬會稽郡。後漢屬吳郡。晉元帝時屬毗陵郡。宋、齊、梁、陳皆爲延陵之南界。」隋平陳，以隸蔣州。開皇十五年廢蔣州，延陵移于京口之地，別置於金山府。大業末亂，鄉人相保，立爲金山縣。隋亡，沈法興竊據江表，仍於此置琅邪縣。唐武德二年，李子通破法興，改琅邪爲茅州，縣亦隨隸；其年九月，杜伏威爲吳王，縣名不改；五年四月，伏威入朝，後縣陷輔公祏；七年三月，趙郡王孝恭討平之；其八月，於石頭城置蔣州，地又屬趙；八年併入延陵縣。〔四〇〕垂拱四年以人物繁廣，復立金山縣；又以東陽郡已有金山縣，故改名金壇，取邑界句曲之山、金壇之陵以爲號。按河圖云：「乃有地肺，土良水清，句曲之山，金壇之陵。」又真誥云：「其地肺似洛中北邙山，水似長安丹鳳門外井泉之味。」今按其地爽塏，水深土厚，歷選江東，〔四一〕及之者鮮矣。

茅山，在縣西六十五里。

方山，在縣西南四十五里。

大坯山，在縣南五十里。舊名小坯山。〔四二〕

思湖，在縣南六里。

長塘湖，在縣南三十里。

高湖，在縣北一十二里，灌田一十二頃。

南北謝塘，〔四三〕此二塘，梁普通五年，廬陵王記室參軍謝德威置，隋廢。武德二年，本州刺史謝元超重修復，〔四四〕因以爲名焉。

北謝山，在縣東南三十里。

荆溪，闊四十步。其溪上源在縣東北丹陽縣界内，古京城前過，從溪口入珥瀆，至丹陽縣五十里。

官坊埭，在縣西北，去州一百三十六里，南去縣四里。〔四五〕齊梁之代，埭北下塘村有周、鄭、劉、師等四族並有官，同居村坊，于時同置此埭，因以爲名。

石墨池，在縣西。漢費長房學道于此，書符滌硯，澗石悉爲墨色。〔四六〕

袁宏墓。晉吏部、東陽太守袁宏墓，在縣西一十里。〔四七〕

徐羡之墓。宋書云「司空、録尚書徐羡之墓」，在縣西南二十里。

周祇墓。晉書曰「國子博士周祇墓」，在縣北七里。

袁興祖墓。梁書云「中書舍人、給事中、王國侍郎袁興祖墓」，在縣西一十三里。〔四八〕

潘闡之墓。梁書云「散騎侍郎、巴陵太守潘闡之墓」，在縣東二十五里焉。

謝篤墓。晉書云「常山太守謝篤墓」，在縣東一十六里。

卷八十九校勘記

〔一〕魯哀公二十二年至其地屬于楚　按輿地紀勝卷七鎮江府總序：「象之謹按楚靈王克朱方在昭公四年庚申，而越滅吴在哀公二十二年癸卯，相去四十四年，先書癸卯越滅吴，而後書庚申楚克朱方，年月差繆。」

〔二〕京督所統　「督」，太平御覽卷一七〇引吴志同；萬本、庫本作「都」，同嘉定鎮江志卷一，傅校改同。

〔三〕南北一百六十里　「六十」，宋版同，萬本、中大本、庫本皆作「六十二」。

〔四〕婚嫁喪葬雜用周漢之禮　底本脱，據萬本、中大本、庫本、傅校及嘉定鎮江志卷三引本書補。

〔五〕左　底本作「佐」，據萬本、庫本及至順鎮江志引本書改。

〔六〕包咸字子良至嘗撰吴書官侍中　萬本、庫本無包咸、韋昭傳略。

〔七〕潤州　底本脱，據萬本、中大本、庫本傳校及舊唐書卷九一桓彦範傳補。

〔八〕皇甫冉字茂政至所賦詩　萬本、庫本無皇甫冉、戴叔倫、許渾傳略。又茂政之「政」，底本作「敬」，據新唐書卷二〇二皇甫冉傳、嘉定鎮江志卷一八改。

〔九〕方紋綾貢水波綾羅綿絹　按嘉定鎮江志卷五引本書作「貢方紋綾、水波綾、羅錦絹」，至順鎮江志卷四：「貢方紋綾、水紋綾，見寰宇記。」又云：「貢絹，見寰宇記。」則此「貢」字應叙於「方紋綾」上，此舛誤。

〔一〇〕禹餘糧出金壇茅山即華陽第八洞天鱘魚鮮　萬本、庫本無此十九字。按嘉定鎮江志卷五引本書亦無，傅校删，是。

〔一一〕鑿長坑敗其勢改云丹徒　庫本及太平御覽卷一七〇引吴録地理同，萬本作「鑿京峴南坑，敗其勢，故云丹徒」。

〔一二〕京口先爲徐陵　「先」，底本作「北」，萬本、庫本同。嘉定鎮江志卷一：「吴時或稱京城，或稱徐陵，或稱丹徒，其實一也。寰宇記：『按南徐州記云：京口先爲徐陵，其地蓋丹徒縣之西鄉京口里也。』」此「北」爲「先」之訛，據改。

〔一三〕西北樓名芙蓉樓　前「樓」字，底本脱，庫本同，據萬本及輿地紀勝鎮江府補。

〔一四〕城西北有别嶺斜入江　萬本無「别」字，「斜」作「陡」，庫本同，嘉慶重修一統志卷九〇鎮江府引本書「斜」作「斗」。

〔一五〕金山在城西北江中至改名銀山　萬本、庫本無金山、銀山二條文，傅校删。又「豎」，底本作「竪」，據至順鎮江志卷七改。

〔一六〕孫恩戰士十萬至蒜山　庫本及嘉定鎮江志卷六引本書同；萬本「至」上有「奄」字，嘉慶重修一統志卷九〇鎮江府引本書同。

〔一七〕南次高驪山　按輿地紀勝鎮江府引本書高驪山下有「又謂之句驪山」，疑此脱。

〔一八〕即海口之戍也　「即」，底本脱，萬本、庫本同，據中大本、輿地紀勝鎮江府、嘉定鎮江志卷六引本書補。

〔一九〕中泠泉天下第一泉　萬本、庫本無此八字，傅校删。

〔二〇〕開元二十二年　前「二」字，底本脱，庫本同，據萬本、中大本及新唐書卷四一地理志五補。又舊唐書卷一九〇齊澣傳載開伊婁河在開元二十五年。

〔二一〕舊名項口　「項口」，太平御覽卷七五引郡國志同，輿地紀勝鎮江府引徐州記作「須口」。

〔二二〕欽聞姿德志相存益　「欽」，庫本同，萬本作「敬」；「益」，庫本同，萬本、中大本皆作「恤」。

〔二三〕丁卯橋至許渾別墅在其側　萬本無此四十一字，庫本同。

〔二四〕遂皆發疽　萬本、庫本「疽」下有「爛」字，傅校同。

〔二五〕京江水　「江」，底本作「口」，據萬本、中大本、庫本、傅校及輿地紀勝鎮江府改。嘉定鎮江志卷六：「祥符圖經謂之京口水，寰宇記謂之京江水。」

〔二六〕軒檻上望見揚州歷歷詩人多留題　庫本及輿地紀勝鎮江府引本書同，萬本作「軒檻望見揚州，內有梁武帝『天下第一江山』六字」，按至順鎮江志卷九：甘露寺，「淳熙中耿守秉重修，吴總領琚大書其扁，曰『天下第一江山』」。蓋萬本誤。

〔二七〕孫魴　「魴」，底本作「昉」，萬本、庫本同，據輿地紀勝鎮江府引本書及全唐詩卷七四三改。下金山澤心寺條改同。

〔二八〕狠石在北固山至多景樓在甘露寺內　萬本、庫本無狠石、多景樓二條文，傅校删，蓋非樂史原文。

〔二九〕在城東南揚子江中　「中」，底本脱，萬本、庫本同，據中大本及輿地紀勝鎮江府引本書補。

〔三〇〕常有黄鶴飛舞　按嘉定鎮江志卷六引本書作「常有黄鶴飛舞其上」，輿地紀勝鎮江府載同，此脱「其上」二字。

〔三一〕茅山有三仙人住　「茅山」，底本無，據宋版補，中大本作「茅」，傅校同。「三仙人」，底本作「三茅仙人」，據宋版、萬本、中大本、庫本及傳校改。

〔三二〕許爲東卿　「卿」，底本作「鄉」，據宋版改。萬本、庫本此句作「自許帝鄉」，恐不確。

〔三三〕輪迹見在東山嶺上　底本「東」下衍「海」字，「嶺」下脱「上」字，皆據宋版、中大本删補，萬本、庫本亦衍「海」字，有「上」字。

〔三四〕祠前有沸井四所　「沸」，底本作「廢」，萬本同，據宋版、中大本、庫本及至順鎮江志卷七、八改。

〔三五〕直止陵口大河　「止」，底本作「上」，據宋版、萬本、中大本、庫本改。嘉定鎮江志卷一一作「直入陵口」。

〔三六〕秦有史官奏東南有王氣在雲陽　「有」，底本脱，據宋版、萬本、庫本、傳校及太平御覽卷一七〇引輿地志補。

〔三七〕水色白味甘　「水」，底本無，據宋版、萬本、中大本、庫本及嘉定鎮江志卷六引輿地志補。

〔三八〕玉乳泉天下第四泉　宋版、萬本、庫本皆無此八字，傳校删，非樂史原文。

〔三九〕今二十四鄉　「二十四」，底本作「十二」，萬本、庫本同，據宋版、中大本改。

〔四〇〕延陵縣　「縣」，底本脱，據宋版、萬本、中大本、庫本補。

〔四一〕江東　「東」，底本作「乘」，萬本、庫本同，據宋版、中大本改。

〔四二〕大坯山在縣南五十里舊名小坯山　二「坯」，宋版、萬本、庫本皆作「枑」。按輿地紀勝鎮江府、嘉定鎮江志卷六作「岯」。

〔四三〕南北謝塘　底本無，宋版、萬本、庫本同，中大本、讀史方輿紀要卷二五、嘉慶重修一統志卷九〇鎮江府引本書有。新唐書地理志五潤州金壇縣：「東南三十里有南、北謝塘，武德二年，刺史謝元超因故塘復置以溉田。」此脱「南北謝塘」四字，據補。

〔四四〕謝元超　「謝」，底本作「劉」，宋版、庫本同，據萬本及新唐書地理志五、輿地紀勝鎮江府、至順鎮江志卷七改。

〔四五〕南去縣四里　「南」，萬本、庫本同，宋版、中大本皆作「西南」。

〔四六〕石墨池至潤石悉爲墨色　宋版、萬本、庫本皆無此二十四字。

〔四七〕晉吏部東陽太守袁宏墓在縣西一十里　「東」，底本作「丹」，萬本、庫本同，據宋版及輿地紀勝鎮江府、嘉定鎮江志卷一一改。晉書卷九二袁宏傳：「宏自吏部郎出爲東陽郡。」「一十」，輿地紀勝同，嘉定鎮江志作「一十五」。

〔四八〕在縣西一十三里　「西」，輿地紀勝、嘉定鎮江志皆作「東」。

太平寰宇記卷之九十

江南東道二

昇州

昇州，今理江寧、上元二縣。古揚州之域。爾雅云：「江南曰揚州。」春秋時爲吴地。戰國時越滅吴，爲越地；後楚滅越，其地又屬楚，初置金陵邑。金陵圖經云：「昔楚威王見此有王氣，因埋金以鎮之，故曰金陵。秦併天下，望氣者言江東有天子氣，乃鑿地脈，斷連岡，因改金陵爲秣陵。屬丹陽郡，故丹陽記云始皇鑿金陵方山，其斷處爲瀆，則今淮水經城中，入大江，是曰秦淮。以秣陵屬鄣郡。至漢元封二年改鄣郡爲丹陽郡。〔一〕楚、漢之際，江、淮之閒，溧陽之北，皆屬劉賈、英布。漢初有天下，猶爲鄣郡地。故丹陽圖云：『自句容以西屬鄣郡，以東屬會稽郡。』後寄理不定。」漢因秦制，至武帝初爲揚州理于此。元封二年始置十三州刺史，〔二〕領天下諸郡，此即爲揚州。揚州本在西州橋、冶城之閒，是其理處。後漢如之。劉繇爲揚州刺史，始移理曲阿。孫策號此爲西州。至建安十六年，吴大帝自京口徙此，因改爲建業。故吴志云：「權欲興都未定，權長史張紘謂權曰：〔三〕『秣陵，楚威王所置，名爲金陵。地勢岡阜連石頭，昔秦始皇經此縣，〔四〕望氣者曰地形有王者都邑之氣，天之所命，宜爲都邑。』後劉備亦勸權都之。權曰：『智者意同。』遂定議都秣陵。」修石頭城，用貯軍實。又蜀武侯使于吴，謂權曰：〔五〕「鍾山龍盤，石城虎踞，真帝王之都。」其後與蜀、魏鼎峙。按建康圖經云：「西晉太康元年平吴，分地爲二邑，自淮水南爲秣陵，淮水北爲建業。〔六〕後因愍帝即位，避諱改爲建康。」司馬德操與劉恭嗣書云：〔七〕「黄旂紫蓋，恒見東南，終能成天下之功者，揚州之君子乎？」謂斗牛之閒，恒有此氣。西晉亂，元帝自廣陵渡江，此城荒落，以府第居縣北幕府山，〔八〕幕府之名，自此而立。尋以江寧爲琅邪國，蓋襲帝始封之名，在今廢江乘縣界。又虞溥江表傳云：〔九〕「按晉書：蘇峻初平，温嶠議遷都豫章，三吴之豪請都會稽，二論紛紜，未有所適。揚州刺史、司徒王導曰：『建康，古之金陵，舊爲帝里，孫仲謀、劉玄德俱言王者之宅，今宜時定。』〔一〇〕帝從焉。其所會幽、冀、青、兖之士，秦、鄭、周、韓之人，五方雜會，各得所理，即晉室之興也。」又輿地志云：「晉故臺城，即成帝時蘇峻作亂，焚燒宫室都盡，温嶠以下咸議遷都，唯王導固争不許。咸和六年使卞彬營治，七年遷于新宫。議者或患未築雙闕，後王導出宣陽門，南望牛頭山，兩峰磔立，東西相向各四十里，〔一一〕導曰此即天闕也。」又以渡江，江外無事，又于南浦置江寧縣，至咸康七年分江乘縣置臨沂縣，臨沂山西北，〔一二〕臨大江，皆晉之初興遺址也。歷宋、齊、梁、陳，六代咸爲帝都。按金陵記云：「梁都之時，城中二十八萬餘户。西至石頭城，東至倪塘，南至石子岡，北過蔣山，東西南北各四十里。自侯景反，元帝都于江陵，冠蓋人物多南徙。洎陳高祖復王于此，中外人物不追宋、齊之半。」隋平陳，廢爲江寧縣。唐武德三年于縣置揚州，仍置東南道行臺；六年，輔公祏反；七年，賊平，置行臺尚書省，改揚州爲蔣州，廢茅州來屬；〔一三〕八年罷行臺，改蔣州爲揚州大都督；九年，揚州移理江都，改金陵縣爲白下縣。貞觀九年改白下爲江寧。〔一四〕至德二年置江寧郡。乾元元年於江寧置昇州，爲浙西節度使。〔一五〕上元二年以謡言復爲上元縣。光啟三年復爲昇州。天祐十四年，僞吴遺部將徐温城之，爲金陵府。僞唐改爲江寧府，因之建都。皇朝開寶八年十一月削平江表，復爲昇州。

元領縣八。今五：江寧，上元，溧水，溧陽，句容。三縣割出：當塗，置太平州。蕪湖，入太平州。繁昌。入太平州。

州境：東西二百三十五里。南北四百六十里。

四至八到：西北至東京一千二百五十里。北至西京一千七百里。〔一六〕西北至長安二千里。東至潤州一百八十里。西至江北和州烏江縣五十五里。北至江北揚州六合縣九十九里。東南至常州安吉、宜興兩縣爲界三百五十里。南至宣州三百六十里。西南至太平州一百八十里。東北至潤州一百九十五里。西北至江北揚州宣化鎮四十里。〔一七〕

户：唐開元户在潤州籍。皇朝户主四萬四千一百九，〔一八〕客一萬七千五百七十。

風俗：同潤州。

人物：葛洪，字稚川，句容人。平賊，賜爵關内侯，不拜。深入羅浮山，著書，號抱朴子。紀瞻，字思遠，秣陵人。紀少瑜，字幼場，秣陵人。嘗夢陸倕以青鏤管筆授之，文日進。薛兼，字令長，丹陽人。許邁，字叔玄，句容人。〔一九〕陶弘景，字通明，丹陽秣陵人。爲齊王侍讀，挂冠神武門，歸隱茅山。梁武即位，有大事，無不諮詢，時人謂之山中宰相。陶籍，字文海，弘景子。嘗過若耶溪，有「蟬噪林逾静，鳥鳴山更幽」之句。唐劉鄴。字漢藩，句容人。〔二〇〕

土産：禹貢：「篠簜既敷，厥草惟夭，厥木惟喬，其利金錫。」水居千石魚陂，皆與千户侯等，不窺市井，坐而待收。茅山石，光白，似玉。〔二一〕雜藥，紋綾，已上貢。絲，絹，紗，纊。已上賦。

江寧縣，今二十二鄉。縣本秣陵之地，屬鄣郡。晉太康三年分淮水北爲建業，水南爲秣陵，即其地。晉元帝過江，始置江寧縣，〔二二〕南七十里故城存焉。隋平陳，廢丹陽郡，併秣陵、建康、同夏三縣入焉。開皇十年移於冶城。唐武德六年又移白下，改爲白下縣。〔二三〕貞觀七年移還冶城，九年復爲江寧縣。至德二年置昇州，縣名不改。至上元二年以童謠之言改爲上元縣。光啟三年復爲昇州，徙縣於鳳臺山西南一里。天祐十四年五月析上元之南十九鄉，割當塗之北二鄉，復置江寧縣，〔二四〕即上元縣爲理所，東自太平橋街，北至淮水，與上元分界。今凡二十二鄉，是爲江寧縣理。

慈姥山。括地志云：「山積石臨江，岸壁峻絶。山上出竹，堪爲簫管，屬樂府，名爲鼓吹山。今並芉茸頭細不任。」又輿地志云：「山南有慈姥神廟。」

三山，在縣西南五十七里，周迴四里。其山孤絶，面東，西截大江。按輿地志云：「其山積石，濱于大江，有三峰，南北接，故曰三山。舊爲吴津所。」謝玄暉晚登三山還望京邑詩云：「灞涘望長安，河陽視京縣。白日麗飛甍，參差皆可見。餘霞散成綺，澄江淨如練。」即此也。

祖堂山，在城南。唐法融和尚得道于此，爲南宗第一祖師，故名。

獻花巖，法融禪定于此，百鳥獻花，故名。〔二五〕

白都山，在縣西南八十里。周迴五百步，西南面臨大江。按輿地志云：「昔有白仲都于此山學道，白日昇天，因以爲名。西臨大江，孫峻追斬諸葛恪子竦于此。」

吉山，在縣南五十里，周迴二十里。〔二六〕宋征虜將軍吉翰葬此山，故以爲名。

鳳臺山，在縣北一里。周迴連三井岡，迤邐至死馬澗。宋元嘉十六年，有三鳥翔集此山，狀如孔雀，文彩五色，音聲諧和，衆鳥羣集，仍置鳳凰里，起臺于山，號鳳臺山。

牛頭山，在縣西南四十里，周迴四十七里。按輿地志：「山有兩峯，時人號爲牛頭山。晉氏過江，將立雙闕，王導出宣陽門，南望牛頭山兩峯，乃曰『此即天闕』是也。」

巖山，在縣南四十五里。其山巖險，名曰巖山。宋孝武改曰龍山。葬宣貴妃殷氏于龍山，孝武亦葬此。

梅嶺岡，在縣南九里，周迴六里。輿地志云：「在國門之東，晉豫章太守梅賾冢于岡下，故民名之。」

斷石岡，在縣南二十里。有大碣石，〔二七〕長二丈，折爲三段，故以名岡。即吴皇象書碣也。

石子岡，在縣南十五里，周迴二十里。吴志：「建業南有長陵，名曰石子岡，葬者依焉。」

梁山。宋武帝西下梁山，過烏江，有雙鳳翔于蓋，羣臣咸呼萬歲，乃立雙闕于梁山。

三井岡，在縣南五里。汲一井則餘井俱動，故名。

大江。按尚書禹貢「岷山導江」，即此江也。始吴臨江建國，謂得天險之固。及晉元帝南徙，遂定都焉。今從縣西一百二十里，〔二八〕承當塗縣，分紫浦上田爲界，紆迴屈曲二百九十三里，與和州烏江及揚州六合並分中流爲界。西引蜀、漢，南下交、廣，東會滄海，北達淮、泗，自大禹之源，無不通矣。

淮水，北去縣一里。源從宣州東南溧水縣烏刹橋西流入百五十里。〔二九〕輿地志云：「始皇巡會稽，鑿斷山阜，此淮即所鑿也，亦名秦淮。」孫盛晉春秋云：「是秦所鑿，王導令郭璞筮，即此淮也。又稱未至方山，有直瀆行三十許里，〔三〇〕以地形論之，淮發源結屈，不類人功，則始皇所掘，宜此瀆也。」丹陽記云：「建康有淮，源出華山，流入江。」徐爰釋問云：「淮水西北貫都。」輿地志：「淮水發源于華山，在丹陽湖姑孰之界，西北流經建康、秣陵二縣之閒，縈紆京邑之内，至于石頭入江，綿亘三百許里。〔三一〕」杜牧秦淮詩云：「烟籠寒水月籠沙，夜泊秦淮近酒家。商女不知亡國恨，隔江猶唱後庭花。」

落馬澗，在縣東南五里，水下秦淮。宋武陵王討元凶劭，斬劭，〔三二〕餘軍赴澗而死，水爲之溢，因名焉。

婁湖，在縣東南十里。灌田二十餘頃，水入艦澳，通秦淮。輿地志云：「婁侯張昭所創，因名之。宋以爲苑。」

高亭湖，在縣東南三十里，周迴二十里。丹陽記云：「王仲祖墓東南十六里有高亭湖，周迴三十餘里。」

葛塘湖，在縣東南七十里，周迴七里。葛公在此得仙，故以爲名。

陽劉湖，在縣東南六十里，周迴三十里。其湖建龍都埭，在陽劉村前，故名之。

三城湖，在縣南五十里，周迴四十里。中有三土城，故以名之。

板橋浦，在縣南四十七里，〔三三〕五尺。〔三四〕源出覩山，三十七里注大江。〔三五〕晉伐吴，其將張悌死于板橋，即此處。謝玄暉之宣城出新林浦向板橋詩云：「江路西南永，歸流東北鶩。天際識歸舟，雲中辨江樹。」

莫愁湖，在三山門外。昔有妓盧莫愁家此，故名。〔三六〕

大桑浦，在縣西十二里，可溉田。吴大帝時，將討關羽，平南將軍吕範屯大桑，〔三七〕即此處也。在蔡洲，通大江。

烈洲，在縣西南八十里，周迴六十里。輿地志：「吴舊津所。內有小水，堪泊船，商客多停此，〔三八〕以避烈風，故以名焉。王濬伐吴，宿于此。簡文爲相時，會桓温于此。亦曰栗洲，洲上有山，山形如栗。伏滔北征賦謂之烈洲。」

蔡洲，在縣西十二里，周迴五十五里。〔三九〕丹陽記云：「吴時客館在蔡洲上，以舍遠使。蘇峻作逆，陶侃等率所統同赴京師，直指石頭，次于蔡洲。」

張公洲，在縣南四里，周迴三里。按梁書：太清二年，豫州刺史裴之高等舟師二萬次張公洲；〔四〇〕三年，陳霸先擊破侯子鑒，師至張公洲，並此處。

加子洲，在縣西南十三里，〔四一〕周迴十二里。按三十國春秋：「晉咸和二年，温嶠與陶侃起義兵伐蘇峻，率師四萬，直指石頭，侃泊加子洲。」即此處。夏月堪泊船，冬月淺涸。永昌之初，其洲忽一日崩陷數里，其形曲折，凡作九灣，行者所依。〔四二〕

長命洲，在縣西四里，周迴十五里。輿地志云：「梁武帝遣人放生于此洲，仍置十户在洲中，掌穀粟以飼之，故呼爲長命洲。魏使李恕來朝，帝正放生，問恕曰：『北主頗知此乎？』恕對曰：『本國不取亦不放。』帝無以應之。」

穿鍼樓，在縣理東北。齊武帝七夕，令宮人穿鍼于此。〔四三〕

杏花村，在縣理西。相傳杜牧之沽酒處。〔四四〕

白鷺洲，在縣西三里。隔江中心，南邊新林浦。白鷺洲在大江中，多聚白鷺，因名。

故秣陵縣城，在縣南五十五里，秣陵橋東北。〔四五〕

故江寧縣城，在縣南七十里。輿地志：「晉永嘉中，帝初通江南，以江外無事，寧靜於此，因置江寧縣。南門臨浦水，至今呼江寧。」晉書云：「元帝出師檄四方，以有玉册見臨安，白玉麒麟神璽出江寧，其文曰『長壽萬年』，日有重暈，皆以爲中興之象。」唐貞觀七年始移來此置。上元二年又改爲上元縣理。

古檀城，在金華橋東。晉謝安石圍碁賭得別墅，乞與外甥羊曇，即此也。宋屬檀道濟，緣以爲名。

臺城，在鍾山側。即晉建康宮城，一名苑城。

華林園，在臺城内。晉簡文帝曰：「會心處，不必遠，翳然林水，〔四六〕便有濠、濮間趣，魚鳥自來親人。」

臨春閣，在臺城内。陳後主建，張麗華居此。

景陽樓，在臺城内。齊武帝時，置鐘其上，宮人聞鐘聲即起。

景陽井，在臺城内。一名臙脂井。陳後主與張麗華、孔貴人投入，避隋兵。後名爲辱井。

草堂，在鍾山北，周顒隱此。顒出仕，孔稚圭作北山移文，假「草堂之靈」嘲之，即此也。

八功德水，在鍾山東。梁胡僧曇隱此，值旱，有龐眉叟謂曰：「予，山龍也，措之何難。」俄而一沼沸出，後有西僧至，云本域八池已失其一。舊志：「一清，二冷，三香，四柔，五甘，六淨，七不饐，八蠲痾。」

忠孝亭。晉卞壼父子死難處，即葬于此。

九曲池，在古臺城東。梁昭明太子所鑿，中有洲島亭榭，昭明泛舟池中，嘗曰：「何必絲與竹，山水可怡情。」〔四七〕

上元縣，二十四鄉。晉江寧縣地，唐貞觀七年移還舊郭，即今所置縣也，至九年改爲江寧縣。安禄山亂，肅宗以金陵自古雄據之地，時遭艱難，不可以縣統之，因置昇州，仍加節制，實資鎮撫。時人艱弊，力難興造，因舊縣宇以爲州城。禄山平後，復廢州，依舊爲縣。上元二年改爲上元縣，隸潤州。光啟三年復爲昇州，領上元一縣。元治鳳臺山西南，今移在僞司會府。

艦澳。梁武帝所開，今在光宅寺東二百五十步，其寺即武帝舊宅。每從城歸宅，〔四八〕儀仗舟車駢戢溢路，開以藏船。其澳兩岸隈曲一十有一，砌石爲之，至今不毁。其水源出自婁湖，下達秦淮，紆迴五里。

雞籠山，在縣西北九里。連龍山，〔四九〕西接落星岡，北臨栖玄塘。輿地志云：「其山狀如雞籠，以此爲名。」晉元帝等五陵，〔五〇〕並在山之陽。

蔣山，在縣東北十五里，周圍六十里。〔五一〕面南顧，東連青龍、鴈門等山，西臨青溪；絶山南面有鍾浦水，流下入秦淮，〔五二〕北連雉亭山。按輿地志云：「蔣山，古曰金陵山，縣之名因此山立。」漢輿地圖名鍾山。吴大帝時，有蔣子文發神驗于此，〔五三〕封子文爲蔣侯，改曰蔣山。徐爰釋問云：「孔明以爲鍾山龍盤。」又庾闡揚都賦云：「司馬德操與劉恭嗣書云：『黄旂紫蓋，恒見東南，終能成天下之功者，揚州之君子乎！』謂斗牛之閒，恒有此祥氣。」丹陽記云：「出建陽門，望鍾山，似出上東門望首陽山也。其山本少林木，東晉時，使諸州刺史罷職還者，栽松三十株，〔五四〕下至郡守，各有差焉。」自梁以前，立山寺七十所，〔五五〕即見在者一十三。晉尚書謝尚，齊中書侍郎周顒、宋應，〔五六〕梁阮孝緒、劉孝標等，並隱居此山。丹陽記云：「京師南北，並連山嶺，而蔣山岧嶢，嶷峻有異，其形像龍，實作揚都之鎮。〔五七〕」

秦淮，在縣治東南。相傳秦始皇所鑿。王導使郭璞筮之，曰：「淮水絶，王氏滅。」即此。

桃葉渡，在秦淮口。王獻之愛妾名桃葉，嘗渡此，獻之作歌送之，故名。〔五八〕

吴大帝陵，在縣東北，蔣山南八里。按丹陽記：「蔣陵，因山爲名。」輿地志云：「臺當孫陵曲折之傍，〔五九〕故曰蔣陵亭，亦曰孫陵亭。」

宋高祖陵，在縣東北一十里。

晉中宗陵，在縣東一十里。

宋蔣陵，在縣東北蔣山下一十里。

土山，在縣東南三十里。〔六〇〕按丹陽記：「晉太傅謝安舊隱會稽東山，因築像之，〔六一〕無巖石，故謂土山也。有林木、臺觀娛遊之所，安就帝請朝中賢士子姪親屬會宴土山。梁蕭正德各修築以爲莊。下有湖水。」按吴志：「大將軍孫綝以兵迎景帝于半野，拜于道側。」即此山也。

方山，在縣東南五十里。周迴二十里，高一百一十六丈。其山四面等方孤絶。輿地志云：「湖熟西北有方山，〔六二〕頂方正，上有池水。齊武帝於此築苑。吴大帝爲仙者葛玄立觀焉。」山謙之丹陽記：「秦始皇鑿金陵，此山是其斷者。山形整聳，故名方山。」謝靈運東出，鄰里相送至方山，賦詩。齊書：「徐孝嗣從武帝幸方山，欲于此山後起離宫。〔六三〕孝嗣答曰：『繞黄山，款牛首，乃盛漢之事。今江南未曠，民亦勞止。』上乃止。」

四望山，在縣西北十五里，高十七丈。西臨大江，南連石頭，北接盧龍山。按南徐州記：「臨江有四望山，吴大帝常與仙者葛玄共登陟之。」吴志：「孫皓殺司市中郎將陳聲，投於四望山之下。」其山迴可望四方，以爲名。

盧龍山，在縣西北二十里，〔六四〕周迴五里。西臨大江。按舊經：「晉元帝初渡江，此盡爲虜寇所有，以其山連石頭，開鑿爲固，故以盧龍爲名。」〔六五〕

幕府山。陳武帝殺北齊軍四十六萬于此下。〔六六〕

落星山，在縣東北三十五里，周迴六里。東接臨沂山，西接攝山，北臨大江。按南徐州記：「臨沂縣前有落星山。吴大帝時，山西江上置三層高樓，以此爲名。」吴主遊獵憩息地。吴都賦云：「饗戎旅乎落星之樓。」〔六七〕後又有□桂林苑與樓，〔六八〕即其所也。王僧辯率陳霸先等于石頭城，連營立栅于落星山，賊大恐。

攝山，在縣東北五十五里，高一百三十二丈。東達畫石山，南接落星山。輿地志云：「江乘縣西北有扈謙所居宅村，側有攝山，山多藥草，〔六九〕可以攝生，故以名之。」江乘地記：「扈村有攝山，形方，四面重嶺似繖，故名繖山。」

湯山，在縣東北八十里。〔七〇〕西接雲穴山，不甚高，無大林木。有湯出其下，大小凡六處，湯潤繞其東南。冬夏常熱，禽魚之類入者輒爛，以煮豆穀，終日不熟，草木濯之，轉更鮮茂。舊有湯泉館并廟，在其南，今廢。

清溪，在縣北六里。闊五尺，深八尺，以洩玄武湖水，南入秦淮。按京都記云：〔七一〕「鼎族多居其側。」輿地志云：「水源北出于鍾山，舊經巴南九里，〔七二〕入于淮。溪口其埭側有清溪祠，其溪因祠爲名。」又云：「按水爲言，故名清溪。」俗説云郗僧施溪中泛舟，〔七三〕一曲輒作詩一篇。謝益壽云：「清溪中曲，復何窮盡。」

玄武湖，在縣西北七里。周迴四十里，東西兩派，下入秦淮〔七四〕。春夏深七尺，秋冬四尺，灌田百頃。徐爰釋問曰：「湖本桑泊。」晉元帝太興中，創爲北湖。宋築隄，南抵西塘，以肄舟師也。又京都記云：「從北湖望鍾山，似宫亭湖望廬岳也。」按宋元嘉二十三年築隄，〔七五〕以堰水爲池。輿地志云：「齊武帝理水軍於此池中，號曰昆明池。〔七六〕故沈約登覆舟山詩云『南瞻儲胥館，北眺昆明池』，即此。其湖通後苑，又于湖側作大竇，引湖水入宫城内天泉池，中經歷宫殿，泝流迴轉，不舍晝夜。宋元嘉末有黑龍見湖内，故改爲玄武湖也。」

迎擔湖，在縣西北八里，周迴五里。其水坳下，〔七七〕不通江河。南徐州記云：「縣西五里有迎擔湖，昔晉永嘉中，帝遷，〔七八〕衣冠席捲過江，客主相迎湖側，遂以迎擔爲名。」

馬昂洲，〔七九〕在縣西北三十三里，周十五里。南徐州記云：「臨沂西入江，北三里有馬昂洲，〔八〇〕晉帝渡江，牧馬于其所，故名之。」

舟子洲，在縣西五里，周迴七里。輿地志云：「梁天監十三年，以朱雀門東北淮水紆曲，數有患，又舟行旋衝太廟灣，乃直通之，中央爲舟子洲。四方諸郡秀才上計，所憩止於此。」

故丹陽郡城，在縣東南四里。輿地志云：「丹陽郡，本吴地。楚、漢之際，江、淮之間、溧陽以北皆屬荆王劉賈，〔八一〕英布、吴王濞、江都易王非並有其地。元封二年以爲丹陽郡，〔八二〕領宛陵、於潛、江乘、春穀、秣陵、故鄣、句容、涇、石城、湖孰、陵陽、蕪湖、黝、溧陽、宣城、歙、丹陽，凡十七縣，理于宛陵。」

西浦。郡國志云：「金陵西浦，亦云項口，即張碩捕魚遇杜蘭香處。」

建康縣城，在縣西一里。吴大帝自京口遷秣陵，改建業。晉避愍帝諱，改建康。元帝止都焉。初縣理本在宣陽門内，蘇峻之亂，被焚，移入苑城。既爲臺城，乃徙金都鄉朱雀里，又云大亭里，蓋元帝初過江，爲琅邪國人所立懷德縣處。又樂録云：〔八三〕「吴王夫差移鼓于建康之南門，有雙鷺從鼓中飛出，或云鷺者鼓之精。」

琅邪城，在縣東北六十里。王隱晉書云：「江乘南岸蒲洲津有城，即琅邪城。」

東府城，在縣東二里。輿地志云：「晉安帝義熙十年築。其城西即簡文帝爲會稽王時第，其東則丞相會稽文孝王道子府。謝安石薨，以道子代領揚州，第在州東，故時人號爲東府，而號府廨西州。」又按丹陽記云：「揚州廨，乃王敦所創。門東南西三門，俗謂之西州。永嘉初，罷揚州，繕爲未央宫。陳初，又修爲揚州廨。」

故費縣城，在縣西北九里。南徐州記：「在建康北二里，即懷德縣，寄建康北境。又置琅邪郡，割潮溝爲界。〔八四〕陳亡，廢。」

臨沂縣城，在縣西北三十里。〔八五〕在臨沂山西北，臨大江。輿地志：「晉成帝咸康七年分江乘縣立臨沂縣，屬琅邪郡。〔八六〕」又云：「本南徐州之屬，晉則諸葛恢，宋則臧燾，梁則孟智，陳則明僧紹之子仲璋，〔八七〕傅彝並爲臨沂令，以後無聞。晉太保王導羣宗並其縣人。」陳亡，廢。

古揚州城，今江寧縣城在其西偏。城東至西州橋，西至治城，周迴三里。後漢因之不改，即此城也。

古丹陽郡城，在今長樂橋東一里。〔八八〕南臨大路，城周一頃，〔八九〕闕東北三里至城。〔九〇〕本屬秦之鄣郡，前漢武帝元封二年改鄣郡置丹陽郡，今此城即晉武太康元年築也，宋、齊、梁、〔九一〕陳因之不改焉。

古建康縣，初置在宣陽門内。晉咸和三年，蘇峻作亂，燒盡，遂移入苑城；咸和六年以苑城爲宫，乃徙出宣陽門外御街西，今建初寺門路東是。時有七尉部：江尉，在三生渚；西尉，在延興寺後巷北；東尉，在吴大帝陵口，今蔣山西門；南尉，在草市北湘宫寺前〔九二〕；北尉，在朝溝邨；左尉，在青溪孤首橋；右尉，在紗市。〔九三〕

石頭城。楚威王滅越，置金陵邑，即此也。後漢建安十七年，吴大帝乃加修理，改名石頭城，用貯軍糧器械。諸葛亮曾使建業，〔九四〕謂大帝曰：「鍾山龍盤，石城虎踞。」即此也。西南最高處，有吴烽火樓。〔九五〕城東有大石，俗呼爲唐岡，〔九六〕即王敦害周伯仁、戴若思處，百姓寃之，乃記其石焉。宋廢帝景和初修繕爲長樂宫。隋平陳後，用爲蔣州城。〔九七〕輔公祏據江東，用爲揚州。趙郡王孝恭平公祏，又於城置揚州大都督府。後徙揚州於廣陵，此城遂廢。

廢琅邪郡城，本晉元帝初過江，爲琅邪國人立，地在江乘縣界。齊武帝永明六年移琅邪于白下置，本名白石壘，在縣西北十八里，齊、梁講武於此。

宣武城，在縣西北九里。輿地志云：「宋大明三年，沈慶之所築。初，孝武欲北伐，問慶之須兵幾何？慶之曰二十萬，帝疑其多，對曰攻守百倍。帝乃令慶之守此城，帝自率六軍攻，不能下。乃止不討。」又云：「宋立宣武爲城名，帝閲武於其地，亦謂爲武帳岡。」陳亡，廢。

同夏故城，在縣東十五里。輿地志云：「梁大通三年分建康之同夏里置同夏縣。陳平，毁之。」

故白下縣城，在縣西北十四里。輿地志云：「本江乘縣白石壘，齊武帝以白下地依帶江山，移琅邪郡居之。」陳亡，廢。唐武德元年罷金陵縣，〔九八〕築城于此，因其舊名。貞觀十七年又移還舊郭，〔九九〕其城乃廢。

輔公祏城，在縣東七里。輿地志云：「齊文惠太子之第也。武德七年，輔公祏築以爲城。趙郡王孝恭平之，其城遂廢。〔一〇〇〕」

故越城，在縣西南七里。越絶書云：「東甌越王所立也。」即周元王四年，越相范蠡所築。在今瓦官寺東南，〔一〇一〕國門橋西北。又曹氏記云：「在秣陵西十五里，〔一〇二〕昔句踐平吴後，遣兵戍之，仍築此城，去舊建康宫八里。晉初移丹陽郡自蕪湖遷城之南。」〔一〇三〕

古冶城，在今縣西五里。本吴鑄冶之地，因以爲名。晉元帝太興初，以王導疾久，方士戴洋云：「君本命在申，申地有冶，金火相爍。」遂使范逐移冶于石城東髑髏山處，以其地爲園，多植林館。徐廣晉紀：「成帝適司徒府，遊觀冶城之園。」即此也。謂之西園。

東田。齊文惠太子立樓館于鍾山下，號曰東田。太子好與府屬遊幸東田，反語爲「顛童」。謝玄暉遊東田詩云：「魚戲新荷動，鳥散餘花落。不對芳春酒，還望青山郭。」即此也。

烏衣巷。晉代王氏居烏衣巷者，位望微滅，多居憲臺，江左膏粱名士，多不樂爲。王僧達爲中丞，〔一〇四〕王球謂曰：「汝爲此官，不復成膏粱矣。」

卞望之墓。卞壼，字望之。安帝義熙十八年，盜開卞壼墓，剖棺掠之，屍殭，鬢髮蒼白，面貌如生，兩手拳，爪甲出透手背。〔一〇五〕勅給錢十萬，重修營之。按冢在今紫極宫後，〔一〇六〕臨嶺搆亭，號曰忠貞亭。

蔣廟。按金陵圖云：「鍾山，故金陵山。後漢末，蔣子文爲秣陵尉，逐盜鍾山北，傷額而死，常自謂青骨，死當爲神。至吴大帝卜都，子文乘白馬，襆頭〔一〇七〕，執白羽扇，見形，語故令史白吴主，〔一〇八〕爲立廟，不爾，當百姓大疫。大帝猶未信。又翊日見于路，〔一〇九〕曰當令飛蟲入人耳。後如其言。帝詔立廟鍾山，封子文爲蔣侯，改鍾山爲蔣山。〔一一〇〕即此也。」又梁書云：「武帝時旱甚，詔于蔣帝神求雨。十旬不降，帝怒，命載荻焚廟并其神影，爾日開朗，〔一一一〕將欲起火，當神上忽有雲如繖蓋，須臾驟雨，臺中宫殿皆自震動，帝懼，〔一一二〕馳詔追停，少時還靜，自此帝誠信遂深。自踐祚來，未曾到廟，於是備法駕，將朝臣修謁。時魏將楊大眼來寇鍾離，蔣帝神報，必許扶助。〔一一三〕既而無雨，水暴漲六七尺，遂大剋魏軍，〔一一四〕神之力也。凱旋之後，廟中人馬足皆有泥濕，當時並目覩焉。」

太初宫，方五百丈，本吴長沙桓王孫策故府也。大帝自京口遷建業，居之。黄龍元年還都建業，因居故府不改。

郭文舉臺，〔一一五〕在冶城内。晉太尉王茂弘所築，〔一一六〕文舉居之。

臨滄觀，在勞山。山上有亭七間，名曰新亭，吴所築，宋改爲新亭〔一一七〕，中間名臨滄觀。晉周顗與王導等當春日登之會宴，〔一一八〕顗曰：「風景不殊，舉目有江山之異。」即此也。謂之勞勞亭，〔一一九〕古送别所。

樂遊苑，在覆舟山南。北連山築臺觀，苑内起正陽、林光等殿。按陳書云：「樂遊苑，陳宣帝即位，北齊使常侍李騊音徒。〔一二〇〕來聘，賜宴樂遊苑。」尚書令江總贈詩云：「上林開宴務留連。〔一二一〕」即此也。

桂林苑，吴立，在縣北四十里，落星山之陽。吴都賦云：「數軍實于桂林之苑。」即此也。

芳林苑，一名桃花苑。本齊高帝舊宅，在廢東府城東邊秦淮大路。北齊王融作曲水詩序云：「載懷平浦，乃睠芳林。」即此也

溧水縣，東南一百二十里。舊二十二鄉，今一十九鄉。本漢溧陽縣之地，隋平陳置，屬蔣州。大業三年屬丹陽郡。唐武德九年移揚州於江都，以縣屬宣州。

中山，又名獨山，在縣東南十里，不與羣山連接。古老相傳中山有白兔，世稱爲筆最精。山前有水源，號爲獨水。按輿地志：「宣州溧水縣有獨山，下有獨水，流演不息。」即此山也。

盧山，在縣東二十里。山謙之丹陽記云：「溧陽縣西八十里，〔一二二〕有盧山，與丹陽分嶺，俗傳嚴子陵結廬于此。或云山形似廬舍，因以爲名。」有水源三派，并入秦淮，合大江。

贛音感。〔一二三〕船山，一名感泉山，在縣南十二里。山有青絲洞，泉脈泓澄，四時不絕。

丹陽湖，在縣西南。一半與當塗縣丹陽湖相並。

石臼湖，在縣西南三十里。西連丹陽湖，岸廣一百六十餘里，北枕横山，南連臨凛西□丘黄三山。〔一二四〕又有軍山、塔子、馬頭、雀壘四山，並在湖中。

古固城。按滕公廟記云：〔一二五〕「其城是吴瀨渚縣地〔一二六〕，楚靈王與吴戰，遂陷此城，吴移瀨渚于溧陽十里。〔一二七〕改陵平縣。靈王崩，平王立，使蘇迺爲將，戰于吴。吴軍敗，收吴陵平縣，〔一二八〕改爲平陵縣。自平王聽費無極佞言，〔一二九〕伍員奔吴，闔廬用爲將軍，舉兵破楚，楚奔南海。固城宫殿逾月烟焰不息，其城從兹廢矣。」城廣二千七百五十步。

古開化城，去縣九十里。在固城東，〔一三〇〕即溧水舊縣。

楚平王祠。即吴越春秋謂「平王都於固城」是也，〔一三一〕因有祠焉。

左伯桃墓，在縣南儀鳳鄉。昔與羊角哀友善，〔一三二〕葬于此。大曆六年，顔真卿經此，題詩于蒲塘客館。

溧陽縣，東南二百四十里。舊三十鄉，今十七鄉。本漢舊縣，屬丹陽郡。在溧水之陽。記云楚、漢之際，江、淮間爲東陽郡，而溧陽屬焉。後又屬江都國。唐武德九年移揚州於江都，改屬宣州。自乾元元年又隸昇州。寶應元年又屬宣州。天祐二年隸潤州。其縣元在溧水縣東南九十里，天復四年移于此，〔一三三〕即今理。

平陵山，在縣北三十五里。昔李閱追韓滉於山下，〔一三四〕斬之。有子胥祠存。

三鶴山，在縣東南六十里。昔有潘氏兄弟三人於此山求仙，後道成，化爲三白鶴，于此沖天。

㞤山，〔一三五〕在縣東北二十五里。常、潤等州分界於此山頭。地理志云：「昔有㞤母得道此山，後爲名。」

青山，在縣南六十里。上有潘真君祠。

千里湖。産蓴。陸機云：「千里蓴羹，未下鹽豉。」即此。〔一三六〕

溧水，西自溧水縣界流入。吴越春秋云：「伍子胥奔吴，至溧陽，女子擊縹瀨水之上，〔一三七〕子胥過而乞一餐，女子發簞飯壺漿而食之。子胥餐而去，謂女子曰：『掩子壺漿，勿令其露。』女子曰：『行矣。』子胥行五步還顧，女子已自投瀨江而死。子胥伐楚師還，過溧陽瀨上，欲報以百金，〔一三八〕不知其家，乃投金瀨水而去。後有嫗行哭而來，曰：『吾女三十不嫁，擊縹於此，遇窮人飯之，恐事洩，投水而死。』乃取金歸之。」今水際有碑，即李白文，其銘曰：〔一三九〕「春風三十，花落無言。」云云。

句容縣，東一百里。舊三十六鄉，〔一四〇〕今一十七鄉。本漢縣，地理志屬丹陽郡。〔一四一〕以界内茅山本名句曲山，其形如「句」字，因立縣名。漢書云：「武帝封長沙定王子黨爲句容侯。」國除後爲縣。宋又於此立南徐州，後南徐州復移理丹徒。〔一四二〕唐武德四年於縣置茅州；七年廢茅州，以句容屬蔣州；九年改屬潤州。

華山。梁書云：「武帝輿駕東行，至此山，因問華山何如蔣山高？薛秦答曰：『華山高九里，似與蔣山等，〔一四三〕泉水倍多也。』」

茅山，在縣南五十里。本句曲山，其山形如句字三曲。晉茅君得道於此山，後人遂名爲茅山。〔一四四〕其山接句容、金壇、延陵三縣界。

喜客泉，在茅山。客至，則湧出，故名。

良常山，在小茅峯之北垂。始皇登此，嘆曰：「巡狩之樂，莫過于山海。自今以往，良爲常也。」因名。〔一四五〕

竹里山，行者以其途傾險，號爲翻車峴。鮑照有行翻車峴詩。〔一四六〕

絳巖山。〔一四七〕圖經云：「在絳巖湖側，山上有龍坑祠，即湖神也。」本名赤山，丹陽之義出于此。天寶初改爲絳巖山。〔一四八〕

花碌山，在縣北五十里。有古跡取礬坑存。

江乘城，秦舊縣也。

葛仙公墓，在縣西南一里。見有碑碣、松逕。郡國志云「句曲有葛洪冢」是也。蓋仙翁之宗族也。

梁南康簡王墓，在縣西北二十五里。按王名績，〔一四九〕武帝弟。

晉葛平西墓，平西將軍葛府君墓，在今縣西七里岡山，碑闕存。〔一五〇〕

晉護軍長史許真人墓，在縣西北一里，高四尺。

華陽洞，去縣四十里。

金壇大洞天，在西門太平觀東。有唐玄宗授上清經籙碑一片。〔一五一〕

卷九十校勘記

〔一〕漢元封二年改鄣郡爲丹陽郡　按漢景帝三年，以東陽、鄣郡置江都國，漢武帝元狩二年，江都王建謀反，江都國除，地入漢，改鄣郡爲丹陽郡，非元封二年，見西漢政區地理。

〔二〕元封二年始置十三州刺史　按漢書卷六武帝紀：元封五年，「初置刺史部十三州」。非二年。

〔三〕權長史張紘謂權曰　後「權」字，底本脱，據宋版、萬本、庫本及三國志卷五三吴書張紘傳裴松之注引江表傳補。

〔四〕昔秦始皇經此縣　「縣」，底本脱，據宋版、萬本、庫本及三國志吴書張紘傳裴注引江表傳補。

〔五〕蜀武侯使于吴謂權曰　宋版、萬本、庫本皆作「蜀諸葛亮使於吴，亮謂大帝曰」，傅校改同。

〔六〕晉太康元年平吴分地爲二邑自淮水南爲秣陵淮水北爲建業　按晉書卷一五地理志下：「建業，武帝平吴，以爲秣陵，太康三年分秣陵北爲建鄴，改『業』爲『鄴』。」輿地紀勝卷一七建康府總序同，此處記述不确。

〔七〕劉恭嗣　本書後文蔣山條同，宋版、萬本、庫本皆作「劉嗣恭」，傅校同，輿地紀勝建康府作「徐恭嗣」，未知孰是。

〔八〕以府第居縣北幕府山　宋版同，萬本、庫本作「以府第居此」。按景定建康志卷一七：幕府山，「晉元帝自廣陵渡江，丞相王導建幕府於此，山因名焉。」至正金陵新志卷五同，則萬本是。又太平御覽卷一七〇引建康圖云：「以府第居縣北，幕府之名，自此而立。」此「幕府山」三字疑衍。

〔九〕虞溥　「溥」，底本作「博」，據宋版、萬本、庫本、傅校及舊唐書卷四六經籍志上改。

〔一〇〕今宜時定　「今」，底本作「人」，萬本、庫本同，宋版作「今」。按晉書卷六五王導傳：「建康，古之金陵，舊爲帝里，又孫仲謀、劉玄德俱言王者之宅。……今特宜鎮之以靜，羣情自安。」此「人」爲「今」字之誤，據改。

〔一一〕兩峰磔立東西相向各四十里　「立」，宋版作「竪」；「各四十里」，宋版無。元和郡縣圖志卷二五潤州上元縣：「牛頭山，在縣南四十里。山有二峰，東西相對，名爲『雙闕』。」景定建康志引六朝記：「自朱雀門沿御道四十里至（牛頭）山下。」建康實録卷七顯宗成皇帝注引地記：「至今此山名天闕山，自朱雀南出，沿御道四十里到此山。」此「各四十里」疑爲「在上元縣南四十里」或「自朱雀門南出，沿御道四十里至此」之脱誤。

〔一二〕分江乘縣置臨沂縣臨沂山西北　底本「臨沂」下脱「縣臨沂」三字，據宋版及本書後文臨沂縣條補。

〔一三〕廢茅州來屬　按舊唐書卷四〇地理志三：「廢茅州，以句容、（延陵）二縣來屬蔣州。」新唐書卷四一地理志五：「武德三年以句容、延陵二縣置茅州，七年州廢，隸蔣州。」此「廢茅州」下疑脱「以句容、延陵二縣」七字，「來屬」下疑脱「蔣州」二字。

〔一四〕貞觀九年　「九」，底本作「元」，萬本、庫本同，據宋版及元和郡縣圖志卷二五潤州、舊唐書地理志三、新唐書地理志五、本書卷江寧縣序改。

〔一五〕浙西節度　「浙」，底本作「江」，萬本、庫本同，據宋版及元和郡縣圖志、舊唐書地理志三潤州、輿地紀勝建康府改。

〔一六〕北至西京一千七百里　「北」，萬本、庫本同，中大本作「西北」，是。

〔一七〕西北至江北揚州宣化鎮四十里　「十」，萬本、庫本作「百」，傅校同。

〔一八〕四萬四千一百九　「九」，萬本同，庫本作「二十」。

〔一九〕葛洪字稚川至許邁字叔玄句容人　萬本無葛洪、紀瞻、紀少瑜、薛兼、許邁傳略庫本同。

〔二〇〕陶籍字文海至唐劉鄴字漢藩句容人　萬本無陶籍、劉鄴傳略庫本同。

〔二一〕茅山石光白似玉　萬本、庫本並無，傳校删，蓋非樂史原文。

〔二二〕晉元帝過江始置江寧縣　原校：「按晉書地理志、宋書州郡志，皆太康初分秣陵立江寧縣，今記云元帝渡江始置，未知據何書。」按輿地紀勝建康府亦云「晉元帝始置江寧縣」。景定建康志：「晉太康元年分秣陵置臨江，明年改江寧，後廢，永嘉中復置。」至正金陵新志卷四同，蓋江寧縣置於晉太康初，後廢，永嘉中或晉元帝渡江時復置，此云「晉元帝始置」，則誤。

〔二三〕唐武德六年又移白下改爲白下縣　原校：「按新舊唐書地理志，武德三年改江寧曰歸化，八年改歸化曰金陵，九年改金陵曰白下，今記略之，故與州序不相應。又舊唐志，移治白下故城，改爲白下縣，皆在武德九年，今云六年恐誤。」

〔二四〕復置江寧縣　「復」，底本作「徙」，萬本、庫本同，據中大本、嘉慶重修一統志卷七四江寧府引本書及景定建康志卷一五、至正金陵新志卷四改。

〔二五〕祖堂山在城南至百鳥獻花故名　萬本、庫本皆無此三十九字。

〔二六〕周迴二十里　「二十」，萬本、庫本作「二十五」，嘉慶重修一統志卷七三江寧府引本書作「二十餘」，此脱「餘」字，中大本作「三十餘」。景定建康志卷一七作吉山「周迴三里」，疑此有誤。

〔二七〕有大碣石　「碣石」，底本作「石碣」，據萬本、庫本、嘉慶重修一統志卷七三引本書及輿地紀勝建康府、景定建康志卷一七乙正。

〔二八〕今從縣西一百二十里　「一百」，底本作「二百」，萬本同嘉慶重修一統志卷七三江寧府引本書作「一百」。景定建康志卷一八：「大江，隸建康府界者一百二十里。」至正金陵新志卷五：「大江，隸集慶路（元至元十四年升爲建康路，天歷二年改爲集慶路）者一百二十里。」此「二百」爲「一百」之誤，據改。

〔二九〕源從宣州東南溧水縣烏剎橋西流入百五十里　景定建康志卷一八引祥符江寧圖經同。「西」，萬本作「西北」，嘉慶重修一統志卷七三江寧府引本書同。

〔三〇〕有直瀆行三十許里　「許里」，底本作「里許」，據萬本、庫本及景定建康志卷一八引孫盛晉春秋乙正。

〔三一〕綿亘三百許里　「許里」，底本作「里許」，據萬本、庫本及景定建康志卷一八、至正金陵新志卷五引輿地志乙正。

〔三二〕斬劭　萬本作「兵敗」。按景定建康志卷一八、至正金陵新志卷四皆作「軍敗」，與萬本、庫本合。

〔三三〕在縣南四十七里　「七」，底本脱，據中大本、嘉慶重修一統志卷七三江寧府引本書補。

〔三四〕五尺　萬本、庫本無此二字。按景定建康志卷一八：板橋浦，「闊三丈五尺」。此「五尺」上脱

「闊三丈」三字。

〔三五〕三十七里注大江　萬本、庫本同，嘉慶重修一統志江寧府引本書作「流三十七里注大江」，此疑脱「流」字。

〔三六〕莫愁湖至故名　萬本、庫本無此文，傅校删。按讀史方輿紀要卷二〇記明南京城凡十三門，西南則曰三山，唐宋無此門，此文爲明清時竄入。

〔三七〕可溉田吴大帝時將討關羽平南將軍吕範屯大桑　「可」，萬本、中大本、庫本作「不」。「羽」，底本作「公」，萬本、庫本同，據傅校及至正金陵新志卷五引本書改。「吕」，底本作「吴」，萬本、庫本同，據中大本、至正金陵新志、嘉慶重修一統志卷七三江寧府引本書改。

〔三八〕商客多停此　「此」，底本脱，據萬本、嘉慶重修一統志卷七三江寧府引本書及景定建康志卷一九、至正金陵新志卷五補。

〔三九〕周迴五十五里　後「五」字，底本脱，萬本、庫本同，據嘉慶重修一統志卷七三江寧府引本書及景定建康志卷一九、至正金陵新志卷五補。

〔四〇〕豫州刺史裴之高等舟師二萬次張公洲　「二」，庫本及景定建康志卷一九、至正金陵新志卷五同；萬本作「一」，同資治通鑑卷一六一梁太清二年。

〔四一〕在縣西南十三里　「南」，底本脱，萬本、庫本同，據嘉慶重修一統志卷七三江寧府引本書及景定建康志卷一三、至正金陵新志卷五補。

〔四三〕行者所依　庫本同，萬本、嘉慶重修一統志卷七三江寧府引本書皆作「舟行者依焉」。

〔四三〕穿鍼樓在縣理東北齊武帝七夕令宫人穿鍼於此　萬本、庫本無此文，傅校删，蓋非樂史原文。

〔四四〕杏花村在縣理西相傳杜牧之沽酒處　萬本、庫本無此文，傅校删，蓋非樂史原文。

〔四五〕秣陵橋東北　「東北」，萬本、庫本及嘉慶重修一統志卷七四江寧府引本書同，輿地紀勝建康府引本書作「東」。

〔四六〕翳然林水　「水」，底本作「木」，據世説新語卷二改。

〔四七〕臺城在鍾山側至何必絲與竹山水可怡情　萬本、庫本並無臺城、華竹園、臨春閣、景陽樓、景陽井、草堂、八功德水、忠孝亭、九曲池諸條文，傅校皆删，蓋非樂史原文。

〔四八〕每從城歸宅　按景定建康志卷一九引輿地志作「帝每從城歸宅」，至正金陵新志卷五引輿地志同，此疑脱「帝」字。

〔四九〕連龍山　庫本同，萬本「連」上有「東」字。按景定建康志卷一七引輿地志云：「在覆舟山之西二百餘步。」同書卷又載：「覆舟山，亦名龍山，又名龍舟山，在城北七里。」則萬本是，宜有「東」字。

〔五〇〕晉元帝等五陵　諸本同。景定建康志卷一七：「雞籠山，晉元、明、成、哀四帝陵皆在山南。」至正金陵新志卷五同。此「五」疑爲「四」之誤。

〔五一〕周圍六十里　「六十」，萬本、庫本及景定建康志卷一七、至正金陵新志卷五同，中大本、嘉慶重修一統志卷七三江寧府引本書皆作「六十一」。

〔五二〕流下入秦淮　庫本同，萬本、嘉慶重修一統志卷七三江寧府引本書無「下」字，景定建康志卷一七作「下入秦淮」，無「流」字，此重出「下」或「流」字。

〔五三〕蔣子文發神驗于此　「驗」，庫本同，萬本作「異」，同元和郡縣圖志潤州。

〔五四〕栽松三十株　「十」，諸本同，輿地紀勝建康府、宋本方輿勝覽卷一四建康府皆作「千」。

〔五五〕立山寺七十所　「七十」，底本作「十七」，萬本、庫本同，據景定建康志卷一七、至正金陵新志卷一引本書改。

〔五六〕宋應　「宋」，景定建康志卷一七作「朱」，此「宋」疑「朱」之誤。

〔五七〕並連山嶺至實作揚都之鎮　「山」，底本無，「都」，底本作「州」，萬本、庫本同，並據景定建康志卷一七引丹陽記改。「州」，中大本作「都」。

〔五八〕秦淮在縣治東南至獻之作歌送之故名　萬本、庫本並無秦淮、桃葉渡二條文，傅校删，蓋非樂史原文。

〔五九〕臺當孫陵曲折之傍　景定建康志卷四三吴大帝陵引輿地志云：「九日臺當孫陵曲折之傍。」此「臺」上蓋脱「九日」二字。

〔六〇〕在縣東南三十里　「東」，底本脱，萬本、庫本同，據嘉慶重修一統志卷七三江寧府引本書及景定建康志卷一七、至正金陵新志卷五改。

〔六一〕因築像之　庫本同，萬本作「因築此擬之」，嘉慶重修一統志江寧府引本書同。按輿地紀勝建康府土山引丹陽記云：「晉太傅謝安舊隱會稽東山，築此擬之。」則萬本及嘉慶重修一統志引本書是。

〔六二〕湖熟　底本作「姑孰」，據萬本、中大本、庫本、傅校及六朝事跡編類卷六、景定建康志卷一七、至正金陵新志卷五引輿地志改。

〔六三〕欲于此山後起離宫　按南齊書卷四四徐孝嗣傳：「朕經始此山之南，復爲離宫之所。」南史卷一五徐孝嗣傳：朕經始此山之南，復爲離宫。」此「山後」疑爲「山南」之誤。

〔六四〕在縣西北二十里　「二十」，萬本、庫本、嘉慶重修一統志卷七三江寧府引本書同，中大本作「二十五」，同景定建康志卷一七、至正金陵新志卷五。

〔六五〕開鑿爲固故以盧龍爲名　「開鑿爲固」，底本作「爲固開塞」，脱「故」字，庫本同，並據萬本、嘉慶重修一統志卷七三江寧府引本書乙改補。

〔六六〕陳武帝殺北齊軍四十六萬于此下　按景定建康志卷一七引本書云：「幕府山，在城西北。東北臨直瀆浦，西接寶林山，南接蟹浦。」至正金陵新志卷五引本書同，此脱。

〔六七〕饗戎旅乎落星之樓　「乎」，底本作「于」，萬本、庫本及輿地紀勝建康府引文選吴都賦同，據文選卷五吴都賦及六朝事迹編類卷四改。

〔六八〕後又有□桂林苑與樓　萬本、庫本無此文。按輿地紀勝建康府引吴都賦云「饗戎旅于（「乎」字之誤）落星之樓」，注曰：「吴有桂林苑、落星樓。」則此空缺者爲「吴」字。

〔六九〕山多藥草　「藥草」，底本作「草藥」，據萬本、嘉慶重修一統志卷七三江寧府引本書及景定建康志卷一七、至正金陵新志卷五引輿地志乙正。

〔七〇〕在縣東北八十里　按輿地紀勝建康府引本書作在縣「東六十里」，與此别。

〔七一〕京都記　「京」，底本作「宋」，萬本、庫本及輿地紀勝、宋本方輿勝覽卷一四建康府同，據建康實録卷二注引、六朝事迹編類卷五、景定建康志卷一八、至正金陵新志卷五及本書卷下文改。

〔七二〕舊經巴南九里　按景定建康志云：「青溪發源鍾山，而南流經京出。」至正金陵新志同，此「巴」字當誤，或爲「城」字之誤。

〔七三〕郗僧施　「施」，底本作「陀」，萬本、庫本及輿地紀勝建康府引本書同，據晉書卷六七郗超傳、卷三七宗室譙剛王遜傳、卷八五劉毅傳及景定建康志、至正金陵新志改。

〔七四〕下入秦淮　底本「下」下衍「水」字，庫本同，據萬本、嘉慶重修一統志卷七三江寧府引本書删。景定建康志卷一八作「流入秦淮」。

〔七五〕築隄　按南史卷二宋文帝紀：「元嘉二十三年，「築北堤」。景定建康志卷一八、至正金陵新志卷五同，此疑脱「北」字。

〔七六〕齊武帝理水軍於此池中號曰昆明池　按景定建康志、至正金陵新志皆載：「宋孝武大明中大閲水軍於湖，因號昆明池。」與此別。

〔七七〕其水坳下　「坳」，底本作「拗」，據萬本、嘉慶重修一統志卷七三江寧府引本書改。

〔七八〕帝遷　庫本同，萬本無此二字，輿地紀勝建康府、嘉慶重修一統志江寧府引本書同。按景定建康志、至正金陵新志皆作「晉元帝南渡」，是。

〔七九〕馬昂洲　「昂」，庫本及景定建康志卷一九、至正金陵縣志卷五引本書同；萬本作「卬」，嘉慶重修一統志卷七三江寧府引本書同。

〔八〇〕臨沂西入江北三里有馬昂洲　嘉慶重修一統志江寧府引本書同，景定建康志、至正金陵新志引南徐州記皆作「臨沂縣北有馬昂洲」，疑此「西入江」衍誤。

〔八一〕江淮之間溧陽以北皆屬荆王劉賈　「荆王」，底本脱，據萬本、庫本補。史記卷五一荆燕世家：「漢六年春，立劉賈爲荆王，王淮東五十二城。」漢書卷一高帝紀：「六年春正月，以故東陽郡、鄣郡、吴郡五十三縣立劉賈爲荆王。」荆王劉賈封地三郡皆居淮水之東是也。

〔八二〕元封二年以爲丹陽郡　按漢元狩二年改鄣郡爲丹陽郡，非元封二年，後古丹陽郡城條同，參見本卷校勘記〔一〕。

〔八三〕樂録　萬本同，庫本作「吴録」，似是。

〔八四〕潮溝　「潮」，底本作「湖」，萬本、庫本同，中大本及嘉慶重修一統志卷七四江寧府引本書作「潮」。按輿地紀勝建康府：潮溝，「金陵覽古云：『在縣西四里。』輿地志云：『潮溝，吴大帝所鑿，以引潮，接青溪，抵秦淮。』」景定建康志卷一九引輿地志同，此「湖」爲「潮」字之訛，據改。

〔八五〕在縣西北三十里　「西北」，輿地紀勝建康府引本書同，嘉慶重修一統志卷七四江寧府引本書作「東北」。

〔八六〕晉成帝咸康七年分江乘縣立臨沂縣屬琅邪郡　按宋書卷三五州郡志一：南琅邪太守，晉亂，琅邪國人隨元帝過千餘户，成帝咸康元年「分江乘立臨沂縣。」此「七年」爲「元年」之誤，「琅邪郡」上脱「南」字。

〔八七〕陳則明僧紹之子仲璋　「陳則明」，底本作「明周則」，萬本、庫本同，中大本作「周明」，無「則」字。景定建康志卷一五：臨沂縣，「梁孟智、陳明仲璋皆嘗爲令。」同書卷四七古今人表：陳，「明仲璋，臨沂令」。此「明周則」爲「陳則明」之誤倒，據改乙。

〔八八〕長樂橋　「橋」，底本作「縣」，萬本、庫本同，據中大本、嘉慶重修一統志卷七四江寧府引本書及景定建康志卷二〇、至正金陵新志卷一二改。

〔八九〕城周一頃 「城周」，底本作「北地園」，萬本、庫本作「北地圓」，中大本作「其地北園」，嘉慶重修一統志卷七四江寧府引本書作「城周」，同景定建康志卷二〇、至正金陵新志卷一二，此「北地園」爲「城周」之誤，據改。

〔九〇〕闞東北三里至城 諸本同。此文費解。景定建康志：「開東南北門。」至正金陵新志同，疑此舛誤。

〔九一〕齊梁 底本作「梁齊」，萬本、庫本同，據景定建康志、至正金陵新志乙正。

〔九二〕湘宮寺 「湘」，底本作「湖」，萬本、庫本同，據景定建康志卷一六、至正金陵新志卷一二改。

〔九三〕紗市 「紗」，底本作「沙」，萬本、庫本同，據景定建康志卷一六、至正金陵新志卷一二改。

〔九四〕諸葛亮曾使建業 「亮」底本作「武侯」；「曾」，底本脱，並據宋版、萬本、庫本及傅校改補。

〔九五〕烽火樓 「烽火」，底本作「峯大」，萬本、庫本同，據宋版及輿地紀勝建康府、景定建康志卷二一改。

〔九六〕唐岡 「唐」，六朝事迹編類卷二作「塘」，當是。

〔九七〕隋平陳後用爲蔣州城 「後」，底本脱，據宋版、萬本、庫本、中大本補。「用」，底本作「改」，萬本同，據宋版、中大本改。

〔九八〕唐武德元年罷金陵縣 按舊唐書地理志三、新唐書地理志五皆載，武德九年改金陵爲白下縣，與此不同，當以唐史爲正。

〔九九〕貞觀十七年又移還舊郭　「還」，底本作「遷」，據宋版、萬本、庫本改。按舊唐書地理志三云：「貞觀七年復移今所。」本書江寧縣序云：「貞觀七年移還冶城。」此「十七年」疑爲「七年」之誤。

〔一〇〇〕其城遂廢　「其」，底本脱，據宋版、萬本、庫本及傅校補。

〔一〇一〕在今瓦官寺東南　「在」，底本脱；「寺」，底本作「門」，萬本、庫本同，並據宋版、嘉慶重修一統志卷七四江寧府引本書及景定建康志卷二〇、至正金陵新志卷一二補改。

〔一〇二〕在秣陵西十五里　「西」，底本脱，據宋版、萬本、中大本、庫本及傅校補。

〔一〇三〕晉初移丹陽郡自蕪湖遷城之南　「遷」，萬本同，宋版、庫本作「還」。

〔一〇四〕王僧達　按南齊書卷三三王僧虔傳：「入爲侍中，遷御史中丞，領驍騎將軍。甲族向來多不居憲臺，王氏以分枝居烏衣者，位官微減，僧虔爲此官，乃曰：『此是烏衣諸郎坐處，我亦可試爲耳。』」景定建康志卷一六、至正金陵新志卷四同，疑此「王僧達」爲「王僧虔」之誤，宋版作「王僧朗」，誤。

〔一〇五〕兩手拳爪甲出透手背　「兩」，宋版作「而」，庫本同。「透」，萬本、庫本同，宋版作「達」，下有「于」字，輿地紀勝建康府同。

〔一〇六〕按冢在今紫極宫後　「今」，底本脱，萬本、庫本同，據宋版、嘉慶重修一統志卷七五江寧府引本書及輿地紀勝建康府補。

〔一〇七〕襆頭　「襆」，宋版、萬本、庫本皆作「搔」，疑此誤。

〔一〇八〕語故令史白吴主　宋版無「語」字，庫本同，「故令史」宋版作「故史令」，萬本、庫本作「令故吏」。

〔一〇九〕又翊日見于路　「翊」，底本作「翼」，據宋版、萬本、庫本改。

〔一一〇〕改鍾山爲蔣山　「改」，底本作「以」，據宋版、萬本、庫本及藝文類聚卷七九、太平御覽卷八八二引搜神記改。

〔一一一〕爾日開朗　底本脱，萬本、庫本同，據宋版及太平御覽卷三二九引梁書補。傅校補「爾曰開口」，「曰」爲「日」字之誤，「口」爲「朗」字之誤。

〔一一二〕帝懼　「懼」，底本作「悟」，萬本、庫本同，據宋版及太平御覽引梁書改。

〔一一三〕蔣帝神報必許扶助　「蔣帝神報」，底本作「蔣神報帝」，「必」，底本脱，皆據宋版、萬本、庫本及太平御覽引梁書乙補。又太平御覽引梁書「必」上有「敕」字。

〔一一四〕遂大剋魏軍　「遂」，底本脱，據宋版、萬本、庫本、傅校及太平御覽引梁書補。

〔一一五〕郭文舉臺　「臺」，底本作「墓」，宋版、萬本、庫本同，據中大本、嘉慶重修一統志卷七四江寧府引本書改。輿地紀勝建康府、景定建康志卷二二皆作「郭文舉讀書臺」。

〔一一六〕王茂弘　「弘」，底本作「沖」，宋版同，萬本作「仲」；嘉慶重修一統志江寧府引本書作「王導」。

按景定建康志卷二二、至正金陵新志卷一皆云王導築。晉書卷六五王導傳：「王導字茂弘。」此「沖」爲「弘」字之誤，據改。

〔一一七〕宋改爲新亭　按南史卷二宋孝武帝紀：元嘉三十年四月，上至新亭，即皇帝位，「改新亭爲中興亭」。景定建康志卷二二：宋孝武「至新亭，修築營壘，因即位，王僧達始改爲中興亭」。至正金陵新志卷一二同，此「新亭」爲「中興亭」之誤。

〔一一八〕晉周顗與王導等當春日登之會宴　「晉」，底本脱，據宋版、萬本、庫本補。

〔一一九〕勞勞亭　萬本同，宋版、嘉慶重修一統志卷七四江寧府引本書皆作「勞城」。按景定建康志卷二二、至正金陵新志卷一二皆作「勞勞亭」。

〔一二〇〕音徒　宋版、萬本、庫本皆無此二字，傅校删，非樂史原文。

〔一二一〕上林開宴務留連　「宴」、「務」，萬本、庫本同，宋版作「早」、「霧」，未知孰是。

〔一二二〕溧陽縣　「陽」，底本作「水」，萬本、庫本同，宋版作「陽」。按廬山在溧水縣東，即在溧陽縣西，此「水」爲「陽」字之誤，據改。

〔一二三〕音感　宋版、萬本、庫本皆無此二字，傅校删。

〔一二四〕南連臨廩西□丘黄三山　宋版作「連臨稟西丘黄三山」，庫本同，萬本、嘉慶重修一統志卷七三江寧府引本書作「東連廩丘山」。按景定建康志卷一七：「稟丘山，在溧水縣西三十里。」又云:「黄山,在溧水縣東南一十里。」另一山無可考,此疑爲「東連稟丘、臨西、黄三山」之誤。

〔一二五〕滕公廟記 「滕」,景定建康志卷二〇、至正金陵新志卷一二皆作「勝」。

〔一二六〕瀨渚縣 「渚」,萬本、嘉慶重修一統志卷七四江寧府引本書及景定建康志、至正金陵新志同,宋版、中大本作「諸」,誤。

〔一二七〕吴移瀨渚于溧陽十里 按景定建康志、至正金陵新志皆作「吴乃移瀨渚于溧陽南十里」,此疑脱「南」字。

〔一二八〕收吴陵平縣 「吴」,底本脱,萬本、庫本同,據宋版及景定建康志補。

〔一二九〕費無極 「極」,宋版、萬本、中大本、庫本作「忌」,同史記卷四〇楚世家,左傳昭公十五年、十九年、二十年、二十一年、二十七年皆作「極」。

〔一三〇〕古開化城去縣九十里在固城東 「化」,底本作「元」,宋版、庫本同,據萬本、嘉慶重修一統志卷七四江寧府引本書及景定建康志卷二〇、至正金陵新志卷一二改。「固」,底本作「故」,庫本同,據宋版、萬本及至正金陵新志引本書改。

〔一三一〕即吴越春秋謂平王都於固城 「謂」,底本作「爲」,據宋版、萬本、庫本改。

〔一三二〕昔與羊角哀友善 「昔」,底本脱,據宋版、萬本、庫本及傅校補。

〔一三三〕天復四年移于此 宋版、萬本、庫本同,嘉慶重修一統志卷九一鎮江府引本書作「天復三年移治永陽江之南，燕山之北」，與此别。

〔一三四〕昔李閎追韓滉於山下　按晉書卷一〇〇蘇峻傳、資治通鑑卷九四晉咸和四年皆載，李閎追斬韓晃，此「閎」爲「閎」，「滉」爲「晃」字之誤。又晉書蘇峻傳載：李閎追及張健、馬雄、韓晃於巖山，惟晃獨出，「箭盡，乃斬之，健等遂降」。謂在巖山。

〔一三五〕疍山　「疍」，底本作「山母」，據宋版、至正金陵新志卷五引本書及景定建康志卷一七改。下「山母」同改爲「疍母」。嘉慶重修一統志卷九〇鎮江府引本書作「岊山」。

〔一三六〕千里湖至即此　宋版、萬本、庫本皆無此文，傳校删，蓋非樂史原文。

〔一三七〕女子擊縹瀨水之上　「縹」，底本作「漂」，據宋版、庫本改，下同，萬本作「綿」，同吴越春秋卷一。

〔一三八〕欲報以百金　「以」，底本脱，據宋版、萬本、庫本補。

〔一三九〕其銘曰　「銘」，底本作「文」，據宋版、萬本、庫本及傳校改。

〔一四〇〕三十六鄉　「六」，底本作「七」，據宋版、萬本、中大本、庫本改。

〔一四一〕地理志屬丹陽郡　「理」，底本脱，萬本、庫本同，據宋版及漢書卷二八地理志上補。

〔一四二〕後南徐州復移理丹徒　「南」，底本脱，庫本同，據宋版、萬本及本書上文補。

〔一四三〕似與蔣山等　「似」，底本作「以」，萬本、庫本同，據宋版及景定建康志卷一七、至正金陵新志卷五改。

〔一四四〕晉茅君得道於此山後人遂名爲茅山　「晉茅君」，底本作「昔茅山君」，庫本同，萬本、中大本作「晉茅山君」，據宋版及輿地紀勝建康府引本書改。「爲茅山」，底本作「焉」，據宋版、萬本、庫本改。景定建康志卷一七、至正金陵新志卷五：「茅君得道，更名曰茅山。」

〔一四五〕喜客泉在茅山至良爲常也因名　宋版、萬本、庫本皆無喜客泉、良常山二條四十八字，傅校删，蓋非樂史原文。

〔一四六〕行翻車峴詩　「行」，底本脱。萬本、庫本同，據宋版及景定建康志補。

〔一四七〕絳巖山　「絳」，底本作「經」，萬本、庫本同，據宋版、中大本、輿地紀勝建康府引本書及新唐書卷四一地理志五改。

〔一四八〕天寶初改爲絳巖山　按新唐書地理志五、景定建康志卷一七、至正金陵新志卷五引本書皆云天寶中改名絳巖山。

〔一四九〕王名績　「績」，底本作「纘」，宋版、萬本、庫本同，據中大本及梁書卷二九南康王績傳改。

〔一五〇〕在今縣西七里岡山碑闕存　宋版作「在縣西七里土岡山，上有碑闕存」，萬本作「在今縣西七里岡山，碑半存」，庫本同。

〔一五一〕唐玄宗授上清經籙碑一片　「授」，底本作「改」，萬本同，據宋版、中大本改。

太平寰宇記卷之九十一

江南東道三

蘇州

蘇州，吴郡。今理吴、長洲二縣。禹貢揚州之域，所謂「三江既入，震澤底定」。按震澤，今州西六十里太湖是也。周時爲吴國。釋名曰：「吴，虞也，封太伯於此，以虞其志也。」按史記：「周太王長子曰太伯，太伯弟仲雍，避少弟季歷，逃荆蠻，自號句吴，吴人立以爲君。太伯卒，無子，弟仲雍立。」太伯初適吴，築城在平門外，自太伯至王僚二十六王都之，今無錫縣有吴城是也。仲雍傳國至曾孫周章，武王克殷，因而封之。又封周章弟虞仲於故夏墟，謂之虞仲。從太伯至吴子壽夢十九世，當魯成公時盛大，稱王。吴入州來，楚一歲七奔命，蠻夷屬於楚者，吴盡取之，始大通于上國。吴王闔廬西破楚，入郢。北威齊、晉，興霸名于諸侯，築大小城都之，今州城是也。其南百四十里，與越分境。後吴伐越，越子敗之檇李，〔一〕即今嘉興縣界檇李城是也。其子夫差爲越王句踐所滅後，又屬越。後六王至無彊，爲楚威王所滅，取吴故地。威王曾孫考烈王其相春申君黄歇，乃自淮北更封江東，〔二〕復還相楚，使其子爲假君留吴。後秦并其地，置會稽郡。項羽初起，〔三〕殺會稽太守殷通，即此。漢亦爲會稽郡。後漢順帝分置吴郡。〔四〕宋、齊亦爲吴郡，與吴興、丹陽爲三吴。齊因之。陳置吴州。隋平陳，改吴州爲蘇州，蓋因州西有姑蘇山以名郡。煬帝初復曰吴州，尋改爲吴郡。唐武德四年平李子通，置蘇州；六年陷輔公祏；七年平公祏，復置蘇州都督，督蘇、湖、杭、暨四州，〔五〕治于故吴城，分置嘉興縣；八年廢嘉興縣入吴縣；九年罷都督。貞觀八年復置嘉興縣，領吴城、崑山、嘉興、常熟四縣。天寶元年改爲吴郡。乾元元年復爲蘇州。皇朝爲平江軍節度使。

元領縣八。今五：吴縣，長洲，崑山，常熟，吴江。新置。三縣割出：嘉興，海鹽，華亭。已上縣建秀州。

州境：東西三百二十五里。南北三百里。

四至八到：東北至東京二千六百里。東北至西京三千一百里。西北至長安三千三十里。東至海三百六里。〔六〕正西微南至湖州三百七十里。〔七〕南至杭州三百七十里。西至常州宜興縣界一百三十二里。〔八〕北至常州二百里。東南至海岸剑山四百五里。西南至湖州二百二十里。西北至常州一百九十五里。東北至常熟縣界三百二十九里。〔九〕東北至海州三百三十里。

户：唐開元户一十萬九千五百。〔一〇〕皇朝户主二萬七千八百八十九，客七千三百六。

風俗：郡國志云：「俗好用劍輕死。蓋湛盧屬鏤，干將、要離之遺風耳。東北有海鹽縣，復有章山之銅，擅三江、五湖之利，亦江東一都會也。海外鯷人，歲時來見。」

人物：吴公子季札，泰伯十九世孫，壽夢子。兄諸樊讓國于札，不受，封延陵，號延陵季子。〔一一〕 言偃，字子游，吴人。 披裘公，吴人，嘗五月披裘而薪。 甪里先生，姓周，名術，字元道。泰伯之後，四皓其一也。〔一二〕 嚴助，吴人。 朱買臣，吴人。 皋伯通，字奉卿，吴人。有賢行。〔一三〕 陸績，吴人。六歲，袁術出橘，績懷三枚，歸遺母。後博學，識星歷。卒鬱林太守。 顧雍，吴人。與諸葛恪爲太子四友，封陽遂鄉侯。〔一四〕 顧邵，字孝則。雍子，博學惇行。〔一五〕 孫堅，吴人。世仕吴。家于富春，葬東城，冢上數有光怪，雲氣五色。父老曰：「此非凡氣，孫氏其興乎！」及母生堅，夢腸出繞吴昌門。 朱桓，吴人。曹仁步騎數萬奄至，桓將五千人據高城，以逸待勞，爲主制客，百勝之勢也，遂擊退之，乃封侯。桓初奉觴曰：「臣當出軍，願一捋陛下鬚。」孫權憑几，桓進捋曰：「臣今日可謂捋虎鬚也。」權大笑。 張儼，字子節。弱冠知名，仕吴，爲大鴻臚使。〔一六〕 張温，吴人。當今無雙，三十二，爲選曹尚書。使蜀，蜀人敬之。後幽死。諸葛孔明曰：〔一七〕「其人清濁太別，善惡太分。」 陸遜，吴人。破關羽，〔一八〕遜之謀也。子抗，與羊祜鄰境，交好不疑，晉、吴之境，餘糧栖畝而不犯。後四子晏、景、機、雲，分領抗兵。晉王濬東下，晏、景被殺。機、雲入洛，並無罪夷滅。初抗剋步闡，誅及嬰孫，識者謂後世必受其殃。及機之誅，三族無遺。　華譚，吴人。爲秀才，至洛陽，王武子嘲之曰：「五府初開，羣公辟命，君吴、楚之人，亡國之餘，有何秀異而應斯舉？」答曰：「秀異固産于方外，不出中域，是以明珠文貝，生于江鬱之濱，夜光之璞，出于荆藍之下。故以人求之，文王生于東夷，大禹生于西羌，子不聞乎？武王克商，遷頑民于洛邑，諸君得非其苗裔乎！」濟甚禮之。　張翰，吴郡人。縱任不拘，時人號爲「江東步兵」。爲齊王冏曹掾。翰因秋風起，乃思吴中蓴菜羹、鱸魚膾，曰：「人生貴得適志，〔一九〕何能羈官數千里，以要名爵乎！」遂命駕而歸。著首丘賦。

張緒，吴郡人。宋時爲侍中。靈和殿前有蜀柳，齊武帝賞翫曰：「此楊柳風流可愛，似張緒當年。」〔二〇〕其見賞如此。

顧榮，吴人。雍孫，風神朗悟，與陸機兄弟入洛，號「江東三俊」。〔二一〕　陸玩，字士瑶，吴人。器量宏雅，少有盛名。　陸納，字祖言，玩子。有清操，嘗遷吴興守，不受俸。及還，止襆被而已。謝安嘗詣納，自茶果外，無他具。　陸慧曉，字叔明，玩玄孫。清介，不妄交。　張鏡，儼後。兄弟五人俱名士，時號「五龍」。〔二二〕、

陸倕，字佐公，慧曉子。讀書過目不忘，與范雲、蕭琛、任昉、王融、蕭衍、謝朓、沈約以文學重，號「八友」。〔二三〕

張率，字士簡，緒從子。少有文名，官太子洗馬，作待詔賦。〔二四〕　韋曜，吴郡雲陽人。　顧協，字正禮，榮之後。清介有奇操。　張融，字思光，緒從弟。嘗爲封溪令，道遇賊，將殺之，融神色不變，方作洛生詠，賊異而釋之。又武帝嘗問融何住，曰：「臣陸處無屋，舟居無水。」帝後以問緒，緒曰：「融近東出，未有栖止，暫牽小船，于岸上住。」帝乃大笑。〔二五〕　皇侃，吴郡人。撰禮記講疏五十卷，爲員外散騎常侍。性至孝，日誦孝經二十遍，以擬

觀世音經。　唐朱子奢，蘇州吳人。才子。〔二六〕　陸元方，蘇州吳縣人。相則天。子象先，相睿宗。〔二七〕　陸象先，字景初，玩後，元方子。恬淡寡欲，嘗歷劍南、河東觀察，每曰：「天下本無事，庸人自擾耳，苟澄其源，何憂不治。」後拜相，謚文貞。　陸南金，字季孫，長洲人。官太子洗馬。　張旭，字伯高，吳人。善草書，每大醉，呼叫狂走，嘗以頭濡墨而揮，既醒，自視以爲奇絶，時號張顛。　陶峴，崑山人。好游覽幽，探山水必窮其勝，自號麋鹿野人。　于公異。吳人。嘗進露布云：「臣肅清宮禁，祗奉寢園，鍾簴不移，廟貌如故。」德宗覽之，泣下。〔二八〕

姓氏：吳郡出四姓：〔二九〕朱、張、顧、陸。

土産：絲葛，白石脂，藕，綾，席，出虎丘。〔三〇〕草履，蛇牀子，太湖石，洞庭西山出，以生水中者爲貴。橘，出洞庭。楊梅，出光福山銅坑者爲第一。菰蔣，出吳江。鮆魚。出太湖。〔三一〕

吳縣，三十鄉。本秦舊縣也，吳王闔廬所都。漢書地理志：「吳之故國，周太伯之邑也。」今按闔廬城，周迴三十里，水陸十有二門。

虎丘山，在縣西北九里。吳越春秋：「闔廬葬于國西北。積壤爲丘，樓土臨湖，以葬三日，金精上揚，爲白虎據墳，故曰虎丘山。」今寺即闔廬墓也。又郡國志云：「銅槨三重，以水銀爲池，金玉爲鳧雁。」羣山相望，未免堆垤，近即巖壑之勢足焉。交林上合，峻路下通。升降窈窕，亦不卒至。〔三二〕山澗是孫權發掘，求闔廬寶器。〔三三〕澗側有平石，可容千人，謂爲「千人坐」。顧愷之、顧野王並爲虎丘山序，野王云：「高不抗雲，深無藏景，卑非培塿，淺異疏林，路若絶而復通，石將斷而更綴，抑巨麗之名山，信大吴之勝壤也。」御史中丞沈禮明等遊山賦詩，並書於屋壁。

支硎。晉高士支道林遁跡憩遊其上，〔三四〕故有此名。

姑蘇山，一名姑胥山，在縣西三十五里，連横山之北。越絶書云：「吴地胥門外有九曲路，闔廬造，以遊姑胥之臺，望湖中，窺百姓。」淮南子亦謂姑餘。

胥山，在縣西四十里。吴録云：「吴王殺子胥，投之於江，吴人立祠於江上，因名胥山。」

岝㟧山，山本在太湖中，禹治水，移于此。

硯石山，在縣西三十里胥門外。山西有石鼓，亦名石鼓山，上又有琴臺。〔三五〕越絶書云：「吴人于硯石山置館娃宫。」劉逵注吴都賦引揚雄方言云：〔三六〕「吴有館娃宫。吴人呼美女爲娃。故三都賦云：『幸乎館娃之宫，張女樂而宴羣臣。〔三七〕』今吴縣有館娃鄉。」

香山，在吴縣西南五十里。〔三八〕吴地記云：「吴王遣美人採香於此山，以爲名，故有採香徑。」

華山，在縣西六十三里。華山精舍記并老子枕中記云：「吴西界有華山，可以度難。」

父老云山頂北有池，上生千葉蓮華，服之人羽化，因曰華山。長林森天，荒楚蔽日。」輿地志云：「山上有石鼓，晉隆安中鳴，乃有孫恩之亂也。」

包山，在縣西一百三十里。中有洞庭，深遠世莫能測。吴王使靈威丈人入洞穴，十七日不能盡，因得玉葉，上刻靈寶經三卷。使問孔子，〔三九〕云：「禹之書也。」又郡國志云：「洞庭山有宫五門，東通林屋，西達峨眉，南接羅浮，北連岱岳。」又按玄中記云：「吴國西有具區，澤中有包山，山有洞庭寶室，入地下潛行，通琅邪東武。」淮南子云：「斷修蛇于洞庭。」左傳哀公元年，「夫差敗越于夫椒」。今太湖中别有夫椒山，下有大洞天宫，潛通五岳。包山上，舊無三斑，謂蛇、虎、雉。侯景亂後，乃有虎、蛇，爲人之害也。

石公山。洞庭西山支麓也。山根有石，如老翁立水中，涸不露，潦不没，故名。〔四〇〕

石城山。郡國志云：「吴王離宫處此山，越王獻西施于此山。山有石馬，望之如人騎。南有石鼓，鼓鳴即兵起。」南又有石射棚。〔四一〕

太湖，周圍三萬六千頃。按吴縣南太湖，有洞庭山。左傳：「吴師伐越，敗之于夫椒。」即謂太湖中椒山是也。爾雅謂「吴、越之閒有具區」。注云：「吴縣南太湖，即震澤也。」按五湖，太湖中有莫湖、游湖、胥湖、貢湖，是謂「五湖」；〔四二〕一云周五百里曰「五湖」。

王釣者。

松江。郡國志云：「禹貢三江，吴郡南松江、錢塘江、浦陽江是也。」禹貢云：「三江既入，震澤底定。」韋昭云：「三江謂吴郡南松江、錢塘江、浦陽江。」虞氏志林云：〔四三〕「松江於彭蠡分爲三。」是即韋説爲謬。按江自太湖出海，屈曲七百里。出鱸魚，即吴左慈爲王釣者。

滬瀆。按吴郡記云「松江東瀉海，曰滬海，亦謂之滬瀆」是也。

香水溪。在郡城西，源自光福塘來，相傳西施浴處。〔四四〕

朝夕池。劉達測候曰：「海水潮汐上下，因以爲池沼，故曰朝夕也。」

銷夏灣。在洞庭西山，吴王避暑處。〔四五〕

女墳湖。吴地記云：〔四六〕「吴王葬女，取土成湖。」又郡國志云：「三女墳，在郭西。云闔廬食蒸魚，嘗半而與女，女怒，自殺。闔廬痛之，葬于國西閶門外。文石爲槨，金鼎、玉杯、銀罇、珠襦，悉以送女。」又記云：「湛盧之劍，夜飛適楚。」又云：「以水繞墳，因名女墳湖。」又云：「葬女時，有白鶴舞于吴市，因入羨門，悉化爲犬。」〔四七〕

干隧。戰國策云：「越王散卒三千，擒夫差于干隧。〔四八〕」即此地。今在縣西。

黄堂。郡國志云：「今太守所居屋，即春申君令子假君之殿也。因數失火，故塗以雌黄，令子以此守母，故曰黄堂。」

吴太伯廟。在閶闔門之外，後漢桓帝時，太守麋豹所建。

閶闔門。吴城西門也，以天門通閶闔，故名之。又曰孔子與顔淵俱登魯東山，望吴閶門，謂曰：「爾何見？」曰：「見一匹練，前有生藍。」孔子曰：「噫！此白馬盧芻。」使人視之，果然。又郡國志云：「吴由此伐楚國，改爲破楚門。」

石鼓。在硯山館娃宫傍，有石鼓一枚。山頂有池，池上生蓴，歲充貢獻。時雖亢旱，池水未嘗枯竭。

匠門。本名干將門，門外有干將墓，後語訛呼爲匠門。其言劍匠，因名之。又郡國志云：「申公巫臣冢，亦在匠門西南。〔四九〕」

齊門。吴越春秋云：「吴謀伐齊，齊使女質吴，吴因爲太子聘之。女少，思齊因病。闔廬乃起北門，名曰望齊門，令女往遊其上。女思不止，病益甚，女曰：『死必葬我虞山之巔，以望齊國。』闔廬傷之，如其言。」虞山，今海虞是也。

響屧廊。在靈巖山。吴王建廊，虚其下，令西施步屧繞之，則有聲。〔五〇〕

鴨城。在縣東二十五里有鴨城，當匠門外，吴王養鴨所也。

閶門。郡國志云：「舊閶闔門，春申君改爲昌門。」陸機詩云：「閶門何峨峨，飛閣跨通波。」亦孫堅母夢腸遶出之所。門外七里有死亭灣，即朱買臣妻慙自縊死于此，亦號死

亭。又有雞陂墟，〔五一〕即吴王養畜之所。〔五二〕

臯橋。郡國志云：「閶門内有臯橋，即漢臯伯通居此，橋以得名。梁鴻賃舂之所。」

要離冢，在吴縣西四里，閶門南城内。〔五三〕史記云：「離，吴人也。」又有梁鴻墓，在要離墓之北。

朱誕墓，在婁門外一里。晉光禄大夫朱誕，字永長，父恩，本國中正。少有奇名，藏跡吴中。晉陽秋云：「陳敏亂，三吴知名之士皆受爵禄，賀循、朱誕不辱其身。」

顧彦先墓。在京門外九里，〔五四〕有晉驃騎將軍嘉興公顧彦先墓。

何充墓。在峇䓰山東一里，有晉司空何充墓。

宋張裕墓，在吴縣西二十七里花山。裕爲會稽内史。

胥屏亭。吴城記云：「虎丘山東十里，有水二頃，名曰□坊，〔五五〕未嘗枯竭。北十里有胥屏亭，〔五六〕東岸有漢豫章都尉陸烈墓。」

袁山松城，在縣東北百里。〔五七〕晉書云：「左將軍袁山松，陳郡人，時爲吴郡太守。隆安四年所築，城在滬瀆江邊，城之以禦孫恩。恩圍山松于此，〔五八〕城陷，害山松。城今爲陂湖所衝，已半毁江中。山松城東三十里夾江有二城相對，闔閭所築，以備越處。」

蓮塘。吴城記云：「在縣西十二里，有田數畝，生蓮花，千葉華麗。蜀中李建中移植京師，〔五九〕不生。」

澹臺墓，在吴縣南十八里平城。孔子時澹臺滅明。又有澹臺湖。

吴王女墓，在閶門外。按山川記云：「夫差小女曰玉女，年十八，童子韓重私悦之。王怒，女結恨而死。葬後，重往弔之，女形見，贈徑寸明珠以送重。」〔六〇〕

杜子恭墓。按吴地記云：「子恭有内術，常就人借瓜刀，其主求之，〔六一〕恭曰：『當相還也。』刀主至嘉興，魚躍入船中，破魚得刀。墓在西郭門外，有石碑。」

皋亭山，在縣東北二十五里。山上有石城，周十里。山東有吴偏將軍凌統墓。墓前有石碑，云統字公績，吴興餘杭人也。志毅果敢，常爲前鋒。吴志云：「父操，有膽略，爲破賊校尉，没死江夏。統年十五，領父軍破江夏。又與周瑜破曹操于烏林。遂拜偏將軍。年四十九卒，漢建安二十九年也。孫權聞統卒，撫牀起坐，哀不自勝。」〔六二〕

明聖湖。吴地記云：「縣南明聖湖，前記云湖中有金牛，常見光耀，故以表明聖之名。」

粟山。吴地記云：「在縣西。一名新石頭山。上有城，周五十里。下有飛泉，石杵，方二尺，長丈四尺。吴先生刻題云『黄武七年，歲在戊申，八月二日。』餘字不可識。石杵西有金，峴前記云古于此採金。劉道真記云：縣西有姥山，絶嶺之上有石甑，一人摇輒動，與千人摇不異也。」

定山，在縣西二十里。有定山突出浙江中，高二百二十丈，波濤所衝，行旅爲阻。謝靈運詩云：「朝發漁浦南，暮宿富春郭。定山杳雲霧，〔六三〕赤亭無淹泊。」即此也。

富陽浦。漢末爲縣于其津。吴大帝時，有浦通浙江，至廬溪及桐溪，故曰桐廬，並見吴録。縣東有大溪注廬口，渌波青巖。晉徵士散騎侍郎戴勃遊此，〔六四〕自言山水之極致也。勃字長雲，戴安道之長子。

大江，通建德。有巖瀨，上蔭崇巒，下有清潭，昔嚴子陵常釣此。

銅坎。吴地記云：「縣西十里有銅山，〔六五〕周六十里。有銅坎十餘，穴深者二十餘丈，淺者六、七丈，所謂採山鑄錢之處。左太沖吴都賦云：『煮海爲鹽，採山鑄錢。』是也。山北一碑，篆書，字不可盡識。山東平地，有銅滓。」

姑蘇臺。吴王夫差爲西施造，以望越。按吴地記云：「闔廬十一年起臺于胥門姑蘇山，山南造九曲路，高三百尺，〔六六〕以遊之。」越絶書云：「臺高見三百里。」故太史公云：「登姑蘇，望五湖。」即此。

胥口。吴地記云：「姑蘇山西北十二里有胥口，〔六七〕東岸有漢奉車都尉、衡州刺史吴輝墓。〔六八〕輝字光修，即漢丹陽太守吴景父也。」

石頭山，在縣東南三十五里大江邊，一名陌城是也。吴地記云：「夫差十二年，既殺子胥，後悔之，與君臣臨江作塘，創設祭奠，百姓緣爲立廟。」宋元嘉三年，吴縣令謝從謅廟于匠門内。吴越春秋云：「夫差設祭，杯動酒盡焉。」

長洲縣，二十七鄉。吴之長洲苑，〔六九〕因江洲得名。至吴大帝，封長沙王果於此。晉廢，以地併入吴縣。萬歲通天元年又析吴縣之地復置之。在郭下，分治州界。

長洲苑，在縣西南七十里。孟康云：「以江水洲爲苑也。」

餘杭山。郡國志云：「一名萬安山，山下即干隧，擒夫差處。」

洞庭山。按蘇州記云：「山出美茶，歲爲入貢。故茶説云長洲縣生洞庭山者，與金州、蘄州、梁州味同。」又郡國志云：「包山下有石洞，名洞庭，即此林屋山也。」

鳳凰山。晉太康二年於此掘得石鳳凰從穴而飛，因而名之。上有陸凱墓。

崑山縣，東八十里。十八鄉。本漢婁縣地，屬會稽郡。梁天監六年分婁縣置信義縣。大同初又分信義縣置崑山縣，屬吴郡。因縣有崑山，故立名也。

崑山。吴地記云：「華亭水東有崑山。」故陸機思鄉詩云：「彷彿谷水陽，婉孌崑山陰。」

馬鞍山，形如馬鞍，因名。

秦柱山，在縣南三十里。山南帶海，上有烽火樓基，〔七〇〕吴時以望海寇。吴録云：「一名望山，〔七一〕昔始皇登此臺望海，緣以爲名。」

石首魚。吴地記云：「崑山縣石首魚，冬化爲鳬，土人呼爲鷺鴨。〔七二〕小魚長五寸，秋社化爲黄雀，食稻，至冬還海，復爲魚。」

常熟縣，北一百里。二十鄉。本吴縣之地，南徐州記云：「武王克商，求仲雍之後，得周章以居吴，因封之。後漢至吴亦縣焉，爲司鹽都尉署。吴平，隸饒陽。晉武帝分吴縣置海虞縣，屬吴郡。成帝又置南沙縣，屬晉陵郡。梁大同六年置常熟縣。」今崑山縣東一百三十里常熟故縣是也。

虞山，在縣西六里。越絶書云：「虞山，巫咸所居。」山東西十八里，有數十石室，又有石壇，周迴六十丈〔七三〕。又山有仲雍、齊女冢，東是仲雍，西是齊女。

言偃宅。蘇州記云：「周文學孔子弟子言偃宅，在常熟縣西一百步。」史記云：「偃，吴人也，字子游。」又吴地記云：「宅有井，井邊有盥洗石，周四尺。」輿地志云：「梁蕭正德爲郡太守，爲蕭將去，〔七四〕莫知所在。」

吴江縣，南四十里。七鄉。梁開平三年，兩浙奏析吴縣於松江置。

吴江，本名松江，又名松陵，又名笠澤。其江出太湖，二源，一江東五十里入小湖，一江東二百六十里入大海。〔七五〕每至秋月，〔七六〕多生鱸魚，張翰思鱸鱠之所也。〔七七〕曹恭王廟，〔七八〕即唐太宗第十四子也。調露二年授蘇州刺史。善飛白鳥跡書，今福善寺額、通玄石像，〔七九〕皆其跡也。先天二年勑立祠于松江。殿基下有石盆，常有黄蛇盤其上，揭而見之，得大錘、大斧各一。〔八〇〕養魚城，在縣西二十五里，即吴王養魚所也。又郡國志云：「魚城下水中有石首魚，即秋化爲鳧，鳧頭中尚存石子。」

卷九十一校勘記

〔一〕檇李　「李」，宋版、萬本、庫本皆作「里」。按史記卷三一吴太伯世家作「檇李」，集解引杜預曰：「吴郡嘉興縣南有檇李城也。」漢書卷二八地理志上顔師古注引應劭曰亦作「檇李」，太平御覽卷一七〇引作「檇里」，則「李」、「里」同。

〔二〕乃自淮北更封江東　「北」，底本作「徙此」，據宋版、萬本、庫本、傅校及輿地紀勝卷五平江府總序引本書改。

〔三〕項羽初起　「起」，底本脱，萬本、庫本同，據萬本及輿地紀勝平江府總序補。

〔四〕後漢順帝分置吴郡　「漢」，底本無，宋版、庫本同，萬本「後」下有「漢」字。按續漢書郡國志四：「吴郡，順帝分會稽置。」元和郡縣圖志卷二五蘇州：「後漢順帝永建四年，「割浙江以東爲會稽，浙江以西爲吴郡。」此「後」下脱「漢」字，據補。

〔五〕督蘇湖杭暨四州　「蘇」，底本脱，宋版、萬本、庫本同。按云「四州」，湖、杭、暨爲三州，少一州，據舊唐書卷四〇地理志三補蘇州。

〔六〕東至海三百六里　底本「六」下衍「十」字，據宋版、萬本、中大本、庫本及傳校删。

〔七〕正西微南至湖州三百七十里　萬本、庫本同，宋版「七十」作「七」。

〔八〕西至常州宜興縣界一百三十二里　「宜興縣」，萬本、庫本同，宋版作「義興縣」。按元豐九域志卷五常州：「太平興國元年改義興縣爲宜興。」則本刊是。

〔九〕東北至常熟縣界三百二十九里　「縣」，底本脱，萬本、庫本同，據宋版補。

〔一〇〕唐開元户一十萬九千五百　底本「一十」下衍「一」字，據宋版、萬本、中大本、庫本及傳校删。

〔一一〕吴公子季札至號延陵季子　宋版、萬本、庫本皆作「吴公子季札封延陵」，傳校同，此非樂史原文。

〔一二〕披裘公至四皓其一也　宋版、萬本、庫本皆無披裘公、角里先生傳略。「角」，底本作「角」，據漢書卷七二王吉傳序改。

〔一三〕皋伯通字奉卿吴人有賢行　宋版、萬本、庫本皆無，蓋非樂史原文。

〔一四〕吴人與諸葛恪爲太子四友封陽遂鄉侯　宋版、萬本、庫本皆作「吴郡人，與諸葛恪爲太子四友，屈指以計，後爲吴相」。

〔一五〕顧邵字孝則雍子博學惇行　宋版、萬本、庫本皆無，蓋非樂史原文。「邵」，底本作「劭」，據三國志卷五二吴書顧雍傳改。

〔一六〕張儼字子節弱冠知名仕吴爲大鴻臚使　宋版、萬本、庫本皆無，蓋非樂史原文。按三國志卷四八吴書孫晧傳裴松之注引吴録：「拜大鴻臚。使於晉。」此「使」下疑脱「於晉」二字，或「使」字衍。

〔一七〕諸葛孔明　「諸葛」，底本無，據宋版、萬本、中大本、庫本及傅校補。

〔一八〕關羽　「羽」，底本作「公」，萬本同，據宋版及傅校改。

〔一九〕人生貴得適志　「得」，底本脱，據宋版、萬本、庫本、傅校及晉書卷九二張翰傳補。

〔二〇〕此楊柳風流可愛似張緒當年　「可」、「似」，底本作「中」、「宛」，皆據宋版、傅校及南史卷三一張緒傳改。

〔二一〕雍孫風神朗悟與陸機兄弟入洛號江東三俊　宋版、萬本、庫本皆無此十八字，蓋非樂史原文。

〔二二〕陸玩字士瑶至時號五龍　宋版、萬本、庫本皆無陸玩、陸納、陸慧曉、張鏡傳略，蓋非樂史原文。「士」，底本作「君」，據晉書卷七七陸玩傳、吴郡志卷二〇改。

〔二三〕字佐公至號八友　宋版、萬本、庫本作「吴郡人」，無此三十四字，傅校改爲「吴郡人字佐公」。蓋非樂史原文。

〔二四〕張率至作待詔賦　宋版、萬本、庫本皆無，蓋非樂史原文。

〔二五〕顧協字正禮至帝乃大笑　宋版、萬本、庫本皆無顧協、張融傳略，蓋非樂史原文。

〔二六〕蘇州吴人才子　底本作「蘇州人」，據宋版、萬本、庫本及傅校改補。

〔二七〕子象先相睿宗　底本脱，據宋版、萬本及傅校補。

〔二八〕陸象先字景初至德宗覽之泣下　宋版、萬本、庫本皆無陸象先、陸南金、張旭、陶峴、于公異傳略，蓋非樂史原文。

〔二九〕吴郡出四姓　「出」，底本無，據宋版、萬本、庫本及傅校補。

〔三〇〕出虎丘　宋版、萬本、庫本無此三字，蓋非樂史原文。

〔三一〕太湖石洞庭西山出至鮆魚出太湖　宋版、萬本、庫本皆無，蓋非樂史原文。

〔三二〕亦不卒至　「亦」，底本作「跡」，萬本、庫本同，據宋版及藝文類聚卷八、吴郡志卷一六引晉王珣虎丘記改。

〔三三〕山澗是孫權發掘求闔廬寶器　原校：「按十道四蕃志載，古老云始皇東遊鑿此山，尋吴王之墳，以求珍異，今記云孫權，未知孰是。」

〔三四〕支硎晉高士支道林遁跡憩遊其上　「支硎」，宋版、庫本同，萬本、中大本皆作「支硎山」。「憩遊」，底本作「遊憩」，據宋版、萬本及傅校乙正。

〔三五〕上又有琴臺　「上」，底本脱，庫本同，據宋版及吴郡圖經續記卷中補。吴郡志卷一五：靈巖山，又名峴石山，「又有琴臺在其上」。

〔三六〕劉逵　「逵」，底本作「達」，萬本、庫本同，據宋版及文選卷五、吴郡志卷一五改。

〔三七〕張女樂而宴羣臣　底本「張」上衍一「中」字，據宋版、太平御覽卷四六、吴郡志卷一五引三都賦改。

〔三八〕在吴縣西南五十里　「西南」，底本作「西」，據宋版、中大本、嘉慶重修一統志卷七七蘇州府引本書補「南」字。

〔三九〕使問孔子　「問」，宋版作「示」。按吴郡志卷一五亦作「問」。

〔四〇〕石公山至故名　宋版、萬本、庫本皆無此二十八字，傅校删，非樂史原文，爲後世所竄入。

〔四一〕石射棚　「棚」，底本作「硼」，據宋版、萬本、庫本改。按吴郡志卷九作「堋」。

〔四二〕太湖中有莫湖游湖胥湖貢湖是謂五湖　宋版作「太湖中有□湖、游湖、胥湖、□湖，是謂五湖」，萬本作「太湖中有胥湖、蠡湖、洮湖、滆湖，就太湖而五，實一湖也」。按五湖之説，歷來解釋不一。

〔四三〕虞氏志林　「林」，底本脱，宋版、萬本、庫本同，據太平御覽卷六五、吴郡志卷四八引虞氏志林補。

〔四四〕香水溪在郡城西源自光福塘來相傳西施浴處　宋版、萬本、庫本皆無此十九字，傅校删。按嘉慶重修一統志卷七七蘇州府引明統志：「源自光福塘來。」此非樂史原文，爲後人竄入。

〔四五〕銷夏灣在洞庭西山吴王避暑處　宋版、萬本、庫本皆無此十三字，傅校删，非樂史原文，爲後世竄入。

〔四六〕吴地記　「記」，萬本、庫本脱，底本作「志」，據宋版及傅校改。吴郡志卷三九引吴地記：「吴王葬女，取土成湖。」即爲本書所引。

〔四七〕葬女時有白鶴舞于吴市因入羡門悉化爲犬　原校：「按吴越春秋云：『金鼎、玉杯、銀罇、珠襦之寶，皆以送女，乃舞白鶴於吴市中，令萬民隨而觀之。還使男女與鶴俱入羡門，因發機而掩之，殺生以送死，國人非之。』今記所云鶴化犬事，乃引郡國志，未見此書，亦恐因吴越春秋而訛耳。」

〔四八〕擒夫差于干隧　「干」，底本作「此」，據宋版、萬本及戰國策卷七秦策五改。

〔四九〕亦在匠門西南　底本作「亦在西門内」，宋版、中大本作「亦在西南面」，萬本、庫本作「亦在西南」。據嘉慶重修一統志卷七八蘇州府引本書及吴郡志卷三九引郡國志改。

〔五〇〕響屧廊至則有聲　宋版、萬本、庫本皆無此二十四字，傅校删，非樂史原文，爲後世竄入。

〔五一〕又有雞陂墟　原校：「按吴越春秋：『闔廬射于鷗陂，馳于遊臺。』未詳今吴中别有雞陂墟，或鷗陂而訛也。」按吴地記：「有雞陂。」吴郡圖經續記卷下：「雞陂墟者，畜雞之所。」吴郡志卷八：「雞陂，在婁門外，吴王養雞城也。又名雞陂墟。」則原校説誤。

〔五二〕即吴王養畜之所　「王」，底本脱，據宋版、萬本、庫本補。

〔五三〕閶門南城内　「城」，底本作「地」，萬本、庫本同，據宋版改。新定九域志卷五：「要離冢，在閶門南城。」輿地紀勝卷五平江府引同。

〔五四〕京門　萬本、庫本同，宋版作「示門」，中大本作「葑門」，傅校改作「赤門」。

〔五五〕名曰□坊　宋版、庫本同，傅校改作「名白□坊」。

〔五六〕北十里有胥屏亭　嘉慶重修一統志卷七八蘇州府引本書：「虎丘東北十里有胥屏亭。」此「北」上疑脱「東」字。

〔五七〕在縣東北百里　「東北」，萬本、庫本同；宋版、中大本作「東」，輿地紀勝平江府同，此「北」疑衍字。

〔五八〕在滬瀆江邊城之以禦孫恩恩圍山松于此　「在滬瀆江邊」，萬本、庫本同；宋版作「在扈瀆邊江」，太平御覽卷一九三引吴地記同。按吴地記云「在滬瀆江濱」，吴郡圖經續記卷下云「在滬瀆江側」，與此合。又「圍山松」，底本脱，據宋版、中大本及太平御覽引吴地記補。萬本作「爲山松」，誤。

〔五九〕蜀中　萬本同，宋版作「蜀川」，中大本、庫本、嘉慶重修一統志卷七七蘇州府引本書作「蜀州」。

〔六〇〕贈徑寸明珠以送重　「以送重」，底本脱，據宋版、萬本、庫本及輿地紀勝平江府引山川記補。傅校作「以贈重」。

〔六一〕其主求之　「其主」，底本作「主人」，據宋版、萬本、庫本及永樂大典卷二二三六七引本書改。

〔六二〕哀不自勝　宋版作「哀不能自止」，同三國志卷五五吴書凌統傳。萬本、庫本作「哀不能自抑」。

〔六三〕定山杳雲霧　「杳」，底本作「緬」，據宋版、萬本、庫本及太平御覽卷四六、輿地紀勝平江府引謝靈運詩改。

〔六四〕晉徵士散騎侍郎戴勃　「晉」，萬本、庫本同，宋版作「昔」。按太平御覽卷七五引吴録作「昔晉徵士散騎侍郎戴勃」，則宋版脱「晉」字。

〔六五〕縣西十里有銅山　「十」，萬本、庫本同，宋版作「三十」，此蓋脱「三」。

〔六六〕高三百尺　「尺」，吴地記、吴郡志卷八作「丈」。

〔六七〕姑蘇山西北十二里有胥口　「有」，底本脱，據宋版、萬本、庫本及嘉慶重修一統志卷七七蘇州府引本書補。

〔六八〕衡州刺史吴輝　按漢代無「衡州」，此誤，疑爲「蘇州」之誤。

〔六九〕吴之長洲苑　「之」，底本作「王」，據宋版、萬本、中大本、庫本及輿地紀勝平江府改。

〔七〇〕烽火樓基　「基」，底本作「臺」，萬本同，據宋版、嘉慶重修一統志卷七七蘇州府引本書及淳祐玉峯志卷上改。

〔七一〕望山　諸本同。嘉慶重修一統志蘇州府引本書：「吴録：亦名秦望山。」淳祐玉峯志卷上引吴録同。此蓋脱「秦」字。

〔七二〕鷺鴨　「鷺」，輿地紀勝平江府作「鷲」，淳祐玉峯志卷下作「鷗」。

〔七三〕周迴六十丈　萬本、庫本同，宋版「丈」下有「在焉」，傅校補。

〔七四〕爲蕭將去　太平御覽卷一八〇引輿地志同，吴郡志卷八引輿地志作「將石去」，庫本作「後蕭將去」，疑是。

〔七五〕一江東五十里入小湖一江東二百六十里入大海　按吴地記作「一江東南流，五十里入小湖；一江東北流，二百六十里入於海」。

〔七六〕每至秋月　「每」，底本無，萬本、庫本同，據宋版補。

〔七七〕張翰思鱸鱠之所也　底本「思」上有「所」字，「所」作「處」，據宋版、萬本、庫本及傅校改。

〔七八〕曹恭王廟　宋版同，萬本、庫本作「曹王廟」，嘉慶重修一統志卷七九蘇州府引本書同，傅校改同。按舊唐書卷七六、新唐書卷八〇曹王明傳載，貞觀二十一年封曹王，則作「曹王廟」是，疑此「恭」爲衍字。

〔七九〕今福善寺額通玄石像　底本「額」錯於「石」下，據宋版、萬本、庫本、嘉慶重修一統志卷七九蘇州府引本書及傳校乙正。

〔八〇〕大鍾　「鍾」，萬本、庫本同，宋版作「鐘」。

太平寰宇記卷之九十二

江南東道四

常州　江陰軍

常　州

常州，毗陵郡。今理晉陵、武進二縣。禹貢揚州之域。春秋時爲吴國内地。史記云：「吴公子季札所居。是爲延陵之邑。」後吴爲越滅，復屬越。至戰國時，越爲楚所滅，復屬楚。故越絶書謂之淹君城。秦併爲會稽郡地。漢初如之，尋分會稽爲丹陽郡。〔一〕後漢順帝時分會稽置吴郡，又分吴郡以西爲屯田，置典農校尉以主之。故三縣爲吴郡之地。晉武省校尉，以屬毗陵郡。〔二〕其後東海王越太子毗食采毗陵，後爲石勒所没。元帝命少子哀王沖爲嗣，因諱毗改爲晉陵郡，〔三〕移居丹徒。其後歷宋、齊、陳因之不改。〔四〕隋平陳，省晉陵郡，於蘇州常熟縣置常州，州名因縣之舊字也。煬帝初，州廢，又爲毗陵郡。唐武德三年，杜伏威歸化，置常州，領晉陵、義興、無錫、武進四縣；六年復陷輔公祏；七年，公祏平，復置常州，于義興置南興州；八年，州廢，義興來屬，省武進入晉陵。天寶元年改爲晉陵郡。乾元元年復爲常州。

元領縣五。今四：晉陵，武進，無錫，宜興。　一縣割出：江陰。建軍。

州境：東西二百里。南北一百六十五里。

四至八到：西北至東京一千五百六十里。西北至西京一千九百八十里。西北至長安二千八百四十里。東至蘇州二百里。正南微西至湖州三百三十二里，私路三百里。南至宣州五百里。西至潤州一百七十里。北至揚州三百四十六里。東南至蘇州二百里。西南至宣州二百里。西北至潤州一百九十六里。東北至蘇州屈曲三百六十一里。

户：唐開元户十萬二千六百。皇朝户主二萬八千七十一，客二萬七千四百八十一。

風俗：承太伯之高蹤，由季子之遺烈，蓋英賢之舊壤，雜吴、夏之語音。人性質直，黎庶淳讓。言地則三吴襟帶之邦，百越舟車之會。舉江左之郡者，常、潤其首焉。

人物：彭脩，字子陽，毗陵人。年十五，侍父出行，爲盜所劫，脩拔刀向盜，曰：「父辱子死，汝不畏死耶！」盜驚曰：「此童子，義士也，毋逼之。」遂遁去。　許武，字季長，陽羡人。　許荆，字子張，武之孫。〔五〕

周處，常州義興人。〔六〕王渾平吴，登建業宫，置酒，謂吴人曰：「諸君亡國之餘，得無戚乎？」周處對曰：「漢末分崩，三國鼎立，魏滅于前，吴亡于後，亡國之戚，豈獨一人！」渾有愧色。處先少孤，膂力絶人，好田獵，不檢細行，州里患之。父老嘗嘆曰：「三害未除。」處問故，答曰：「南山白額虎，長橋下蛟，并子爲三矣。」處遂入山射虎，投水斬蛟，自勵志，改行力學，以節義著于天下。〔七〕顧愷之，字長康，晉陵無錫人。少博學，善丹青，世稱愷之有三絶：才絶，畫絶，癡絶。桓、謝輩重之。拜虎頭將軍，號顧虎頭。〔八〕周盤龍，義興人。力戰，位至散騎常侍。齊武帝戲之：「卿著貂蟬，何如兜鍪？」對曰：「此貂蟬從兜鍪中生耳。」唐劉子翼，晉陵人，仕隋，爲著作郎。〔九〕劉禕之，子翼子。博學，嫺詞賦。高宗召入宏文館，時謂「北門學士」。後相則天，以拒制使，賜死。〔一〇〕秦景通，晉陵人。與弟暐皆精漢書，號大秦、小秦。凡治漢書者，非出其門，謂「無師法」。官崇賢館學士。〔一一〕

土産：紅紫綿布，白紵布，出四縣。緊紗，出武進。紫筍茶，出宜興。〔一二〕薯蕷，出無錫。龍鳳細席，出晉陵、無錫二縣。子鱭。〔一三〕

晉陵縣，舊四十五鄉，今一十七鄉。春秋時，吴之延陵邑。漢爲毗陵縣，屬會稽郡。晉元帝因避毗字，與郡俱改爲晉陵。〔一四〕隋文罷郡，以縣屬常州。

二横山，二山相連續，並在州東北四十二里。

津里，出支理山，在太湖中，南連湖州洞庭山。

太湖，在州東南一百里。當縣、義興、無錫等三縣界。

青山橋，在州北九十步。江陰有三峯山，橋北遥望見，故曰青山橋。

東西湖。郡國志：「晉陵有上湖大陂，陂吏丁初曾沿陂見一少婦女，衣青衣，〔一五〕呼之，初懼疾走，顧視，婦人乃自投陂水中，即是一大獺，驗其衣，乃芰製耳。」

季札墓。在今縣北七十里申浦西是也。

武進縣，去州八十里。舊三十四鄉，今十三鄉。周處風土記云：「陽羨之邑。」輿地志云：「吴大帝改丹陽爲武進，屬毗陵郡。吴末併入晉陵縣。晉太康二年分丹徒、曲阿二邑地立武進縣。梁武帝改爲蘭陵縣。」隋文帝廢。唐武德三年又置。貞觀元年併入晉陵。垂拱二年分割晉陵西三十六鄉又置。

夫椒山。左傳：「吴王夫差敗越于夫椒。」注云「太湖中椒山」是也。

庱亭鋪，〔一六〕在縣西五十里。與丹陽縣分界。孫權射虎于庱亭，傷馬焉。

孝感瀆，去州八十五里。王祥，臨沂人，事後母，寓居武進尚義鄉。母疾思魚，祥解衣，將剖冰求之，忽雙鯉躍出，即此瀆也。

滆湖，在縣西南，去州三十里。東接官河，西連蕪蒲港，南通義興縣，北通白鶴溪。湖内多白魚。水路通涇溪，出潤州金壇、延陵、溧陽。按圖經：「昔有滆家將龍卵抱歸，遂陷此湖，故名。至今凡遇烟霧，常見蜃樓。」

白鶴溪，在縣西，去州三十里。〔一七〕

無錫縣，東南九十里。舊四十鄉，〔一八〕今二十七鄉。本漢舊縣，屬會稽郡。王莽改曰有錫。風土記：「周武王追崇周章于吴，〔一九〕又封章小子斌于無錫。」昔有讖云「無錫寧，天下平。有錫兵，天下爭」。故名之。吴省，屬典農校尉。晉太康元年平吴，復爲縣，屬毗陵。元帝初改爲晉陵郡。隋開皇九年改晉陵郡爲常州，廢縣入晉陵；十三年復舊。大業三年改爲毗陵。唐復爲無錫。

九龍山。郡國志云：「九龍山，亦曰冠龍山。〔二〇〕」

古歷山。上有春申君祠，〔二一〕山西有范蠡城在。

御亭驛，在州東南百三十八里。輿地志：「御亭，在吴縣西六十里，吴大帝所立。梁庾肩吾詩云：『御亭一回望，風塵千里昏。』即此也。」開皇九年置爲驛，十八年改爲御亭驛。李襲譽改爲望亭驛。

顧山，在縣西南九十五里。〔二二〕山東屬蘇州，西屬常州。

安陽山，去縣五十一里。風土記云：「周武王封周章少子斌于無錫安陽鄉。」按南徐州記云：「此山石堪作器，江東數州皆藉此器。」〔二三〕

七雲山，在縣東北二十里。高九十仞。

上湖，一名射貴湖，一名芙蓉湖，一謂之無錫湖，在晉陵、江陰、無錫三縣界，東去州五十九里。東南流爲五瀉水。南徐州記云：「無錫縣水清。」越絶書云：「無錫湖通長洲，多魚而甚清。」

陽湖，在晉陵、無錫兩縣界，在州東六十四里。東南入太湖，二縣中分界。

太湖，從湖州長城縣歷義興、晉陵，入當縣界。〔二四〕

五湖，晉陵、無錫兩縣中分湖爲界。南徐州記云：「無錫西三十五里有長渠，南有五湖，向南又有小五湖，非周禮所云五湖也。」

五部湖，在縣南七里。按南徐州記云：「五部湖，其水濁，瀉於此而玄白。〔二五〕」

五瀉水，在縣北一十四里。無錫、江陰、晉陵三縣界。

鴨城，西去縣二十五里。輿地志云：「鴨城東，吴王牧鳧鴨之處。」即此城是也。

太伯城，西去縣四十里，平地高三丈。輿地志云：「吴築城梅里平墟，即此地。自太伯以下至王僚二十三君，公子光刺王僚，即此。城内有太伯宅，堂基及井尚在。」

黄城，去縣一十二里。輿地志云：〔二六〕「楚考烈王封黄歇爲相，賜淮北一十三城。後以其地邊齊，請以爲郡，更以江東故東吴邑封之。〔二七〕今歷山下春申君祠，去城三里，古道通此黄城。」

惠山寺，在縣東七里。一名九隴山。長有泉，〔二八〕梁大同二年三月置寺。張又新煎茶水記云：「陸鴻漸言無錫縣惠山寺石泉水第二。」

蠡瀆，西北去縣五十里。范蠡伐吴開造。

太伯瀆。西帶官河，東連范蠡瀆，入蘇州界。溉塞年深，粗分崖岸。元和八年，刺史孟簡大開漕運，長八十七里。水旱無虞，百姓利之。

太伯墓，在縣東三十九里。冢墓記：「太伯墓，在會稽吴縣北梅里聚，〔二九〕去城一十里。」輿地志云：「宅東九里有皇山，太伯葬梅里山是也。」

顧容墓。吴志云：「荆州刺史顧容墓，在縣東南十八里。」今呼爲顧墓。

琅邪王子陵墓，在縣西北二十五里。父歔，隆安初聚兵討賊，兵敗。時年十二，以不測父之存亡，乃布衣蔬食，終身不飲酒，不行請于人，非有朝政，不入公門。元嘉三年卒，贈散騎常侍。墓在此。

王琨墓。齊書云：「琨自吏部郎爲廣州刺史，年八十三卒。」墓在縣東北二十五里。

膠山，以縣東北四十里。出薯蘂。

王僧達墓。宋中書令，在膠山南嶺下。

宜興縣，西南一百二十里。舊三十鄉，今十一鄉。〔三〇〕本秦陽羡縣。周處風土記：「本名荆溪。

漢永建四年分會稽郡置吴郡，以陽羨屬焉。」孫權曾爲陽羨縣丞。寶鼎元年又分吴郡置吴興郡，縣亦屬焉。晉永興元年，惠帝以土人周玘舉義兵，平妖賊石冰，欲紀其功，遂分吴興之西境及丹陽之東界，以陽羨、臨津、國山、義鄉、永世、平陵等六縣爲義興郡，屬揚州。宋明帝泰始四年屬南徐州。齊永明二年又屬揚州，尋復屬南徐州。隋平陳，廢義興郡，改陽羨爲義興縣，省國山、臨津、義鄉三縣入義興，屬常州。隋末，陷入賊。唐武德三年，杜伏威歸化，廢國山、義鄉兩縣，於義興置鵝州；七年，平輔公祏，改鵝州爲南興州，又置陽羨、臨津兩縣；八年廢州及陽羨、臨津兩縣，〔三一〕以義興屬常州。皇朝改爲宜興縣。

陽羨古城，在今縣南。一名蝦虎城。

計山。郡國志云：「義興縣計山西一峯，名金鵝峯，昔有金鵝飛集此峯，因以名。」

真山。一名石筏山，東連無錫，西接江。臨渚有石筏，長六十步，魚鱗相次，云始皇所造，擬乘以泛海，名曰「筏梁」。

君山，在縣南二十里。舊名荆南山，在荆溪之南。風土記：「漢時縣令袁玘常言死當爲神，〔三二〕一夕與天神飲醉。逆知水旱，無病而卒。風雨失其柩，夜聞荆山有數千人噉聲，人往視之，棺已成冢，因改爲君山，立祠其下。山上有池，池中有三足鼈、六眸龜。」

國山，在縣西南五十里。輿地志云：「本名離里山，山有九峯相連，亦名九斗山，〔三三〕

一名升山。吳五鳳二年，其山有大石自立，高九尺三寸，大十三圍三寸。歸命侯又遣司空董朝、太常周處至陽羨，封禪爲中岳，改名國山。明年改元爲天紀，大赦，以叶石文。石今見存。」陳暄國山記云：「土人皆傳碣下埋金銀，函玉璧、銀龍、銅馬之屬，孫皓疑有王氣，故以此物鎮之。山東北有兩重石洞，土人呼爲石室，周幽王二十四年忽開，可容千人。又有石柱，呼爲玉柱。其山名九斗，以其九峯斗峻，〔三四〕四面水流注章溪。」

張公山，在縣南三十五里。山巔空穴到底。郭璞注云：「陽羨有張公山，洞中南北二堂，古老傳云張道陵居此求仙，因有張公之名。四面水入圻溪。」

小心山，在縣西南二十五里，即君山西峯也。輿地志云：「金硎承小心山泉，硎中沙石，色炯炯如金者，因此名金泉，流水入荆溪。」

小蘭山，在縣東南五十里。輿地志云：「石蘭山斗入太湖五里，有兩岸，南曰大蘭山，北曰小蘭山，相連二里。」

童山，在縣西南六十里。風土記云：「芳巖即此山。」又有沸泉山、武花山、新婦山，俗立其名，相連接，入宣州界。郡國志云武花山北有新婦山，亦不述其由。

小坯山，在縣西一百里。周迴一里，在長塘湖内。〔三五〕輿地記云：「水底有石堂，上有獸跡，水乾乃見。北流入圻溪。」

太湖，在縣東四十五里。南從湖州長城縣界，古以義鄉山爲義興界，今以董塘嶺爲界。北入晉陵縣界，又入無錫縣界，東入蘇州吴縣界。禹貢謂之震澤，周官謂之具區，史記謂之五湖。其湖周迴六百五十四里，十道圖云三萬六千頃。

長塘湖，在縣西一百里。風土記云：「陽羨縣西有洮湖，中有大小坯山。」〔三六〕輿地記云：「洮湖即長塘湖也。」江賦云：「具區、洮、滆，皆此也。」

荆溪，在縣南二十步。漢志云：「中江首受蕪湖，東至陽羨入海。」即此溪也。劉穆之云：「船從義興通江至蕪湖，分水北溢爲丹陽湖，〔三七〕東北迴爲洮湖，又東入震澤。」

圻溪，今俗呼爲罨畫溪，在縣南三十六里。〔三八〕源出懸脚嶺，東流入太湖。夾岸花竹，照映水中。〔三九〕

慈湖溪，在縣西南八十里。源出沸泉山，北流入荆溪。

陽溪，在縣東北。源出陽山，東流入太湖。風土記云：「陽羨縣小溪九所，是爲三湖九溪。今縣内只有六溪在，〔四〇〕餘三溪不知其處。」

章溪，在縣西南三十五里。源出章山，北入荆溪。

洑溪，在縣東五里。源出荆山，〔四一〕北入荆溪。

金泉，在縣西南二十二里。輿地志云：「金硎承小心山泉，硎中沙石，時有炯炯色如金，以此爲名。流入慈湖溪。」

游泉，在縣南四十里。其水甘香，長流不竭，每歲供進。〔四二〕此水北流入圻溪。

長橋，在縣城前二十步。風土記云：「陽羨縣前有長橋跨水，橋下有白獺，若歲有兵，則獺出穴，四望而嗥，舊言有神。今獺已無蹤。」按陸澄地理抄云：「袁府君玘，〔四三〕後漢人也，造此橋。即晉周處少時斬長橋下食人蛟，即此處也。其橋有一十三間。」

國山城，在縣西南五十里。晉元帝置義興郡于陽羨，又置國山縣于白石山西。晉成帝移于平地，〔四四〕去舊城七里。

平陵城，在縣西北四十六里。輿地志云：「晉元帝割丹陽永平縣爲平陵縣。」

㕚山亭，在縣西八十三里。在㕚山東南，四面水入荆湖。風土記云：「漢蔣澄封㕚山亭侯。〔四五〕」

東浦亭，在縣東三十五里。

章浦亭，在縣西二十五里，浦側。臧榮緒晉書云周處封章浦亭侯，即此。風土記云：「縣有九亭。今三可識，其六不知其所。」

九斗壇，在縣西南五十里。高二丈，在國山東。梁武帝時，〔四六〕爲天旱，求雨於蔣山，神感夢於武帝，云九斗山張水曹神能致雨。帝乃遣使立壇祠之，響應自此。〔四七〕

江陰軍

江陰軍，理江陰縣。本江陰縣，僞唐昇元年中建爲軍，以江陰縣屬焉。皇朝因之。

領縣一：江陰。

軍境：東西一百三十五里。南北七十二里。

四至八到：圖經上未述去二京里數。東至蘇州常熟縣界七十里。西至常州晉陵縣界六十里。〔四八〕南至常州無錫縣界七十里。北至江垠二里，至于江心泰州海陵縣界四十里。

户：舊户載常州籍。皇朝户主七千六百四十五，客六千九百六。

風俗：同常州。

土產：同常州。

江陰縣，依舊二十四鄉。本漢曲阿縣之地，屬會稽郡。晉武帝於曲阿立武進縣，屬毗陵郡。梁改武進爲蘭陵縣。敬帝太平三年分蘭陵置江陰縣。唐武德三年於縣置暨州，領江陰、暨陽、利城三縣；九年省暨陽、利城入江陰縣，屬常州。今爲軍。

馬鞍山。郡國志云：「芙蓉湖西馬鞍山，季札讓位耕于此。」

芙蓉湖，即射貴湖，一名上湖。南徐州記云：「子英常於芙蓉湖捕魚，〔四九〕得赤鯉，持歸以穀食養。一年，遂化爲龍。」即此也。

郭璞宅，在黄山北。璞本河東聞喜人，父瑗，尚書都令史。璞好經術，博學有高才，妙于陰陽籌曆。

庾冰宅，今之永安寺是也。冰與郭璞爲友，令璞筮其後嗣，卦成，璞曰：「卿諸子並貴盛，然有白龍兒者，凶徵至矣。若墓碑生金，庾氏之大忌也。」後冰子藴爲廣州刺史，妾房内忽有一新生白狗子，莫知所由來，其妾愛之，祕而不令藴知。狗轉長大，藴入，見之眉眼分明，又身至長而弱，異于常狗，藴甚怪之，將出，共視在衆人前，〔五〇〕忽失其所在。藴慨然曰：「殆白龍兒乎！庾氏之禍至矣。」又墓碑生金。俄而爲桓温所滅。璞占皆驗也。璞宅在黄山北長屏村，〔五一〕去縣七里，吴時烽火之所也。璞曾經道上行，遇一斫草人，璞脱袴褶與之，曰：「我命在子手中。」其被刑日，其斫草人把劍行刑，其先見如此。〔五二〕江陰，晉時爲弘農郡守，〔五三〕因之家焉。於此製江賦，入文選。并撰爾雅三卷，以顯物類。

申浦，楚相黄歇封爲春申君，本在壽州，爲去齊近，爲齊所侵迫，徙都于吴，〔五四〕封爲春申君。開申浦，置田，有上屯、下屯。其時四豪爭烈，門下各有食客三千人，其上客皆躡珠履，以相傾奪。齊有孟嘗君田文，趙有平原君趙勝，魏有信陵君公子無忌，楚有春申君，即黄歇。楚考烈王無子，趙人李園乃進其女弟于春申君。知其有身，〔五五〕園乃與其女弟謀。園女弟承閒説春申君，〔五六〕君進之于楚王。王召入幸之，遂生子男，立爲太子。考烈王病，觀津人朱英説春申君殺李園，歇不聽。考烈王卒，李園伏死士於棘門之内。春申君入，園死士刺春申君，斬其頭，投之棘門外。而李園女弟所幸春申君有身而入之王所生子者遂立，是爲楚幽王。〔五七〕黄歇廟，今在無錫惠山寺。唐開元四年，無錫縣尉常非熊爲旱以露板檄春申君説李園之事，當時下雨，信有徵矣。

艦浦池，在縣西十八里。古老云，陳至德元年，江陰郡守倪啟徙江陰縣治夏浦，築此城也。

古暨陽城，在縣東四十里。漢時莫寵所築，捍海賊翟馬，因名莫城。唐武德三年，暨陽立縣，併入江陰，有莫城鄉，因名。

聖英祠，在縣西一百步。按劉遴之神異録云：「晉陵暨陽城或云是魚子英廟。」列仙傳云：「子英，舒鄉人也。因捕得一赤鯉，愛之，將歸池中，以穀食之。一年，遂大丈餘，生角翅，子英畏怖，魚乃言曰：『我迎爾耳，上我背上，與爾俱昇天。』忽即暴雨，子英上魚背，騰空而去。經歲，卻歸故處飲食見妻子，魚復還來迎之。如此七年，後人乃爲立廟。」

聖母祠，在縣南二百步。按劉遴之神異録云：「廣陵縣女杜美有道術，縣以爲妖，桎梏之，忽變形，莫知所之，因以其處立廟，號曰東陵聖母。古老相傳云，梁武普通年中，有商人乘船，夜夢有婦人曰：『我是東陵聖母神也，隨形影逐流來此。今當君船底水裏，若能將形影上岸立祠，當重相報。』其人覺悟，視之，果如所夢。將上岸，爲立祠。」至唐武德元年被燒。今縣南一百步聖母橋，因此爲名，見在。

延陵季子祠，在縣西三十五里申浦。按史記太伯世家注云季子冢在暨陽西。孔子過之，題曰「延陵季子之墓」。

利城縣，在奉國寺南。戰國時築，名若溪城。唐武德三年併入江陰縣。

伍員祠，在縣東南七十五里胥湖西岸。〔五八〕昔伍相微行過此，而後人悲憶之，因名胥湖，并爲立廟。

望姨橋，在縣西南一里。昔宋高祖劉裕少失母，爲姨所養，姨往市未回，高祖登橋以望之，因名望姨橋，又名桂橋。下接皇田浦，〔五九〕引水入湖，往來通商旅船，其深不可測。浦今填塞，橋亦廢矣。

青山，在縣西南十里。上有干將鑄鑪九所。

真山，在縣東二十三里。昔有道士在山修道，常有鹿來飲水，產一女子，鹿母送還，道士養之。長大，姿容絶倫。勑知來取。〔六〇〕遂入香山湖浴，浴了入山，便失所在。其山及湖皆香，因號香山湖也。一云真山山居人韓文秀，見鹿産一女子墜地，乃便收養。及長大，〔六一〕性好道，梁武時度爲道士，又追赴。上元後爲至真觀道主。此觀其先在真山，後移在縣東，即今至德觀是也。

傘熟，〔六二〕在縣東四十里。吴王闔廬第八子葬于此。池水周迴砌石，林木森竦，飛鳥不敢集。西南有石橋，水深不可測。其岸邊古有石獸，若歲旱，土人祈之，必獲嘉澤。孫無終家，宅中地裂，忽出二白狗，一雄一雌。無終後爲桓温所害。

卷九十二校勘記

〔一〕尋分會稽爲丹陽郡　據西漢政區地理，漢武帝元狩二年更鄣郡名爲丹陽郡，此誤。參見本書卷九〇校勘記〔一〕。

〔二〕晉武省校尉以屬毗陵郡　按晉書卷一五地理志下：「太康二年省校尉爲毗陵郡。」宋書卷三五州郡一：「晉武帝太康二年省校尉，立以爲毗陵郡。」並與此不同。

〔三〕因諱毗改爲晉陵郡　「郡」，底本脱，據萬本、庫本及通典卷一八二州郡一二、元和郡縣圖志卷二五常州總序補。

〔四〕其後歷宋齊陳因之不改　按宋書卷三五州郡志一：安帝義熙九年，晉陵郡復自丹徒「還晉陵」。

南齊書卷一四州郡上，晉陵郡治晉陵縣。輿地紀勝卷六常州總序：「東晉末復還治晉陵，宋、齊、梁及陳俱治晉陵。」此云「宋、齊、陳因之不改」，非是。

〔五〕彭脩字子陽至許荆字子張武之孫　萬本、庫本無彭脩、許武、許荆傳略。

〔六〕常州義興人　晉書卷五八周處傳：「義興陽羡人也。」按元和郡縣圖志載，隋開皇九年置常州，廢義興郡爲義興縣，此以隋唐州縣名爲晉郡縣名，不确。

〔七〕處先少孤至以節義著于天下　萬本、庫本無此七十一字。

〔八〕顧愷之字長康至號顧虎頭　萬本、庫本作「顧愷之，晉陵無錫人。謝安深重之，以爲有蒼生來未之有也」，傅校改同。

〔九〕劉子翼晉陵人仕隋爲著作郎　萬本、庫本無。

〔一〇〕子翼子至賜死　萬本、庫本作「常州晉陵人。高宗朝，北門學士，相則天，以拒制使，賜死」，傅校改同。

〔一一〕秦景通至官崇賢館學士　萬本、庫本無。

〔一二〕宜興　「宜」，底本作「義」，庫本同，據萬本、中大本及本書宜興縣改。

〔一三〕子鱛　萬本、庫本無，傅校删，咸淳毗陵志卷一三土産亦不載，蓋非樂史原文。

〔一四〕與郡俱改爲晉陵　「改」，底本脱，據萬本、庫本、輿地紀勝常州晉陵縣序引本書及元和郡縣圖志常州改。

〔一五〕晉陵有上湖大陂陂吏丁初曾沿陂見一少婦女衣青衣　「上湖」，萬本、庫本作「大湖」；「見一少婦女衣青衣」，萬本、庫本作「見一青衣少女」。

〔一六〕庱亭鋪　底本作「慶亭浦」，萬本同，庫本作「慶亭舖」，據嘉慶重修一統志卷八七常州府引本書改。三國志卷四七吳書吳主孫權傳：建安二十三年，「權將如吳，親乘馬射虎於庱亭」。咸淳毗陵志卷二七：「庱亭，在武進縣西五十里。」下文「庱亭」改同。

〔一七〕在縣西去州三十里　嘉慶重修一統志卷八六常州府引本書作「在縣西南三十里」，咸淳毗陵志卷一五：「白鶴溪，在武進縣西南二十里。」此「去」爲「南」字之誤，「州」爲衍字。

〔一八〕舊四十鄉　「四十」，庫本同，萬本作「四十七」。

〔一九〕周武王　「周」，底本無，據庫本及下文安陽山條引風土記補。

〔二〇〕亦曰冠龍山　嘉慶重修一統志卷八六常州府引本書此下又有「又曰惠山，在縣西北七里」。

〔二一〕上有春申君祠　無錫志卷二引本書作「下有春申君祠」，此「上」疑爲「下」字之誤。

〔二二〕在縣西南九十五里　輿地紀勝常州引本書作「在縣西南九十里」，與此里距稍差，或取整數。

〔二三〕按南徐州記云此山石堪作器江東數州皆藉此器　萬本、庫本無此二十字。按咸淳毗陵志卷一五述安陽山亦引有此文，萬本脱。

〔二四〕從湖州長城縣歷義興晉陵入當縣界　「義興」，中大本作「宜興」。無錫志卷二引本書云：「太湖從湖州長興歷常州義興與晉陵及無錫界。」按吴越改長城縣名爲長興縣，北宋太平興國初改義興縣名爲宜興縣，此「長城縣」宜作「長興縣」，「義興」宜作「宜興」。

〔二五〕其水濁瀉於此而玄白　「玄」，萬本、庫本作「源」。咸淳毗陵志卷一五引南徐州記云：「其源濁而流清，溉田百餘頃。」與此異。

〔二六〕去縣一十二里輿地志云　「二」，底本作「三」，據萬本、中大本、庫本、無錫志卷三引本書及輿地紀勝常州、咸淳毗陵志卷二七改。「地」，底本作「城」，據萬本、中大本、庫本及輿地紀勝常州、無錫志卷三改。

〔二七〕更以江東故東吴邑封之　「東吴」，輿地紀勝常州引輿地志作「吴」，吴錫志卷三引同，此「東」疑衍字。

〔二八〕長有泉　萬本、庫本無此三字。

〔二九〕在會稽吴縣北梅里聚　「北梅里聚」，底本作「梅北里聚」，萬本同，庫本作「梅里北聚」，據中大本及續漢書郡國志四劉昭注引皇覽乙正。

〔三〇〕今十一鄉　「十一」，萬本作「一十」，庫本同，中大本作「一十四」。

〔三一〕武德三年杜伏威歸化至八年廢州及陽羨臨津兩縣　原校：「按新舊唐書地理志皆無置鵝州事，

當是一時廢置，史所不録。今記自據圖志而書，如此類蓋非一也。」

〔三二〕袁玘　「玘」，底本作「圯」，據萬本、庫本及輿地紀勝常州、咸淳毗陵志卷一五改。

〔三三〕亦名九斗山　底本脱，庫本同，據萬本、嘉慶重修一統志卷八六常州府引本書補。

〔三四〕以其九峯斗峻　「其」，萬本、庫本作「有」，傅校同。

〔三五〕周迴一里在長塘湖内　「迴」，底本無，據萬本、庫本、傅校及輿地紀勝常州補。「塘」，底本作「蕩」，據萬本、中大本、庫本、傅校、輿地紀勝引本及咸淳毗陵志卷一五改。後「長蕩湖」條之「蕩」同。

〔三六〕在縣西一百里風土記云陽羡縣西有洮湖中有大小坯山　二「西」字，咸淳毗陵志卷一五作「西北」，是。「有」，底本脱，據萬本、庫本及咸淳毗陵志補。

〔三七〕分水北溢爲丹陽湖　「水」，輿地紀勝常州引劉穆之云作「流」，宜是。

〔三八〕在縣南三十六里　「南」，咸淳毗陵志卷一五作「東南」。

〔三九〕夾岸花竹照映水中　萬本、庫本無此八字，傅校删。

〔四〇〕今縣内只有六溪在　「在」，底本脱，據萬本、庫本、傅校及輿地紀勝常州引本書補。

〔四一〕荆山　萬本、庫本同；中大本作「君山」，輿地紀勝常州洑溪引本書同。按輿地紀勝引皇朝郡縣志云：「君山，『舊名荆南山』。」咸淳毗陵志卷一五同，此「荆」下或脱「南」字。

〔四二〕每歲供進　「供」，底本作「貢」，據萬本、庫本、傅校及輿地紀勝常州引本書改。

〔四三〕袁府君玘　「玘」，底本脱，庫本同，據萬本、嘉慶重修一統志卷八七常州府引本書補。

〔四四〕晉成帝　「晉」，底本脱，據萬本、中大本、庫本、傅校及輿地紀勝常州引本書補。

〔四五〕𧍂山亭侯　「亭」，底本脱，庫本同，據萬本、嘉慶重修一統志卷八七常州府引本書補。

〔四六〕梁武帝時　「帝時」，底本脱，據萬本、庫本及輿地紀勝常州引本書補。

〔四七〕響應自此　「自此」，底本脱，據萬本、庫本、傅校及輿地紀勝引本書補。

〔四八〕西至常州晉陵縣界六十里　「六」，萬本、庫本作「七」。

〔四九〕子英常於芙蓉湖捕魚　「於」，底本作「以」，據傅校及輿地紀勝卷九江陰軍改。

〔五〇〕共視在衆人前　底本作「視衆人」，萬本作「視於衆人前」，傅校改爲「視在衆人前」，今據庫本及晉書卷七二郭璞傳改補。

〔五一〕長庰村　「庰」，底本作「廣」，據萬本、中大本、庫本及嘉靖江陰縣志卷二引本書改。

〔五二〕其先見如此　「先見」，萬本、庫本作「占驗」。

〔五三〕晉時爲弘農郡守　底本「郡」下衍「縣」字，據萬本、庫本删。輿地紀勝江陰軍：「江陰縣，晉時曾僑置弘農郡，璞爲郡守，因家焉。」

〔五四〕爲齊所侵迫徙都于吴　萬本、庫本作「齊常侵之，迫徙都於吴」，傅校改「迫」爲「追」。輿地紀勝江陰軍作「爲齊所侵，徙都於吴」，無「迫」字，是。

〔五五〕知其有身　「其」，底本脱，據萬本、庫本及史記卷七八春申君列傳補。

〔五六〕園女弟承閒説春申君　「承」，底本作「乘」，據萬本、庫本及史記春申君列傳改。

〔五七〕楚幽王　「楚」，底本脱，據萬本、庫本、傳校及史記卷七八春申君列傳補。

〔五八〕在縣東南七十五里胥湖西岸　「胥」，底本作「員」，萬本、庫本同，據輿地紀勝江陰軍、嘉慶重修一統志卷八七常州府引本書改。下同。

〔五九〕下接皇田浦　底本「接」下衍「下」字，萬本、庫本同，據輿地紀勝江陰軍引本書删。

〔六〇〕勅知來取　「知」，底本作「之」，據傳校及輿地紀勝江陰軍引本書改。萬本作「勅取」，庫本闕。

〔六一〕及長大　「大」，底本無，據萬本、庫本及傳校補。

〔六二〕傘熟　庫本同，萬本作「傘墊湖」。按輿地紀勝江陰軍引本書作「傘墊」，嘉靖江陰縣志卷六：「吴王子墓，在繖墩，寰宇記云吴王闔閭第八子卒葬于此。」同書卷二：「繖墩湖中有一阜，名繖墩，即吴王第八子墓。」嘉慶重修一統志卷八六常州府：「繖墩湖，寰宇記，有傘墩。」則作「墩」是，「熟」、「墊」疑爲「墩」字之訛。

太平寰宇記卷之九十三

江南東道五

杭州

杭州，餘杭郡。今理錢塘縣。禹貢揚州之域。春秋時爲吴、越二國之境。按吴地記云：「越國西北界至禦兒。」在今吴郡嘉興縣南是也，即與吴分界于此。又按史記云：「楚威王伐越，殺王無疆，盡取故吴地至浙江。」按括地志云：「周顯王四十六年，楚伐越，大敗其王無疆，盡取其地，至于浙江之北，故復屬於楚。」秦、漢並屬會稽郡，後漢順帝以後屬吴郡。吴大帝分餘杭置臨水縣。黄武五年於富春縣置臨武縣，又析富春置新城縣。晉太康元年改臨安縣，此郡亦屬吴興、吴二郡之地。宋、齊、梁因之，陳以爲錢塘郡。隋平陳，廢郡，改爲錢塘縣，又省陳留爲綏安縣，〔一〕割吴郡之鹽官、吴興之餘杭，合四縣置杭州，在餘杭縣，蓋因其縣以立名；十年移州居錢塘城；十一年復移州于柳浦西，依山築城，即今郡是也。

煬帝初廢州爲餘杭郡。唐武德四年平李子通，置杭州，領錢塘、富陽、餘杭三縣；六年復没于輔公祏；七年平賊，復置杭州，又置潛州，領於潛、臨水二縣，八年廢潛州及臨水縣，以於潛來屬。貞觀四年分錢塘置鹽官縣。天寶元年改爲餘杭郡。乾元元年復爲杭州。皇朝爲鎮海軍節度。

元領縣八。今十：錢塘，仁和，新置。於潛，餘杭，富陽，鹽官，臨安，昌化，新城，南新。新置。

州境：東西六百一十七里。〔二〕南北九十九里。〔三〕

四至八到：東北至東京二千八百里。〔四〕西北至西京二千五百里。西北至長安三千四百里。東至蘇州三百九十里。南至越州一百三十里。北至湖州一百九十里。西至歙州四百七十九里。〔五〕東南至思俗山至越州總一百七十里，又云渡浙江一百三十里。西南至睦州三百一十五里。西北至宣州四百九十六里。東北至蘇州三百六十九里。東北至浙江入海處一百里。

户：唐開元户八萬六千二百五十八。皇朝户主六萬一千六百八，〔六〕客八千八百五十七。

風俗：同越州。

姓氏：餘杭郡二姓：暨、隗。錢塘郡二姓：全、范。〔七〕

人物：全琮。〔八〕　孫鍾，富春人。性至孝，以種瓜爲業。　朱異，錢塘人。沈約曰：「天下惟有文義碁書，卿一時將去，可謂不廉。」言其多藝。　爲散騎常侍，制策筆不停綴。　褚陶，字季雅，錢塘人。年十三，作鷗鳥、水碓二賦，見者奇之。張華謂陸機曰：「君兄弟龍躍雲津，顧彦先鳳鳴朝陽，東南之寶已盡，不意復見褚生。」〔九〕　褚亮，錢塘人。　顧歡，字景怡，鹽官人。方七歲，父使田間驅雀，作黄雀賦而歸，雀食稻過半，父怒，欲撻之，見賦乃止。家貧無書，每于舍後聽人誦讀，悉記無遺。齊王辟歡，不赴，賜以麈尾、素琴。　范元琰，字伯珪，〔一〇〕錢塘人。家貧治蔬爲業。有盗其菘者，琰見遽退，母問故，曰：「畏渠愧恥耳。」或涉溝盗筍，琰伐木以渡。自是盗者大慚，一鄉無復鼠竊。　唐褚遂良，字登善，錢塘人。亮子，博學，工楷隸。〔一一〕　許敬宗，杭州新城人。善心之子。善心讀萬卷書，十五解屬文。其先自高陽南渡，相太宗。〔一二〕　許遠，新城人。爲睢陽太守，禄山反，同張巡死節。〔一三〕　錢鏐，字具美，臨安人。封吴越王，謚武肅。嘗築捍海塘，適江濤怒嚙，鏐命長弩數百射之，濤爲斂卻。〔一四〕　褚無量，杭州人。官至散騎常侍，封舒國公。　羅隱，字昭諫，餘杭人。善詩，爲宰相鄭畋所重。〔一五〕

土産：牛膠，〔一六〕藤紙，蜜，乾地黄，乾薑，以上貢。白編綾，橘，木瓜，漆，出昌化。黄精，芡實，出錢塘，俗名雞豆。鰣魚，出富陽。鹽，出海寧。鰟魚，出富陽。形似鰟，惟五月有之。〔一七〕海蛤，冬筍。出餘杭。〔一八〕

錢塘縣，舊二十五鄉，今一十一鄉。本秦舊縣。史記曰：「始皇三十七年，東遊過丹陽，至錢塘。」漢書地理志云屬會稽郡西部都尉。劉道真錢塘記云：「昔一境逼近江流，〔一九〕縣在靈山下，至今基址猶在。郡議曹華信乃立塘，以防海水，募有能致土石者，即與錢。及成，縣境蒙利，乃遷此地，因是爲錢塘縣。」晉天福初改爲錢江縣，尋復舊。

靈隱山，在縣西十五里。許由、葛洪皆隱此山，入去忘歸，本號稽留山。今立寺焉。山南有一石，狀如人形，〔二〇〕兩髻分明，俗謂之女兒山。

定山，在縣西四十七里，突出浙江數百丈。又按郡國志云：「濤至此輒抑聲，過此便雷吼霆怒。上有可避濤處，行者賴之，云是海神婦家。」

巨石山，在縣南三里。郡國志云：「上有七層古塔，王僧儒云巧絶人工。山北有落星二石存。」

石膏山，在縣西五十七里。錢塘記云：「山出石膏，色若雪。又縣治亥地有獄，獄中亦有石膏，〔二一〕雨霽時出，藥用爲最。一名稽留山，無毒獸惡蟲。」

亭市山。郡國志云：「杭州亭市山餘石鄉亭市村人悉作大甕，今謂之浙甕，是此地所出。」〔二二〕

金鵝山。郡國志云：「金鵝山山鳴，即縣有貴人寓止。古防風氏封此，山下有風渚，即古鄭瞞國也。」

馬嘷山。郡國志云：「吳伐越，至此山，大風，車破騎死，有馬嘷呼求其主，遂名之。」

錢塘。古泉亭有紫水如霞，爲潮所衝，鄉人華信將私錢召有能致土石一斛與錢一千。旬日之間，來者雲集。塘未成，譎不復取，皆棄土石而去，故作成此堤以捍海潮。後因號爲錢塘。

浙江。山海經云：「浙江出三天子都，在率東閩西，〔二三〕入海，餘暨南。」郭璞注云：「按地理志，浙江出黟縣南率中，東入海，今之浙江是也。率即歙耳，餘暨，縣名。」虞喜志林曰：「今錢塘江口，浙山正居江中，潮水投山下，折而曲。一云江有反濤，水勢折歸，故曰浙江。」史記云：「水至會稽山陰，爲浙江。」

西湖，在縣西。周迴三十里，源出武林泉，郡人仰汲于此，爲錢塘之巨澤。山川秀麗，自唐以來，爲勝賞之處。〔二四〕

粟山，在縣西一十七里。輿地志云：「山下有飛泉二里。石杵闊二丈，長一丈四尺。吴大帝刻『黄武二年歲在戊午，八月三日』十二字，餘皆漂没微茫，若存。〔二五〕」

鳳凰山，在縣南三里。有鳳凰欲飛之象。

秦望山，在縣西南一十里。輿地志云：「始皇東遊，登此，欲渡會稽，故名。」〔二六〕

吴山泉，在吴山北。寒泉迸溢，清而且甘，汲之不竭。

明珠浦，通浙江，生蚌珠。

望潮樓，高十丈，在縣南十三里。〔二七〕唐武德七年置。

仁和縣，西南一百里。〔二八〕十二鄉。本錢塘、鹽官之地，唐麟德二年析二縣之地置錢江縣於州郭。〔二九〕國朝太平興國三年平江東，改爲仁和縣。

黄鶴山，在縣東北三十八里。〔三〇〕

蛾眉山，在縣北四十七里。〔三一〕

於潛縣，西二百里。舊二十二鄉，今十四鄉。本漢舊縣地，〔三二〕漢書屬丹陽郡。吴越春秋：「秦徙大越鳥語之人置朁。」闞駰十三州志：「朁讀爲潛，俗出好布。」吴寶鼎元年割屬吴興郡。吴録地理志云：〔三三〕「縣西朁山，蓋因山以立名。」舊「朁」字無「水」，至隋加「水」，屬餘杭郡。郡廢，還屬杭州。唐武德七年置潛州，八年，水路不通，遂廢，以縣來屬杭州。

岝崿山，〔三四〕在縣西二里。吴興記云：「山東臨縣西溪，有絶壁，高四十丈，上可容千人。謝安嘗登之，箕踞垂足，曰『伯昏，朁人，何以過是也。』」

天目山。郡國志云：「山上有數百年樹，名曰『翔鳳林』。」輿地志云：「上有兩湖，若左右目，名天目也。山極高峻，上多美石、泉水、名茶。」按茶譜云：「杭州臨安、於潛二縣生天目山者，與舒州同。」

懸霤山。吴興記云：「上有懸霤，〔三五〕故以爲名。」晉時許邁嘗造郭景純，純筮之遇泰之發，謂曰：「君元吉自天，宜求昇遐之道。」于是乃往師仙者鮑靚。靚後遁跡，莫知所之。數年，過其故人，夜後門户皆閉，而聞别室有人，乃視，即先生也。方欲看書，主人將具燭，先生曰「不須然」，披閲如晝也。

印渚山。上承浮溪水。吴興記云：「從溪以上至縣，悉石瀨惡道，不行船，以下水道無險，〔三六〕故行旅集焉。晉王胡之爲吴興太守，至印渚中，〔三七〕歎曰：『非惟使人心情開滌，亦覺日月清朗。』傳云渚次石文似印，因以爲名。」

石甑山。按郡國志云：「石甑山，一名天姥山，有石危如甑，三石支在下，一人摇之，甑動，更加千人摇之，終不落。」

青山。郡國志云：「青山有石穴，冬夏常暖，石色如黛，故號曰青山。」下有吴均宅基。

餘杭縣，西北七十里。舊三十鄉，今十四鄉。本秦舊縣也。山謙之吴興記云：「秦始皇三十七年，將上會稽，塗出此地，因立爲縣。」郡國志云：「夏禹東去，捨舟船登陸於此，〔三八〕仍以爲名。」漢書地理志屬會稽。隋平陳，於此置杭州，後移州就錢塘縣，依舊屬也。

由拳山，本餘杭山也，〔三九〕一名大辟山。郡國志云：「青障山，〔四〇〕高峻爲最，在縣南十八里。」山謙之吴興記云：「晉隱士郭文字文舉，初從陸渾山來居之。王敦作亂，因逃歸入此山。」今傍有由拳村，出藤紙。

大辟山。晉書云：「郭文舉隱于餘杭大辟山中，曾有猛獸殺一鹿於菴側，〔四一〕文舉以語人，人取賣之，分錢與文舉。文舉曰：『我若須此，自當賣之。所以相語者，不須故也。』知者皆嘆美之。」

嚴山。郡國志云：「一名白鹿山。晉朝嚴晁葬此山，有二白鹿來夾冢，因名太守山。」

大滌洞，在天柱宫南。宫内有湧泉，其水色皆青、黄、赤、白、碧不定。山有五洞，其一投龍。

吴天師墳。吴筠，餘杭人也，爲唐内供奉，因遊天柱宫没，葬于此。今有碑存。

富陽縣，西南七十三里。舊二十五鄉，今二十二鄉。本漢富春縣也，屬會稽郡。吴録地理志云：「屬吴郡。」晉孝武太元中避簡文鄭太后諱，改富陽縣。

赤亭里，即嚴子陵釣于此，〔四二〕有臺基在。謝靈運詩云：「定山緬雲霧，赤亭無淹泊。」

石頭山，山有觀濤所。

孫洲。吴録：「浙江經縣前過，江中有沙漲，吴武烈帝爲郡吏赴府，鄉人餞之，會于洲上。父老云：『此沙狹而長，君其爲長沙太守乎！』後果如父老之言，因於長沙起兵，爲吴始祖，遂名此沙爲孫洲。」

桑亭埭。郡國志云：「漢末有桑君，養犬數年不吠，孫文臺微時經此，犬忽吠之。桑謂臺曰：『君其異相乎！』及貴欲報，桑無所好，唯好張箄箄，音篦。〔四三〕捕魚。文臺爲作九里箄以貺之。」

潮户，地近海，而民朔望迎潮而歌。

陽平山。地理志：「吴武烈帝孫氏之所居也，其祖種瓜于此，有二仙人示其葬地，即此也。」

鹽官縣，東北一百三十里。〔四四〕舊二十二鄉，今九鄉。本漢海鹽、由拳二縣之境。漢志云「海鹽縣有鹽官」，此地也。吴録地理志云：「鹽官，本名海昌，時改爲鹽官，屬吴郡。」沈約宋書州郡志云此説非也，鹽官本漢之舊縣。〔四五〕予按吴志：「孫權爲將軍，陸遜始仕幕府，出爲海昌屯田都尉，并領縣事。縣連年亢旱，遜開倉以賑貧民。」權爲將軍，漢建安五年也。太康地志云「漢鹽官也」。

金牛山。輿地志云：「昔吴、楚之間，金牛出自毗陵，奔來此山而没，因名之。」

臨平湖，在縣西五十里，湖在臨平山南。吴志云：「歸命侯天璽元年，吴郡言臨平湖自漢末草穢壅塞，今更開除。長老相傳，此湖塞，天下亂，此湖開，天下平。又于湖邊得石函，中有小石，青色，長四寸，廣二寸餘，上刻作皇帝字，于是改年，大赦。俄而晉平吴，孫盛以爲元皇中興之符徵，五湖之瑞石也。」又岸崩得石鼓，唯張茂先識之。

褚無量家。近湖邊，年十二時，湖中有龍鬬，傾里巷觀之，無量讀書晏然不動。

臨安縣，西北一百二十八里。依舊二十六鄉。吴志云「漢建安十六年分餘杭立臨水縣」，屬吴郡。歸命侯時，割屬吴興。晉太康中改爲臨安縣。隋廢。唐垂拱四年又置。梁開平二年改爲安國。今復舊。

臨安山，縣取此爲名。南有郭文舉宅基。

石鏡山。按山川記云：「臨安縣有石鏡，在山之東峯。」又郡國志云：「徑二尺七寸，其光照如鏡之鑑物，〔四六〕分毫不差。」

昌化縣，西二百四十八里。舊十三鄉，今十一鄉。按縣，唐初爲紫溪縣，聖曆元年正月三日改爲武崇縣。〔四七〕神龍元年三月改爲唐山，大曆二年又廢，長慶之後復立。梁改爲金昌縣。後唐同光初復舊。晉改爲横山縣，後復舊。迨至太平興國三年改爲昌化縣。〔四八〕

紫溪。吴興記云：「邑有文山水，東南流爲紫溪。」輿地志云以爲水紫色也。又云紫溪中夾水有赤色磐石，長百餘丈，望之如霞，名曰赤瀨水。

晚山。山悉松木，真墨所出。

空山，〔四九〕嵌空如室。

新城縣，西一百三十二里。舊十四鄉，今七鄉。按其地在浙江西南，名曰桐溪，吴大帝立此爲縣，後廢，以其地入富陽。唐永淳元年五月分富陽縣之地又置之，即今理。朱梁改爲新登縣。至太平興國四年改爲新城，復舊名。

南新縣，西一百六十里。五鄉。本臨安縣地，皇朝乾德五年，錢氏割臨安縣地置南新場，以便徵科。至太平興國六年改爲南新縣。〔五〇〕

新婦洞，在縣東。洞有潭，深八九尺，清瑩，中有鰻魚一頭，甚異。

龍丘山，在縣東。

三九山，在縣西。

卷九十三校勘記

〔一〕又省陳留爲綏安縣　按隋書卷三一地理志下：「錢唐，舊置錢唐郡。平陳，廢郡，并所領新城縣入。」乾道臨安志卷二：「隋開皇九年平陳，廢錢唐郡，割吴興、吴郡之地置杭州。」咸淳臨安志卷一六:「隋文帝廢錢唐郡,置杭州,省新城縣,併入錢唐縣。」皆不及「省陳留爲綏安縣」事,疑此有誤。

〔二〕東西六百一十七里　「一十七」,底本作「七十」,據萬本、庫本、傅校及咸淳臨安志卷一七引本書改。

〔三〕南北九十九里　「九十九」,底本作「九十」,據萬本、中大本、庫本及咸淳臨安志卷一七引本書補後「九」字。

〔四〕東北至東京二千八百里　「百」,咸淳臨安志卷一七引本書作「十」,疑此「百」爲「十」字之誤。

〔五〕西至歙州四百七十九里　「州」,底本作「縣」,據中大本、咸淳臨安志卷一七引本書改。元和郡縣圖志卷二五杭州:「西至歙州四百七十里。」元豐九域志卷五杭州:「西至本州界三百三十八里,自界首至歙州一百一十里。」皆云歙州。萬本、庫本並闕。

〔六〕皇朝户主六萬一千六百八　「八」,底本脱,萬本、庫本同。按乾道臨安志卷二引本書載:「皇朝初户主六萬一千六百八。」咸淳臨安志卷五八引本書同,此脱「八」字,據補。

〔七〕錢塘郡二姓全范　「二姓全范」,萬本、庫本同,中大本作「三姓全范褚」。

〔八〕全琮　萬本、中大本此上有「吴有」二字,傅校同。

〔九〕褚陶至不意復見褚生　萬本、庫本並無褚陶傳略。

〔一〇〕伯珪　「珪」，底本作「圭」，據梁書卷五一處士范元琰傳、南史卷七六隱逸范元琰傳改。

〔一一〕顧歡字景怡至亮子博學工楷隸　萬本、庫本無顧歡、范元琰、褚遂良傳略。

〔一二〕相太宗　萬本、庫本此下有「曾孫許遠，爲睢陽太守」九字，傅校同。

〔一三〕許遠新城人爲睢陽太守禄山反同張巡死節　萬本、庫本無許遠傳略，傅校删。

〔一四〕錢鏐至濤爲歛卻　萬本、庫本並無錢鏐傳略。

〔一五〕羅隱至宰相鄭畋所重　萬本、庫本並無羅隱傳略。

〔一六〕牛膠　乾道臨安志卷二、咸淳臨安志卷五九引本書皆作「牛膝」。

〔一七〕白編綾至惟五月有之　萬本、庫本並無此四十三字，而於「白編綾」上列有「緋綾」，傅校同。

〔一八〕冬筍出餘杭　萬本、庫本並無此五字，傅校删。

〔一九〕昔一境逼近江流　「一」，太平御覽卷一七〇引錢塘記作「縣」，輿地紀勝卷二臨安府引作「邑」，此「一」宜作「縣」或「邑」。

〔二〇〕狀如人形　「形」，底本脱，據萬本、庫本及輿地紀勝臨安府、淳祐臨安志卷八、咸淳臨安志卷二三引本書補。

〔二一〕色若雪又縣治亥地有獄獄中亦有石膏　「色」，底本脱，萬本、庫本同；「治」，底本作「内」，萬本、庫本無；「中」，底本作「左右」，萬本、庫本同，皆據淳祐臨安志卷九、咸淳臨安志卷二四引本書補改。「亦有」，淳祐臨安志作「産」，咸淳臨安志作「出」。

〔二二〕是此地所出　底本脱，據萬本、庫本、傅校及淳祐臨安志卷九引本書補。

〔二三〕率　庫本同，萬本作「蠻」，下文郭璞注同。按今本山海經及郭璞注亦作「蠻」。

〔二四〕西湖至爲勝賞之處　萬本、中大本、庫本無此四十字，傅校删，蓋非樂史原文。

〔二五〕若存　「若」，萬本、庫本作「石見」，嘉慶重修一統志卷二八三杭州府引本書作「尚存」，按萬本、庫本是。

〔二六〕鳳凰山在縣南三里至欲渡會稽故名　萬本、中大本、庫本無鳳凰山、秦望山共四十一字，傅校删。

〔二七〕在縣南十三里　「十三」，輿地紀勝臨安府引本書作「十」。

〔二八〕西南一百里　「一百」，萬本、庫本作「一十」，傅校改作「一十八」。按五代梁龍德二年置錢江縣於州郭，太平興國三年改名仁和縣，則仁和、錢塘並爲杭州郭下二縣，輿地廣記卷二二：杭州錢塘縣，「與錢江縣分治州郭下」。輿地紀勝臨安府仁和縣，「倚郭」。乾道臨安志卷二：龍德三年置錢江縣，「與錢塘分治城下」。此與萬本、庫本及傅校皆誤。

〔二九〕唐麟德二年析二縣之地置錢江縣於州郭　「江」，底本作「塘」，萬本、庫本同，據輿地紀勝臨安府、乾道臨安志卷二、咸淳臨安志卷一六改。又乾道臨安志載朱梁龍德三年置錢江縣，咸淳臨安志載龍德二年錢氏置，輿地紀勝：「謹按龍德乃五代朱粱年號，正與錢王同時，而麟德乃唐高宗之年號，使錢江縣果置於高宗之時，則唐書志及通典係唐地理之書，並無錢江縣名，則錢江非置於唐也，寰宇記所紀非是。」其説甚是。

〔三〇〕在縣東北三十八里　按輿地紀勝臨安府引本書云：「在仁和縣東北，舊有黄鶴樓。」淳祐臨安志卷九、咸淳臨安志卷二四引本書皆云「舊有黄鶴樓」，此脱。

〔三一〕在縣北四十七里　按淳祐臨安志卷九、咸淳臨安志卷二四皆載「在仁和縣北七十里」，此里距疑有誤。

〔三二〕本漢舊縣地　「地」，萬本、庫本同。元和郡縣圖志杭州於潛縣：「本漢舊縣也。」傅校改「地」爲「也」，此「地」疑爲「也」字之誤。

〔三三〕吴録地理志　「志」，底本脱，庫本同，據萬本、中大本及太平御覽卷一七〇補。後鹽官縣序「吴録地理」同補「志」字。

〔三四〕岩𡶡山　「岩𡶡」，底本作「窄𡺕」，據萬本、庫本及太平御覽卷四六、輿地紀勝臨安府、咸淳臨安志卷二六改。

〔三五〕懸霤山吴興記云上有懸霤　二「懸」字，輿地紀勝臨安府引本書皆作「垂」。

〔三六〕以下水道無險　「無」，底本脱，萬本、庫本同，據太平御覽卷四六引吴興記補。

〔三七〕至印渚中　「印渚」，底本作「郡」，萬本、庫本同，據太平御覽引吴興記改補。

〔三八〕捨舟船登陸於此　「捨舟船」，萬本同，庫本作「捨舟」。太平御覽卷一七〇引郡國志、輿地紀勝臨安府引本書作「捨航」。

〔三九〕餘杭山　「山」，底本作「州」，萬本、庫本同，據嘉慶重修一統志卷二八三杭州府引本書及太平御覽卷四六、咸淳臨安志卷二四改。

〔四〇〕青障山　「障」，底本作「嶂」，據萬本、庫本、輿地紀勝臨安府引本書及咸淳臨安志卷二四改。

〔四一〕曾有猛獸殺一鹿於菴側　「鹿」，萬本、庫本作「麋鹿」，傅校同。晉書卷九四隱逸郭文傳作「麀鹿」。

〔四二〕嚴子陵　「子」，底本脱，據萬本、庫本及輿地紀勝臨安府引本書補。

〔四三〕篳音篦　萬本、庫本無此三字，輿地紀勝臨安府引本書同，傅校删，蓋非樂史原文。

〔四四〕東北一百三十里　「東」，底本作「西」，萬本、庫本同。元和郡縣圖志杭州鹽官縣：「西南至州一百三十里。」元豐九域志杭州鹽官縣：「州東一百二十九里。」輿地紀勝臨安府鹽官縣：「在府東一百二十九里。」咸淳臨安志卷一七同。此「西」爲「東」字之誤，據改。

〔四五〕鹽官本漢之舊縣　「本」，萬本、庫本作「乃」，傅校同。

〔四六〕其光照如鏡之鑑物　「鑑」，底本作「照」，據萬本、庫本、嘉慶重修一統志卷二八三杭州府引本書及輿地紀勝臨安府引郡國志改。

〔四七〕聖曆元年正月三日改爲武崇縣　原校：按舊唐書地理志云萬歲通天元年分紫溪別置武隆縣，今記云聖曆元年正月三日改紫溪爲武崇縣，蓋從唐會要而書，其曰武崇，避諱耳。然新唐書志：「垂拱二年析於潛置紫溪縣，萬歲通天元年曰武隆，其年復爲紫溪，又析紫溪別置武隆縣，聖曆三年省武隆入紫溪，長安四年復置，神龍元年更武隆爲唐山，大曆二年皆省，長慶初復置唐山。其廢置如此，今記爲略也。」

〔四八〕太平興國三年改爲昌化縣　「三年」，元豐九域志杭州、輿地廣記卷二二杭州、輿地紀勝臨安府皆作「四年」。

〔四九〕空山　「空」，萬本、庫本作「室」，傅校改同。

〔五〇〕太平興國六年改爲南新縣　按元豐九域志杭州：「淳化五年以南新場爲昭德縣，六年改昭德縣爲南新。」咸淳臨安志卷一六云淳化六年升南新場爲縣，皆與此異。

太平寰宇記卷之九十四

江南東道六

湖州

湖州，吳興郡。今理烏程縣。禹貢揚州之域。古防風氏之國也。春秋爲吳地，後屬越，越爲楚所滅，復屬于楚。史記云：「汪罔氏之君守封禺之山。」即此也。秦屬會稽郡，亦鄣郡之境。漢如之。後漢屬吳郡。吳分吳、丹陽二郡置吳興郡，〔一〕即今州是也。孫皓爲烏程侯，及即位，改葬父和于此，遂立此郡。歷晉、宋、齊、梁如之。梁敬帝紹泰元年改郡爲震州。陳初罷州，復爲郡。隋仁壽二年改爲湖州，因太湖爲名。煬帝初廢爲吳郡之烏程縣。唐武德四年平李子通，置湖州，領烏程一縣；六年陷于輔公祏；七年平賊，復置，仍以廢武州之武康來屬，又省雉州，以長城來屬。天寶元年改爲吳興郡。乾元元年復爲湖州。皇朝爲宣德軍節度。

元領縣五。今六：烏程，歸安，新置。武康，安吉，長興，德清。

州境：東西三百五里。南北二百七里。

四至八到：西北至東京二千一百八里。西北至西京二千六百里。西北至長安三千二百四十里。東至蘇州二百一十里。南至杭州一百九十里。西至杭州三百八十七里。北至蘇州三百八十七里。東南至杭州鹽官縣一百七十二里。西北至杭州一百九十里。西南至宣州界二百六十一里。西北至常州三百三十二里。

户：唐開元户五萬九千。皇朝户主客共三萬八千七百四十八。

風俗：同蘇州。

姓氏：吴興郡四姓：姚、沈、丘、紐。長城郡二姓：錢、胥。

人物：吾粲，〔二〕烏程人。仕吴，爲曲阿長。嘗於河口拒魏，〔三〕將遇大風，諸軍溺水，攀粲舟請救。左右曰：「舟重必敗。」粲曰：「敗則俱死，奈何棄之。」所活甚衆。　曹不興，烏程人。孫權使畫素屏，誤點墨，因成蠅狀。權疑其真，以手彈之。世稱絶藝。〔四〕　沈約，字休文，武康人。以詞、賦名世，官尚書僕射。卒，謚曰隱侯。〔五〕　沈景宗。　吴均，字叔庠，吴興故鄣人。〔六〕文有古氣，好事者謂之「吴均體」。撰齊春秋，注范曄後漢書。　丘傑。　丘遲，吴興人。〔七〕　唐丘，吴興人。爲常侍致仕。　沈麟士，武康人。應里選入都僕射。何尚之謂子偃曰：「山藪故多奇士，沈雲楨、黄叔度之流也。」　沈慶之，武康人。以司空致仕。

沈湲，字叔源，武康人。官御史。　唐陸龜蒙，字魯望，長興人。性嗜茶，置園顧渚山下，自號「天隨子」。　孟郊，武康人。長于詩，年五十始第。常隱居嵩山，謚曰貞曜。　錢起。字仲文，長興人。〔八〕大曆中十才子之一。〔九〕

土産：紫筍茶，木瓜，糝煎，重杭子，白紵布，綾，貢。即吴綾也。綿，筆。〔一〇〕

烏程縣，舊三十一鄉，今一十五鄉。〔一一〕本秦舊縣。越絶外傳云：「秦始皇至會稽，徙於越之人於烏程。」吴孫皓嘗封烏程侯。　吴興記云：「縣舊在郡界，晉安帝義熙元年始移今處。」隋廢東遷縣，亦入此邑之地。　按郡國志云：「古烏程氏居此，能醖酒，故以名縣。」

卞山。郡國志云卞和採玉處，非也。　周處風土記云：「卞山當作冠弁之弁。」徐陵孝義寺碑云：「高峅蒼蒼，遥聞天語。　山東足有一石簣，高數尺，晉太康中人開之，風雨晦冥，遂止。歷代不知所封。」又宋書：「蕭惠明爲吴興太守，郡界有卞山，山下有項羽廟。相承云羽多居郡廳事，前後七人太守不敢上廳。　惠明謂綱紀曰：『孔季恭曾爲此郡，未聞有災。』〔一二〕遂盛設筵榻，接賓數日。　未幾，惠明忽見一人長丈餘，張弓挾矢向之，既而不見。因發背疾，旬日而殞。」

石斗山。山南有烏亭，王羲之嘗遊此，每謂親友曰：「百歲之後，誰知我于此遊。」

西陵山。吴興地記云：〔一三〕「孫皓改葬父和于此山，號曰明陵。」即卞山之別嶺也。

温山。山謙之吴興記：「烏程縣西四十里有温山，出御荈。〔一四〕」

五孤城。郡國志云：「烏程南十八里有五孤城。吴時鄭嫗善相人者居此。」

楚廟。南齊臨汝侯蕭猷爲吴興太守，性倜儻，與楚廟神交，飲至一斛。每酹祀，盡懽極醉，而神影亦有酒容，所禱必應。後爲益州刺史，時江陽人齊苟兒反，猷乃遥禱請救。是日，有田老逢數百騎如風，一騎過，請飲，田老問爲誰，曰：「楚王來救臨汝。」是日，猷大破苟兒。

毗山，在縣東北九里。山海經云：「浮玉之山，東望諸毗。」郭璞注云：〔一五〕「諸毗，水名也。」按浮玉山在安吉，則霅水之發源也。言東望溪浦，槎牙相毗，並匯于太湖，因名之。梁吴均和柳惲毗山亭詩曰：「平湖曠復遠，高樹峻而危。〔一六〕」

衡山，在縣南一十八里。左傳襄公三年，「楚子重伐吴，克鳩茲，至于衡山」。杜注云：「衡山，在吴興烏程縣。」山謙之吴興記：「衡山，一名横山也。」

壟山，在縣北五里。山謙之吴興記：「壟山有紫石英。山東臨大溪，西帶長瀆。山上有亭，臨眺四曠，名壟山亭。」

三山，在縣東北七十二里。張玄之吴興山墟名曰：「三山在太湖中，白波四合，〔一七〕三點黛色。」陸士龍贈顧彦先詩云：「我家五湖陰，君住三山陽。」此是也。今屬吴縣。

白鶴山，在縣西北三十六里。吴興記云：「昔烏程人姚紾化爲白鶴，遊于此山，因名之。山石堪爲碑版。〔一八〕」江乘記云：〔一九〕「負丘山石精好，不謝吴興，即此山也。」

小雷山，在縣北震澤中。周處風土記云：「太湖中有大雷、小雷二山，山之中有雷澤，即舜漁之所也。蓋浙東有餘姚縣上虞江，是舜本土。」按韓詩外傳云：「舜，東夷之人也。」〔二〇〕

金山。張玄之山墟名云：「金山上石，悉作丹絳之色，夜照數里不假燭，以其光彩類金而名焉。」

昇山，在縣東二十里。一名烏山，一名歐餘山，一名歐亭山。吴均入東記云：「王羲之爲太守，常遊踐，嘗升此山，〔二一〕顧謂賓客曰：『百年之後，誰知王逸少與諸卿遊此乎！』因有昇山之號，立烏亭于山上。」

西余山，在烏程縣東一十八里。輿地志云：「漢文帝封東海王摇之子期視爲顧余侯，至孫，坐酎金失國，即此地也。」

厥山，在縣東北七十里。吴均入東記云：「吴有文士陸厥，嘗家于此山。」

何口山，在縣南十里，山下當何山等路。昔曰何山，亦曰金蓋山，晉何楷居之，修儒業。楷後爲吴興太守，改金蓋爲何山。山口有次山，〔二二〕曰金口山，今曰何口山。見括地志。

峴山，在縣南五里。本名顯山，晉太守殷康于山下起顯亭，唐以廟諱改之。〔二三〕天寶中，太守韋景先起五花亭。山上有唐相李適之石酒罇。〔二四〕

石城山，在縣西南三十里。山墟名云：「昔烏程豪族嚴白虎于山下壘石爲城，與呂蒙戰所。今山上有弩臺、烽火樓之跡猶存焉。」

黄蘗山，在縣西南三十五里。梁光禄卿江淹賦詩之所。

杼山，在縣西南三十里。山墟名云：「昔夏后杼巡狩之所。今山上有古城避蛇城。〔二五〕唐大曆八年，刺史顔真卿於山上起桂棚、三癸亭、謝臨川寫真堂。〔二六〕

具區藪，太湖也。澤縱廣二百八十三里，周迴三萬七千頃，連接四郡界，入於海。蓋水之所都也，深曰湖，淺曰澤，帶草莽曰藪。中有最高山曰洞庭，曰包山，曰姑蘇。洞庭下有地道通巴陵，昔龍威丈人之所居。姑蘇上有臺，吴王闔廬之所居。次有三山：曰石公山，大雷山，小雷山。古所謂登姑蘇，望具區，言登高矚遠，封疆庶物，無不具也。一名震澤，亦名笠澤，亦名雷澤。孔安國云：「震澤，吴南太湖，〔二七〕名太湖者，以其廣大名之也。」又名「五湖」，韋昭三吴郡國志云：「太湖邊有游湖、莫湖、胥湖、貢湖，就太湖爲五湖。」又云：「胥湖、蠡湖、洮湖、滆湖，就太湖爲五也。」又云天下如此者五。虞仲翔川瀆記云:「太湖東通長洲松江水,南通烏程霅溪水,西通義興荆溪水,北通晉陵滆湖水,東連嘉興韭溪水,凡五道,謂之五湖。」按爾雅云:「天下有十藪。其六曰吳、越之閒有具區藪。」

苕溪,在縣南五十步大溪是也。〔二八〕西從浮玉山,東至興國寺。以其兩岸多生蘆葦,故名苕溪。興國寺,今廢。

霅溪館。〔二九〕

霅溪,在縣東南一里。凡四水合爲一溪,自浮玉山曰苕溪,自銅峴山曰前溪,自天目山曰餘不溪,〔三〇〕自德清縣前北流至州南興國寺前曰霅溪。東北流四十里合太湖。顧長生三吳土地記云:「有霅溪,水至深者。」徐陵孝義寺碑云:「清霅瀰瀰,深窮地根。」按字書云:「霅者,四水激射之聲也。」

貴溪,〔三一〕霅溪西南岸,有浦曰貴溪。梁時,烏程有蘇氏女,於此遇一道士曰「汝後大貴」,因遺一五彩龜,曰三年當有徵。蘇氏後適章氏,生陳高祖宣皇后。高祖即位,拜后母爲安吉縣君,因名此曰貴溪浦。

蘇公潭,從貴溪東流三百五十步,〔三二〕至駱駝橋下,曰蘇公潭,此水深不可測,中藏有蛟螭,代爲人患。唐開元初,許國公蘇瓌子頲爲烏程縣尉,郡守命督縣事,因誤墜此溪,直至潭底，聞水中有人語曰：「扶尚書出。」遂冉冉至水上，略無損溺。後爲玄宗朝相，嗣封許國公。有記見在。

白蘋洲，在霅溪之東南，去州一里。洲上有魯公顔真卿芳亭，内有梁太守柳惲詩云：「汀洲採白蘋，日晚江南春。〔三三〕」因以爲名。洲内有池，〔三四〕池中舊有千葉蓮。今唯地名故址存焉。

荻塘，在州南一里一百步。吴興記云：「晉太守殷康所開，傍溉田千頃。」楊僩隋録云：「烏程沈恒居荻塘，家貧好學，每燒荻自照，因名。其塘西引霅溪，東達平望官河，〔三五〕北入松江。」

東溪，在縣東南三百二十里。〔三六〕吴興記云：「東溪出美魚。」

謝塘，在縣西四里。晉太守謝安開。唐大曆間，刺史裴清于州西起謝塘館。

黄浦，一名黄蘗澗，在縣西南二十八里。其源出黄蘗山，因名焉。吴興記云：「春申君黄歇于吴墟西南立菰城縣，青樓連延十里。後漢司隸校尉萬向於此築坂溉田。〔三七〕鮑照有黄浦送别詩。」括地志云：「亦名庚浦，〔三八〕蓋康浦也。以其左右有上康下康村，晉殷康爲太守，百姓避其名，因更康爲庚也。」

掩浦，一名項浦，在縣東北十六里。顧長生三吴土地志云：「昔項羽觀秦皇輿御，曰

『可取而代也。』伯項梁聞，掩其口之處，因名之。」

孔姥墩水，在縣西北二十八里。韋昭三吳郡國志云：「昔有孔氏之婦，少寡，有子八人，皆訓以義方，夜則讀書，晝則力田，漢哀、平之間，俱爲郡守，因名之。亦曰八子墩。」

駱駝橋。唐垂拱元年造，以橋形似駱駝之背，故名之。劉禹錫送人至吳興詩云：「駱駝橋上蘋風起，鸚鵡盃中箬下春。」即此橋也。在霅溪上。

廢菰城縣，在州南二十五里。郡國志云：「春申君立菰城縣，秦改爲烏程。」

烏亭，在昇山上。王羲之所造，以烏巾氏所居也。今廢。

毗山亭，在毗山。梁吳興太守柳惲所創，惲與郡主簿吳均有毗山亭贈答詩。今廢。

古烏程侯井，在縣東北三里。括地志云：「烏程東北有孫皓爲烏程侯時井一所，〔三九〕口圓徑一丈六尺。」

潘尼墓，〔四〇〕在縣東十里。

丘遲墓，梁黃門侍郎，在縣南十六里。

歸安縣，西去州一百二十步。〔四一〕十六鄉。〔四二〕本烏程縣地，皇朝太平興國七年分置歸安縣居郭下。

武康縣，西南一百五里。舊二十一鄉，今十二鄉。古防風氏之國。地理志云：「本漢烏程縣之餘不鄉地。漢末童謡云天子當興東南三餘之間，吴乃改會稽之餘暨爲永興，分餘不鄉爲永安，〔四三〕以協謡言。」晉以平陽已有永安縣，復改爲武康。又宋書州郡志云：「吴分烏程、餘杭二縣立永安縣，屬吴郡。晉武帝改永安爲武康縣。」即此。

防風山，在縣東一十八里。先名封嵎山，唐天寶六年勅改焉。其一名風公山，一名風渚山。古防風氏之國。風公者，以其山上有風公祠。風渚者，以山下有風渚水。封山者，以其禁樵採漁獵也。山東南二里有嵎山，禹十二代孫帝嵎所居也。吴伐越，隳會稽，得骨節專車。使問仲尼，仲尼曰：「禹致羣臣于會稽，防風氏後至，禹殺而戮之，其節專車，此爲大矣。」客曰：「防風何守？」仲尼曰：「汪芒氏之君守封嵎山。」言防風氏治此二山也。

石城山，在縣西南三里。漢末赤眉之亂，邑人于山上累石爲城，〔四四〕因以爲名。宋書云：「沈道虔居縣北石山下。縣令庾肅之迎出縣南廢頭里，爲立宅，臨溪。徵員外散騎侍郎，不就。」山上有漢青州刺史姚恢墓。

金鵝山，在縣東二十里。山墟名曰：「漢海昏侯沈戎葬于此。上有池，深五尺，其水冬夏不竭。時吴帝見山上金鵝翔集，或風清雨霽，樵夫耕叟聞山上鵝鳴。」

武康山，在縣西十五里，名銅官山。唐天寶六年勅改。輿地志云：「銅官山下有兩坎，深數丈，方圓百丈，古採銅所。」

響山，在縣西八里。山下有水，謂之響潭。吳興記云：「有人經響山，語無多少，響則隨聲曲折應之，洪纖一無所失。」

天泉山，在縣西北三十五里。吳興記云：「山上有長流泉，謂之天泉，傍多沃壤可耕植。今按有水田五畝。一名唐鎚山。」

几山，在縣北一十五里。山墟名曰：「几山形似几，因爲名焉。亦作巳山。」

嵎山，在縣東南三十里。輿地志：「蓋古防風氏之都也。」〔四五〕

計籌山，在縣東南三十五里。吳興記云：「計籌山，昔越大夫計然多才智，籌算于此山。按其地與餘杭縣分界，〔四六〕今俗謂之界頭山，蓋籌、頭聲相應也。」

七里嶠，在縣西南十里。山墟名云：「七里嶠山頂有石橋，長一丈六尺，甚峻滑，一名石橋，一名石頭山。」今山下有橋村。

馬頭塢，在縣西南二十五里。晉書云：「咸和七年，石勒將韓雍寇吳興，詔遣西中郎將趙胤攻之于馬頭塢，雍走寇南沙及海虞二縣。〔四七〕」悉在今蘇州界。

前溪，在縣西一百步。前溪者，古永安縣前之溪也。今德清縣有後溪也。邑人晉沈充家于此溪。樂府有前溪曲，則充之所製，其詞曰：「當曙與未曙，百鳥啼忩忩。」後宋少帝續爲七曲，其一曲曰：「憂思出門户，逢郎前溪渡；莫作流水心，引新都捨故。」

餘不溪，在縣東二十四里。餘不溪者，其水清，與餘杭溪不類也。如會稽秦望，其山秀發，餘山無與等也。晉中興書：「孔愉字敬康，少時曾買得一龜，放餘不溪中，龜及中流，數顧。及愉封餘不亭侯，鑄印而龜首左顧，更鑄亦然。印工以告愉，愉悟昔者所放龜，乃取佩焉。」

餘英溪，在縣西十二里。山墟名曰：「每春，夾岸花開，通夏不歇。」

阮公溪，在縣西一十五里，與餘英溪接。梁陳故事云：「石靈寶者，會稽上虞人，〔四八〕常寓于武康。其女有殊色，天監元年，選爲采女。及生元帝，爲修容，賜姓阮氏，拜其父爲奉朝請，時人名所居之溪爲阮公溪。靈寶以承聖二年追封武康侯。溪中有大青石，俗謂之美人石。」

仙人渚，在縣西四十里。昔沈羲得道之所。見神仙傳。今有石胡梯登仙之處，上有石盤見存。

銅官趙監廟。漢吴王濞鑿山採銅，銅監趙氏遇山崩壓死，降靈于此，後人立廟。

丁固墓。吴司空也，在縣東一十五里。

安吉縣，西南一百四十里。元二十五鄉。本漢故鄣縣地。吴興記云：「漢中平二年，張角作亂，荆、揚尤盛，唯此郡守險拒逆，漢朝嘉之，故分故鄣縣南置安吉縣，〔四九〕屬丹陽郡。」後廢。唐麟德元年復爲安吉縣，隸湖州。

隱塢。梁陶弘景謚貞白先生，嘗隱居于此，故號曰隱塢。

天目山，高三萬六千尺，〔五〇〕在縣西南七十五里。吴興記云：「天目山極高峻，嶺上有水甚美。〔五一〕東南有瀑布，下注數畝。」地志云：「山上有兩池，爲天之左右目。」老子説曰：「欲度難及欲避水災，以天目海陵山爲第一。」

五山，高三千六百尺，在縣西南四十六里。括地志云：「山有五峯，昔村人姚紾嘗于此採樵，忽遇仙人。及還家，因入甕中隱身，謂家人曰：『可七日勿開。』日限未至，家人開之，紾變爲白鶴，飛向五山。」吴興記云：「五山，亦名奕山。」

玉磬山，高五百尺，在縣東北十五里。高僧傳曰：「釋曇諦姓康氏，吴興人。出家居吴虎丘山，後入故鄣之崑山。每夜聞有聲，〔五二〕尋其發聲之所，掘之得玉磬，因以爲名。」

邸閣山，高二百七十六尺，在縣東北二十五里。吴志云：「吴帝遣從弟孫慶修故鄣邸閣糧穀。〔五三〕」

銅山，高一千三百尺，在縣東三十里。括地志云：「吴採鄣山之銅，即此。」

南嶼山，高三萬六千尺，在縣南六十二里。括地志云：「南嶼山，一名白水山，上有湖，其水色白，因名之。」

苕水，在縣治西南七十五里，北流。山海經云：「句餘山東五百里，曰浮玉之山，苕水出其陰。」

邸閣水，在縣治北三十里，周迴二頃二十畝。吴興記云：「邸閣池水灌田五百一十畝，鱗羽涵泳，芰荷交蔚。〔五四〕唐聖曆元年，縣令鉗耳知命，修邸閣路。」

兩生墳，〔五五〕在縣北三十里。曇謗姓康氏，前爲崇覺法師，與姚萇講法華經。後爲曇諦法師，住崑山寺。前後兩生，悉葬于此。

長興縣，西北七十里。三十鄉。本漢烏程縣地，晉武帝分置長城縣。〔五六〕按吴興記云：「吴王闔廬使弟夫槩居此，築城狹而長，故曰長城縣，因此名之。」隋開皇九年封陳後主叔寶爲長城縣公，即此也。初置縣富陂村，咸康元年徙箬溪北。今之重光觀，即故地。隋大業十一年徙于夫槩王故城。唐武德七年廢宣州原鄉、安吉、故鄣三縣，入長城，〔五七〕始移于此。今改爲長興縣。

梅溪山。隋圖經云：「吴興故鄣縣東三十里有梅溪山。〔五八〕山根直豎一石，可高百丈，至青而圓，如兩間屋大，四面斗絶，仰之于雲外，無登陟之理。其上復有磐石，正圓如車蓋，常轉如磨，聲若風雨，土人號爲石磨。〔五九〕石磨轉駛則年豐，遲則歲儉，候之無失。」

霅水，亦苕水之異名也。水深不可測，俗謂之箬水。〔六〇〕又山海經云：「浮玉之山，苕水出其陰。中多鮆魚。」今亦謂之霅烏水。〔六一〕

金沙泉。按郡國志云：「即每歲造茶所也。按茶產于邑界，有生顧渚中者，與峽州同。〔六二〕生山桑儒師二塢、白茅山、懸脚嶺者，〔六三〕與襄、荆、申三州同。生鳳亭山、伏翼閣、〔六四〕飛雲曲水二寺、青峴啄木二嶺者，與壽州同。」

鄣郡故城，即秦時鄣郡城，今俗號府頭是也。在縣西南八十里。

夏駕山，一名石鼓山，在縣東南三十六里。高九百尺。〔六五〕張玄之山墟名云：「昔帝杼南巡至于此山，因而名之。山上有石鼓，高一丈，下有磐石爲足，諺曰石鼓鳴，則三吳有兵。」括地志云：「石鼓作金鼓鳴，亦爲零陵郡石鼓之類。」吳興記云：「五行記並同此記。」

大雷山，在縣東北六十里，〔六六〕高一百二十丈。周處風土記云：「太湖中大雷、小雷二山，相距六十里。其間即雷澤，舜所漁處也。」尚書釋言云在震澤。

飛雲山，在縣西二十里，高三百五十尺。山墟名云：「飛雲山南有風穴，故雲霧不得靄鬱于其間。其上多產楓、櫟等。宋元徽五年置飛雲寺。有石泉、沙渚、松門、苦竹巖也。」

白鶴山，在縣東南三十一步。高三百尺。山墟名云：「昔姚紾得仙于此山，化白鶴飛去，因名之。」

九龍山，在縣西百二十里。一名郭山，〔六七〕一名章山。山墟名云：「九龍山，其山有九隴，悉作龍形。山頂有古石城，城西北角有石竇，因名石郭。」吴興記云：「石郭山，在故鄣南五里。〔六八〕產楊梅，貢御。」輿地志云：「石郭山，昔吴採鄣山銅以鑄錢，即此山。」

青山，在縣南六十里，高三百丈。山墟名云：「青山有石竇通洞庭，冬夏常暖，山如黛色。」

藝香山，一名湖陵山，在縣北一十五里，高四百五十尺。山墟名云：「藝香山，昔西施種香之所。」括地志有湖陵，無藝香。

西顧山，一名吴望山，在縣北四十九里，高千尺。山墟名云：「西顧山，昔吴王闔廬登姑蘇，望五湖，顧見此山，因名之。」括地志所載西顧，乃作牢固之固，未詳也。

雉山，在縣北五里，高五百尺。山墟名云：「以形類雉。」梁陳故事云：「梁武帝時有童謡言鳥山出天子，〔六九〕江表以鳥名山者悉鑿。按陳高祖則長興雉山人也，其山有追贈。」〔七〇〕

西嶂山，在縣西北六十一里。山墟名云：「西嶂山，泉澗北流而西向峻狹，以其聲鳴咽而名之。」

龍目峴，在縣西北一百二里，〔七一〕高五千尺。山墟名曰：「龍目峴，山石巖間有二目，光彩照人，因而名之爲龍目峴。」

南嶼山，在縣西南百六十里。〔七二〕山墟名曰：「昔西施種香之所。上有蘭茝畹。」

三鵶崗，在縣南六十五里。上有晉太傅謝安墓。其崗中有斷處，即因梁童謡云烏山出天子，故鑿焉。〔七三〕

雷澤，在縣東三十三里。一名笠澤，一名具區藪。

西湖，在縣西南五里。塘高一丈五尺，〔七四〕周迴七十里。山墟名云：「西湖，一名吴城湖。昔吴王闔廬築吴城，使百姓輦土於此，〔七五〕浸而爲湖。闔廬弟夫槩因而創之。」吴興記云：「西湖，昔吴王夫槩所立。」吴志云：「昔孫皓封烏程侯，就國，有西湖人景養相皓當大貴。」養乃西湖聚落之人。湖中出佳蓴，嘗貢。傍溉田三萬頃，有水門四十所，引方山泉注之。

箬溪，在縣南五十步。一名顧渚口，一名趙瀆，注于太湖。箬溪者，顧野王輿地志云：「夾溪悉生箭箬，南岸曰上箬，北岸曰下箬，二箬皆村名。村人取下箬水釀酒，醇美勝于雲陽，俗稱箬下酒。」韋昭吴録云：「烏程箬下酒有名。」山謙之吴興記云：「上、下二箬村並出美酒。」張協七命曰：「酒則荆南烏程。」則此酒也。按陳書帝紀云：「陳高祖，諱霸先，吴興長城下箬里人也。」云縣前大溪，亦名箬溪，其箬水鄉、箬溪里皆相因爲名焉。

荆溪，在縣西南六十里。每日高二尺，倒流七十里，云是吴王送女潮。〔七六〕荆溪者，以其出荆山，因名之。山墟名云：「昔漢荆王賈登此山，名之。」張協七命云：「酒則荆南烏程。」荆南即此荆溪南也。今或謂荆州南，按烏程去荆州三千六百里，非荆州之南明矣。

苕溪，在縣東四十五里。

餘𦊅溪，在縣東二十三里。〔七七〕輿地志云：「長興南鄉有餘𦊅水，以餘𦊅村名之。」梁陳故事云：「梁武帝時有童謡云天子之居在三餘，武帝于餘千、餘杭、餘姚三處爲禳厭之法。其時長興有餘千山、餘𦊅水、餘魚里。蓋陳高祖吴興三餘人也。」

邸閣溪，在縣西南一百一十里。〔七八〕輿地志云：「昔吴王夫槩臨水起邸閣，因而名之。」

餘漁浦，在縣東北四十二里。周處風土記云：「餘漁浦，〔七九〕一名餘吾溪，即陽羨之東鄉也。吴、越之間，漁吾同音。舜漁于大小雷。〔八〇〕此鄉之人，舜時化之。昔捕漁之人來居此，浦名之。」

金潭，在縣西四十里。〔八一〕山墟名云：「金山、金潭、金塘、金渠，悉漢樓船將軍金曼倩居之。」

紫花澗，在縣西北三十里。山墟名云：「紫花澗兩岸芳蕪之中出紫苑，〔八二〕長薄之下生珠藤，至三月，紫花滿澗，一名花瀨。」

顧渚，在縣西北三十里。山墟名曰：〔八三〕「昔吴王夫槩顧其渚次，原隰平衍，爲都邑之所。」今崖谷林薄之中，多産茶茗，以充歲貢。

小白瀨，一名白鷺湍。

吴王夫槩廟，在縣理東一百里。夫槩，闔閭之弟。

大騎城、小騎城，在縣西南一百二十里。吴地記云：「吴王濞築此二城，爲馬厩。」

殷仲文墓，晉吏部尚書，在縣東三十二里。

德清縣，南水路一百五十里。元一十七鄉。本武康縣地，唐天授二年析置，以縣界有武承塘，故名武源縣。至景雲二年改爲臨溪縣。天寶元年改爲德清縣。

市亭山，在縣西南二百步。吴興記云：「市亭山，王逸少莅郡，欲於此立宅，〔八四〕以其面溪背山也。」

葛山，在縣東北十八里。入東記云：「葛仙公得仙之所，上有葛公壇。」

茅山，在縣東北十五里。入東記云：「昔三茅君隱此，與延陵、句容之茅山同也。」

餘不溪，在縣東南百步。沈氏家傳云：「後漢沈戎居郡烏程縣餘不鄉。」

苧溪，在縣東二十五里。山墟名云：「苧溪，以貢苧爲名。」南岸藺相如廟，北岸有青州刺史姚恢囚女城。

孔愉潭，在縣南二百步。昔愉隱吴憾山，見漁人釣得白龜，買而放之，即此處也。

女獄城，在縣東三十五里。入東記云：「後漢青州刺史姚恢，與海昏侯沈戎過江，陰爭柯日山居之。〔八五〕恢女密報戎，戎先居之。姚氏三代不養女，有女則囚于此山。」

孝鵝冢。唐天寶末，邑人婺州武義主簿沈朝家養母鵝一，因育卵腸出，乃自驚鳴鼓翅，竄於波渚之隅。其長雛悲叫屢絶，家人飼之，不復飲啄。及母鵝死，長雛仰天號切，遂啄倉舍下敗薦以覆其母，銜庭砌間芻草列于母所，若人之祭奠，長吁數聲而死。沈氏家人因作二函埋于山中，〔八六〕土人呼爲孝鵝冢。

沈約墓，在縣東五十八里。梁吏部尚書隱侯。

卷九十四校勘記

〔一〕漢如之後漢屬吴郡吴分吴丹陽二郡置吴興郡　據西漢政區地理云，漢元狩二年改鄣郡名爲丹陽郡，則自漢元狩以後無鄣郡之稱，此説漢如秦屬會稽郡、鄣郡之境，不確。又輿地紀勝卷四安吉州總序引本書云吴孫皓分吴、丹陽二郡置吴興郡「在寶鼎二年」，此「吴」下蓋脱「孫皓寶鼎二年」六字。

〔二〕吾粲　「吾」，底本作「吴」，據三國志卷五七吴書吾粲傳、嘉泰吴興志卷一六吾粲傳改。

〔三〕河口　嘉泰吴興志同，三國志吴書吾粲傳作「洞口」。

〔四〕吾粲烏程人至世稱絶藝　萬本、庫本無吾粲、曹不興傳略。

〔五〕字休文至謚曰隱侯　萬本無此文，而作「吴興武康人，著晉書、梁書，并文集，凡三百六十四卷」，傅校改同。庫本同萬本，惟「晉書梁書」作「晉宋梁書」，是。

〔六〕吴興故鄣人　「吴興」，底本脱，據萬本、庫本、傅校及梁書卷四九吴均傳補。

〔七〕丘傑丘遲吴興人　萬本、庫本並無。

〔八〕長興人　按新唐書卷二〇三盧綸傳載錢起吴興人，當作「吴興人」。

〔九〕沈麟士武康人至錢起字仲文長興人大曆中十才子之一　萬本、庫本並無沈麟士、沈慶之、沈浚、陸龜蒙、孟郊、錢起傳略。

〔一〇〕綾貢即吴綾也綿筆　萬本、庫本並無，傅校删。按嘉泰吴興志卷二〇：「竊考唐之歲貢，參訂史志諸書，如烏眼綾、綿、綢、布、紵，爲唐初所貢。」不述宋有貢筆。嘉慶重修一統志卷二九〇湖州府出筆，引之明統志，故此綾、綿、筆三物爲明清時竄入。

〔一一〕舊三十一鄉今一十五鄉　「三」，庫本同，萬本作「二」。嘉泰吴興志卷三：「國初爲鄉三十一，……太平興國中割十有五鄉置歸安縣，爲鄉十六。後又併其三，景德中管十三鄉。」則萬本誤，此「一十五」疑爲「一十六」之誤。

〔一二〕未聞有災　「災」，底本作「失」，據萬本、庫本、傅校及南史卷一八蕭惠明傳改。

〔一三〕吴興地記　輿地紀勝安吉州同，嘉泰吴興志卷四作吴興記，蓋吴興記又名吴興地記。

〔一四〕御菽　「菽」，輿地紀勝安吉州、嘉泰吴興志卷四引吴興記皆作「芹」，此「菽」疑爲「芹」字之誤。

〔一五〕郭璞　「璞」，底本無，據萬本、庫本及山海經南山經郭璞注補。

〔一六〕槎牙相吡至高樹峻而危　「槎」，底本作「溠」，據嘉泰吴興志、嘉慶重修一統志卷二八九湖州府改。「樹」，宋本方輿勝覽卷四安吉州同，萬本、庫本作「榭」，輿地紀勝安吉州引本書同。

〔一七〕三山在太湖中白波四合　「在」，底本脱，萬本、庫本同；「四」，底本作「天」，萬本、庫本同，皆據永樂大典卷二二七九引本書及輿地紀勝安吉州、嘉泰吴興志卷四補改。

〔一八〕山石堪爲碑版　「版」，底本作「材」，庫本同，據萬本、嘉慶重修一統志卷二八九湖州府引本書及嘉泰吴興志卷四引吴興記改。

〔一九〕江乘記　嘉泰吴興志引作「江東記」。

〔二〇〕東夷之人也　「之」，底本脱，庫本同，據萬本及嘉泰吴興志卷四引韓詩外傳補。

〔二一〕嘗升此山　「嘗」，底本作「因」，據萬本、庫本、嘉慶重修一統志卷二八九湖州府引本書改。

〔二二〕山口有次山　「次」，底本作「火」，據萬本、中大本、庫本、傅校及嘉泰吴興志卷四引括地志改。

〔二三〕唐以廟諱改之　「唐以」，底本作「以唐」，萬本、庫本同，據輿地紀勝安吉州、嘉泰吴興志卷四乙正。

〔二四〕山上有唐相李適之石酒罇　輿地紀勝安吉州峴山：「天寶中，太守韓景先起五花亭于山下，有唐相李適之酒樽在焉。」五花亭：「天寶中，太守韓景先起五花亭于峴山下，有唐相李適之石酒罇，今在焉。」皆云「山下」有唐相李適之酒罇，與此謂「山上」異。

〔二五〕今山上有古城曰避蛇城　「曰」，底本脱，「避蛇城」，底本作「避地」，庫本同，並據萬本、嘉慶重修一統志卷二八九湖州府引本書補改。

〔二六〕顔真卿於山上起桂棚三癸亭謝臨川寫真堂　庫本同，唯「堂」作「亭」。萬本作「顔真卿爲處士陸羽建亭於山上，以癸年癸月癸日成，因名三癸亭」。按輿地紀勝安吉州、嘉泰吴興志卷四皆載顔真卿起桂棚、三癸亭、謝臨川寫真堂，正與此合；嘉泰吳興志於三癸亭下注云：「以癸丑歲、癸卯朔、癸亥日立也」，則萬本乃釋三癸亭。

〔二七〕吴南太湖　「南」，底本作「曰」，萬本同，據庫本及尚書禹貢孔安國傳改。

〔二八〕大溪是也　「是也」，底本脱，據萬本、中大本、庫本、傅校及輿地紀勝安吉州補。

〔二九〕霅溪館　庫本同，萬本無。

〔三〇〕自浮玉山曰苕溪自銅峴山曰前溪自天目山曰餘不溪　輿地紀勝安吉州引本書浮玉山前冠以「安吉」，「銅峴山」前冠以「武康」，「天目山」前冠以「臨安縣」，蓋此皆脱。

〔三一〕貴溪　萬本作「貴涇浦」，嘉慶重修一統志卷二八九湖州府引本書作「貴涇」。按輿地紀勝安吉州作「貴溪」，嘉泰吴興志卷五作「貴涇浦」。

〔三二〕從貴溪東流三百五十步　「流」，底本作「南」，據萬本、庫本、嘉慶重修一統志卷二八九湖州府引本書及輿地紀勝安吉州、嘉泰吴興志卷五改。

〔三三〕日晚江南春　「春」，底本作「村」，據萬本、庫本、嘉慶重修一統志卷二八九湖州府引本書及輿地紀勝安吉州、嘉泰吴興志卷五改。

〔三四〕洲内有池　「池」，嘉慶重修一統志湖州府引本書作「芙蓉池」。

〔三五〕因名其塘西引霅溪東達平望官河　「因名」，底本脱，庫本同，據萬本、嘉慶重修一統志卷二八九湖州府引本書補。底本「平」下衍「□南」二字，據萬本、中大本、庫本、嘉慶重修一統志湖州府引本書删。

〔三六〕在縣東南三百二十里　「三」，輿地紀勝安吉州作「二」。

〔三七〕萬向　輿地紀勝安吉州、嘉泰吴興志卷五作「黄向」。

〔三八〕庚浦　「庚」，底本作「庾」，據萬本、嘉慶重修一統志卷二八九湖州府引本書及嘉泰吴興志卷五改。下同。

〔三九〕烏程東北有孫皓爲烏程侯時井一所　「井一所」，萬本同，庫本作「所鑿井」，嘉慶重修一統志湖州府引本書作「所鑿」。

〔四〇〕潘尼墓　「尼」，底本作「泥」，據萬本、庫本及晉書卷五五潘尼傳改。嘉慶重修一統志卷二八九湖州府：「按晉書潘尼本傳云：『尼，中牟人，卒於塢壁。』他書中亦無卜葬湖州之説，舊志係據顔真卿石柱記，及樂史寰宇記所載，今存以俟考。」

〔四一〕西去州一百二十步　「二十步」，底本作「二里」，萬本、庫本同。按輿地廣記卷二二湖州歸安縣序云：「太平興國七年析置歸安縣於郭下，與烏程同治。」輿地紀勝安吉州歸安縣：「倚郭。」序記同廣記。嘉泰吴興志卷一：太平興國七年析烏程之東南十五鄉置歸安縣，「治於州治之東一百二十步。統記云西北至州一百二十步，在於迎春橋之東。」此「二里」當爲「二十步」之誤，據改。

〔四二〕十六鄉　嘉泰吳興志卷一云太平興國七年析烏程之東南十五鄉置歸安縣，同書卷二：「縣初置時，析烏程之十五鄉，大中祥符間已省其四，管十一鄉。」此「十六」疑爲「十五」之誤。

〔四三〕餘不鄉　「鄉」，底本脱，萬本、庫本同，據元和郡縣圖志卷二五湖州、輿地紀勝安吉州、嘉泰吳興志卷一及本書上文補。

〔四四〕邑人于山上累石爲城　「邑」，底本作「也」，庫本同，據萬本、永樂大典卷二二七九引本書及輿地紀勝安吉州改。

〔四五〕蓋古防風氏之都也　底本無「蓋」、「也」二字，據萬本、庫本、傅校、輿地紀勝安吉州引本書及嘉慶重修一統志卷二八九湖州府引輿地志補。

〔四六〕按其地與餘杭縣分界　永樂大典卷二二七九引本書「與」上有「復」字。

〔四七〕詔遣西中郎將趙胤攻之于馬頭塢雍走寇南沙及海虞二縣　「胤」、「虞」，底本作「宏」、「隅」，萬本、庫本同。晉書卷七成帝紀：咸和七年，「西中郎將趙胤、司徒中郎匡術攻石勒馬頭塢，克之。勒將韓雍寇南沙及海虞。」同書卷一〇五石勒載記下：「晉將軍趙胤攻克馬頭，石堪遣將軍韓雍救之，至則無及，遂寇南沙、海虞。」此「宏」爲「胤」字之誤，「隅」爲「虞」字之誤，據改。

〔四八〕石靈寶者會稽上虞人　「靈」，底本作「英」，萬本、庫本同。原校：「按南史文宣阮太后傳：『太后父石靈寶』，未知孰是。」按南史卷一二后妃下梁文宣阮太后：「會稽餘姚人，本姓石，天監七年生元帝，尋拜爲修容，賜姓阮氏，其父石靈寶。」嘉泰吴興志卷五阮公溪引梁陳故事記述石靈寶女事蹟同，則此「石英寶」之「英」爲「靈」字之誤，據改。下同。

〔四九〕唯此郡守險拒逆漢朝嘉之故分故鄣縣南置安吉縣　「拒逆」，萬本、庫本作「助漢」，傅校改同。底本「故鄣」作「鄣」，「南」下有「北」字，萬本、庫本同。按續漢書郡國志四丹陽郡故鄣劉昭注引吴興記曰：「中平二年分縣南置安吉縣。光和末，張角亂，此鄉守險助國，漢嘉之，故立縣。」則此「鄣」上脱「故」字，「北」爲衍字，據以補删。

〔五〇〕三萬六千尺　「尺」，萬本、庫本作「丈」，嘉慶重修一統志卷二八九湖州府引本書同。按輿地紀勝安吉州亦作「尺」。

〔五一〕嶺上有水甚美　「水」，庫本同，嘉慶重修一統志卷二八九湖州府引本書作「泉水」，傅校同，此脱「泉」字。

〔五二〕每夜聞有聲　「聞」，底本作「間」，據萬本、庫本及輿地紀勝安吉州、嘉泰吴興志卷四引高僧傳改。

〔五三〕孫慶　「慶」，庫本、輿地紀勝安吉州引本書同；萬本作「夐」，嘉慶重修一統志卷二八九湖州府引本書同，嘉泰吴興志卷四引吴志作「瓊」。

〔五四〕芰荷交蔚 「蔚」，底本作「薈」，據萬本、庫本、輿地紀勝安吉州、永樂大典卷二二八〇、嘉慶重修一統志卷二八九湖州府引本書改。

〔五五〕兩生墳 「生」，萬本、庫本作「僧」，按嘉泰吴興志卷一八亦作「兩生墳」。

〔五六〕晉武帝分置長城縣 「晉」，底本脱，萬本、庫本同。按元和郡縣圖志湖州長城縣序云晉武帝太康三年置縣，輿地紀勝安吉州、嘉泰吴興志卷一同，輿地廣記湖州亦云晉武帝置縣，此脱「晉」字，據補。

〔五七〕唐武德七年廢宣州原鄉安吉故鄣三縣入長城 原校：「按隋書地理志宣城郡綏安縣注云：『梁末立大梁郡，平陳，郡廢，省大德、故鄣、安吉、原鄉四縣入焉。』又按舊唐書地理志：『武德七年廢雉州及原鄉併入長城，屬湖州』，又『武德四年置安吉縣，屬桃州，七年廢入長城，復置安吉、原鄉二縣』，然皆不屬宣州，故鄣又不見復置之，因今記乃云『武德七年廢宣州原鄉、安吉、故鄣三縣入長城』，與史不合，未知據何書，恐誤。」按舊唐書卷四〇地理志三載，武德七年廢安吉縣入長城縣，麟德元年復置安吉縣，原鄉縣於武德七年併入長城縣後，不再復置，新唐書卷四一地理志五同，原校云「復置原鄉縣」，引誤。

〔五八〕故鄣縣 「縣」，底本脱，據萬本、庫本、永樂大典卷二二七九、嘉慶重修一統志卷二八九湖州府引本書及嘉泰吴興志卷四引隋圖經補。

〔五九〕土人號爲石磨　「石磨」，底本作「磨石」，萬本、庫本同，據永樂大典、嘉慶重修一統志湖州府引本書及嘉泰吴興志引隋圖經乙正。

〔六〇〕亦苕水之異名也水深不可測俗謂之箬水　「苕水」，萬本同，永樂大典卷二二八〇引本書作「箬水」。「箬水」，底本作「若水」，庫本同，據萬本、永樂大典引本書改。按本書下文箬溪，即是也。

〔六一〕霅烏水　「水」，底本作「山」，萬本、庫本同，據永樂大典引本書改。

〔六二〕有生顧渚中者與峽州同　萬本、中大本、庫本「峽州」下有「光州」二字，傅校補。按嘉泰吴興志卷一八引郡國志同本刊。

〔六三〕懸脚嶺者　底本作「在縣脚山嶺者」，「在」，據萬本、庫本及嘉泰吴興志引郡國志删；「山」，據嘉泰吴興志卷四、卷一八引郡國志删。

〔六四〕伏翼閣　按嘉泰吴興志卷五、卷一八引郡國志作「伏翼澗」，此「閣」爲「澗」字之誤。

〔六五〕高九百尺　「尺」，底本作「丈」，據萬本、中大本、庫本改。按嘉泰吴興志卷四作「高一千尺」。

〔六六〕在縣東北六十里　「六十」，嘉泰吴興志卷四引本書作「七十」。

〔六七〕郭山　庫本、永樂大典卷二二七九引本書、嘉泰吴興志卷四同，萬本、嘉慶重修一統志卷二八九湖州府引本書作「石郭山」。

〔六八〕在故鄣南五里　「故」，底本脱，萬本、庫本同，據永樂大典卷二二七九引本書及嘉泰吴興志卷四補。

〔六九〕梁武帝　「梁」，底本脱，萬本、庫本同，據輿地紀勝安吉州引本書及嘉泰吴興志卷四引梁陳故事補。

〔七〇〕其山有追贈　庫本同，萬本作「後有追贈」，嘉泰吴興志作「上有追贈」。

〔七一〕在縣西北一百二里　「二」，底本作「一」，據萬本、中大本、庫本及輿地紀勝安吉州引本書改。

〔七二〕在縣西南百六十里　「百六十」，庫本同，萬本據嘉慶重修一統志卷二八九湖州府引本書改作「六十二」。按輿地紀勝安吉州引本書作「六十」，嘉泰吴興志卷四作「一百二十」。

〔七三〕即因梁童謡云烏山出天子故鑿焉　「云烏山出天子故鑿焉」，底本作「鑿所」，據萬本、庫本、傅校、嘉慶重修一統志卷二八九湖州府引本書改補。嘉泰吴興志卷四：「梁朝有童謡烏山出天子，故鑿焉。」

〔七四〕塘高一丈五尺　「五」，嘉慶重修一統志卷二八九湖州府引本書作「八」。按嘉泰吴興志卷五作「五」。

〔七五〕昔吴王闔廬築吴城使百姓輂土於此　「吴王」、「於此」，底本脱，據萬本、嘉慶重修一統志湖州府引本書及嘉泰吴興志引山墟名補。

〔七六〕送女潮　「潮」，底本作「湖」，庫本同，據萬本、嘉慶重修一統志湖州府引本書及嘉泰吴興志卷五改。

〔七七〕在縣東二十三里　「東」，嘉泰吴興志卷五作「東南」。

〔七八〕在縣西南一百一十里　「西南」，嘉泰吴興志卷五作「東南」。

〔七九〕餘漁浦　「餘」，底本作「諸」，據萬本、庫本、嘉泰吴興志卷五引本書改。

〔八〇〕舜漁于大小雷　「舜漁于」，底本作「于舜漁」，據萬本、庫本及輿地紀勝安吉州、嘉泰吴興志引本書乙正。

〔八一〕在縣西四十里　按嘉泰吴興志卷五作「在縣西一十里」。

〔八二〕紫苑　「苑」，嘉泰吴興志卷五引山墟名作「花」。

〔八三〕山墟名曰　底本脱，據萬本、中大本、庫本、傅校及嘉泰吴興志卷五補。

〔八四〕欲於此立宅　「於」，底本脱，據萬本、庫本、輿地紀勝安吉州引本書及嘉泰吴興志卷四引吴興記補。

〔八五〕柯日山　永樂大典卷二二七六引本書同，萬本作「柯山」，誤。按嘉泰吴興志卷四引入東記作「柯田山」，未知孰是。

〔八六〕若人之祭奠長吁數聲而死沈氏家人因作二函埋于山中　底本無「之」字，「奠」下有「然」字，「死」作「絶」，「中」作「下」，並據萬本、庫本、傅校、嘉慶重修一統志湖州府引本書補删改。

太平寰宇記卷之九十五

江南東道七

睦州　秀州　嘉興監

睦州

睦州，新定郡。今理建德縣。禹貢揚州之域。春秋時屬吴，後屬越，尋復屬楚。至秦爲鄣郡之地。漢又爲丹陽郡地。後漢以後，並屬吴郡。吴志：「漢建安十三年，大帝使威武中郎將賀齊討丹陽黟、歙縣賊，平定之，分歙爲始新、新定、黎陽、休陽四縣，與黟、歙凡六縣，因立新都郡，理始新縣，屬揚州。」晉太康元年改新都爲新安郡，新定縣爲遂安縣。隋平陳，廢郡爲新安縣，省遂安縣。仁壽三年割杭州桐廬并復立遂安縣，仍改新安爲雉山，以三縣置睦州，取「俗阜人和，内外輯睦」爲義。輿地志云：「郡城即賀齊所築。」隋煬帝廢州爲遂安郡。唐武德四年又置睦州，領雉山、遂安二縣，七年廢嚴州之桐廬縣來屬，又改爲東睦州；八年去「東」字。舊管縣三，治雉山。萬歲登封二年移治建德。天寶元年改爲新定郡。乾元元年復爲睦州。皇朝因之。〔一〕

元領縣六：〔二〕建德，桐廬，壽昌，遂安，分水，清溪。

州境：東西三百九十里。南北三百二十里。

四至八到：東北至東京二千四百三十五里。〔三〕西北至西京二千八百五十五里。西北至長安三千九百一十五里。東至杭州三百一十五里。南至婺州陸路一百一十五里，水路一百八十里。西至歙州三百七十三里。北至杭州界二百七十里。東南至婺州一百八十里。〔四〕西南至衢州三百一十里。西北至歙州三百一十里。東北至杭州三百一十里。

户：唐開元户二萬二千七百。皇朝管主客户一萬二千二百五十一。

風俗：同歙州。

人物：嚴子陵。　方儲，字聖公。舉賢良對策第一。〔五〕　戴顒，字仲若。春日携雙柑斗酒，人問何之，曰：「往聽黄鸝聲，此俗耳針砭詩腸鼓吹。」〔六〕　夏孝先，桐廬人。父亡，負土成墳，廬其側。時有野火燎山，將逼塋墓，孝先環墳號慟，鳥獸羣集，以毛羽濡水灑，火乃滅。　方干，字雄飛，桐廬人。脣缺，應舉不第，隱居鏡湖。遇醫補脣，年已老矣，號玄英先生。　皇甫湜，字持正。嘗爲裴度作福先寺碑，碑文三千字，裴酬以干缣，浞怒曰：「一字一缣，更减不得也。」裴笑而足之。少與李翱、張籍齊名。施肩吾。字希聖，分水人。舉進士，隱居洪州西山，終身不仕。晚遇旌陽，授以丹術，成仙去。〔七〕

土産：交梭紗，竹簟，絲布，鳩坑團茶，麥門冬煎，紙，漆，白石英。〔八〕

建德縣，舊十六鄉，今九鄉。吴黄武四年分富春縣之地置，屬吴郡，以封孫韶爲侯。〔九〕甘露元年，孫韶于水濱得大鼎進之，吴後主因改寶鼎元年，封孫韶爲建德侯。〔一〇〕隋末，立郡于此。

三雄山。郡國志云：「山有顯庭石門故關，多牛馬跡在石上。」是也。

都督山。郡國志云：「山極高峻，臨江。以占吉凶，石若崩，墜水内者死，半山而止者去住，〔一一〕消散至水際者免。又有承金山，相次以占焉。」

七里瀨。即富春渚是也。

界山。郡國志云：「界山欲雨，輒聞鐘鼓之聲，與人擊之無異。」

公山江水。郡國志云：「水有橘，自然泛來，行人噉之，恣飽則可，將去則病。」

桐廬縣，東北一百五里。舊二十一鄉，今十八鄉。漢爲富春縣地，吴黄武四年分富春置此。耆舊傳曰：「桐溪側有大椅桐樹，垂條偃蓋，蔭蔽數畝，〔一二〕遠望如廬，遂謂爲桐廬縣也。」

白石山，山有印渚，渚多巉石。

嚴陵山。輿地志云：「桐廬有嚴陵山，境尤勝麗，夾岸是錦峯繡嶺，即子陵所隱之地，因名。」

戴山，宋徵士戴顒所隱處也。

嚴子陵釣臺，在縣南大江側。壇下連七里瀨。按東觀漢記云：「光武與子陵友舊，〔一三〕及登位，忘之。陵隱于孤亭山，垂釣爲業。時主天文者奏，每日出，常有客星同流。帝曰：『嚴子陵耳。』訪得之，陵不受封。」今郡有臺并壇，亦謂嚴陵瀨。謝靈運過七里瀨詩曰：「石淺水潺湲，日落山照耀。」杜牧詩云「州在釣臺邊」也。

桐溪，一名紫溪，水木泉石相映，名「樓林」。〔一四〕自桐溪至於潛，有九十六瀨，〔一五〕第二即嚴陵瀨也。

壽昌縣，西南一百一十里。舊十鄉，今五鄉。秦歙縣地。漢爲富春縣之境，屬丹陽郡。隋仁壽三年改新安爲雉山縣，以桐廬、遂安三縣置睦州是也。〔一六〕唐永昌元年改爲壽昌縣。〔一七〕載初元年廢，神龍初又置之。

雉山，在縣西三里。

天井山。輿地志云：「壽昌縣有天井山，將降雨，頂上輒有鐘鼓之聲響。」

遂安縣，西南一百九十里。舊十五鄉，今八鄉。漢建安十三年分歙縣南鄉安定里爲新定。晉太康元年改新定爲遂安縣。隋平陳廢，仁壽中復。

分水縣，北一百八十五里。舊十四鄉，今六鄉。本桐廬縣之西鄉也，唐武德四年析桐廬縣以置之。至如意元年改爲武盛縣，因界内武盛山以爲名。神龍元年又改爲分水縣，取桐廬江水中分爲名。

清溪縣，西一百六十五里。舊二十四鄉，今十六鄉。在梁、陳之代，爲新安縣地，唐開元二十年改爲還淳縣。至永貞元年十二月改爲清溪縣，〔一八〕避憲宗名也。

錦沙村。按新安記云：「錦沙村傍山依壑，素波澄映，錦石舒文。冠軍吴喜聞而造焉，〔一九〕鼓枻游泛，彌旬忘反，嘆曰：『名山美石，故不虚賞，使人喪朱門之志。』」

秀州

秀州，理嘉興縣。本蘇州嘉興縣地，晉天福四年於此置秀州，從兩浙錢元瓘之所請也，仍割嘉興、海鹽、華亭三縣，并置崇德縣以屬焉。

領縣四：嘉興，海鹽，華亭，崇德。

州境：東西三百一十八里。南北九十一里。

四至八到：圖經上未有至東西京里數。〔二〇〕東至大海二百一十里。南至杭州硤石鎮爲界六十里。西至杭州二百一十九里。北至蘇州一百四十二里。

户：舊户載蘇州籍。皇朝户主客二萬三千五十二。

風俗：同蘇州。

人物：同蘇州。

土産：同蘇州。

嘉興縣，舊五十鄉，今三十二鄉。本秦由拳縣地。吴録地理志：「吴王時本名長水，秦改曰由拳。」漢書地理志屬會稽。續漢書郡國志屬吴郡。吴大帝黄龍三年，嘉禾生于由拳縣，改曰禾興。後以太子名禾，改曰嘉興。隋廢。唐武德七年復置，九年省入吴縣。〔二〕貞觀八年復置，屬蘇州。今乃割屬秀州。〔三〕

禦兒。按吴、越分境，越國西北置禦兒，與吴分爲界。通典注云：「在嘉興縣南，有地名禦兒也。」國語曰：「吾用禦兒臨之。」今俗作「語」字。

蘇小小墓，在縣前。晉朝歌姬錢塘蘇小小。

死亭灣。縣北七里有死亭灣，即朱買臣爲内史，衣錦還鄉，其妻羞死于此，故號死亭灣。〔三〕

朱買臣冢，在縣東三里。九州要記云：「此是招魂葬處，極高大，其真冢在洛陽北市東南大街中，有碑，云是朱買臣冢。」

秦望山。九州要記：「始皇登此山望海，因以名。始皇碑，在嘉興縣。吴主立于長水縣，土人謡曰：『水市出天子。』始皇東遊從此過，見人乘舟水中交易，應其謡，遂改由拳縣。」

故由拳縣，在今縣南五里。秦始皇見其山上出王氣，使諸囚合死者來鑿此山，其囚倦並逃走，因號爲囚倦山，因置囚倦縣，後人語訛，便名爲由拳山。其處出好紙。縣廢後，唯有一巖基一作機。在東。〔二四〕

會骸山。九州要記：「古有金牛入此山，皋伯通兄弟鑿山取牛，山崩，二人同死此穴中，因曰會骸山。」

海鹽縣，南九十里。元十鄉。本吴縣武原鄉，秦置海鹽縣。漢因之，屬會稽。又按吴郡記云：「海濱廣斥，鹽田相望。即海鹽與鹽官之地同也。」隋初置。唐武德七年廢，〔二五〕景雲二年又置，先天元年廢，開元五年又置。治在吴禦城。

華亭縣，東一百二十里。舊十鄉，今十七鄉。本嘉興縣地，唐天寶十載置，因華亭谷以爲名。

華亭谷。輿地志云：「吴大帝以漢建安中封陸遜爲華亭侯，即以其所居爲封。谷出佳魚蓴菜，又多白鶴清唳，故陸機嘆曰：『華亭鶴唳，不可復聞。』」

二陸宅。吴地志云：「宅在長谷，谷在吴縣東北二百里。谷周迴二百餘里，〔二六〕谷名華亭，陸機嘆鶴唳處。谷水下通松江。昔陸遜、陸凱居此谷。」吴志云：「漢廬江太守陸康與袁術有隙，使姪遜與其子績率宗族避難于是谷。谷東二十里有崑山，父祖墓焉。〔二七〕」故陸機思鄉詩云：「髣髴谷水陽，婉孌崑山陰。」崑山有吴相江陵昭侯陸遜墓。

崇德縣，西南一百八十里。〔二八〕元九鄉。置州之時，析嘉興縣之崇德等九鄉，於義和市置縣，以鄉爲縣名。

嘉興監

嘉興監，本秀州嘉興縣煎鹽之所，至今升爲監。〔二九〕

卷九十五校勘記

〔一〕皇朝因之　「皇朝」，底本作「至今」，據萬本、庫本及傅校改。

〔二〕元領縣六　「元」，底本無，據萬本、庫本及傅校補。

〔三〕東北至東京一千四百三十五里　按宋睦州治建德縣，即今浙江建德東北梅城鎮，東京即今河南開封市，在睦州西北，此「東」爲「西」字之誤。

〔四〕東南至婺州一百八十里　「南」，底本作「北」，萬本、庫本同，據中大本及淳熙嚴州圖經卷一改。又底本「里」下注「北應作南」，據萬本、庫本及傅校删。

〔五〕方儲字聖公舉賢良對策第一　萬本、庫本無。

〔六〕字仲若至此俗耳針砭詩腸鼓吹　萬本、庫本無此二十九字。

〔七〕夏孝先桐廬人至授以丹術成仙去　萬本、庫本無夏孝先、方干、皇甫湜、施肩吾傳略。

〔八〕紙漆白石英　萬本無。按淳熙嚴州圖經卷一：「舊經載貢交梭、絹、白苧、布、紅花、竹簟、鳩坑茶、麥門冬煎、白密。九域志載貢白苧十四、簟十領。國史志載貢母麞皮、交梭、絹、白苧、布、白密、紅花、竹簟、麥門冬煎。」無紙、漆、白石英，傅校删，是也。嘉慶重修一統志卷三〇三嚴州府土産漆、紙並引之明統志，此非樂史原文，爲後世竄入。

〔九〕封孫韶爲侯　「韶」，底本作「皓」，萬本、庫本同。原校：「按三國志云孫權爲吴王，封孫韶爲建德侯，孫休立，孫皓始封烏程，不封建德，今記誤以韶爲皓也。」按輿地紀勝卷八嚴州建德縣序引本書作「韶」，三國志卷五一吴書宗室傳：孫韶，「權爲吴王，遷揚威將軍，封建德侯。」此「皓」爲「韶」字之誤，據改。

〔一〇〕孫韶于水濱得大鼎進之吴後主因改寶鼎元年封孫韶爲建德侯　原校：「按孫韶赤烏四年前卒，而云韶以進鼎封建德侯，未詳舛謬之故。」

〔一一〕以占吉凶至半山而止者去住　按輿地紀勝嚴州引本書作「土居人投石以占吉凶」，此「以」上疑脱「土居人投石」五字。「半山而止者去住」，淳熙嚴州圖經卷二引郡國志作「到半山而止者吉」，此「去住」疑爲「吉」字之誤。

〔一二〕蔭蔽數畝　「蔽」，底本脱，萬本、庫本同，據嘉慶重修一統志卷三〇二嚴州府引本書補。

〔一三〕光武與子陵友舊　「友」，底本作「有」，據萬本、庫本、傅校及輿地紀勝卷八嚴州引東觀漢記改。

〔一四〕名樓林　萬本、庫本無此三字。輿地紀勝嚴州引本書作「名灘」，疑此有誤。

〔一五〕九十六瀨　「九十六」，輿地紀勝嚴州、宋本方輿勝覽卷五建德府並作「十六」，此處「九」疑衍。

〔一六〕仁壽三年改新安爲雉山縣以桐廬遂安三縣置睦州是也　原校：「按隋書地理志：『仁壽三年置睦州，大業初改新安爲雉山。』今記併以爲仁壽，與志小差。」

〔一七〕唐永昌元年改爲壽昌縣　按舊唐書卷四〇地理志三、新唐書卷四一地理志五、輿地廣記卷二三睦州皆載，唐永昌元年析雉山縣置壽昌縣，非改雉山縣置。

〔一八〕永貞元年十二月改爲清溪縣　原校：「以隋志考之，大業初改新安爲雉山，又按新舊唐書地理志，文明元年，雉山縣復爲新安，永昌元年分置壽昌縣，開元二十年改新安爲還淳，永貞元年改還淳爲清溪。今記壽昌縣序但言唐改新安爲壽昌，不言分置，則已無新安矣。清溪縣序又云梁陳之代爲新安縣地，開元改爲還淳，是有兩新安縣，殊爲牴牾。按新安縣，後改爲還淳，自還淳爲清溪，而壽昌特分新安所置耳，今記誤，宜以史志爲正。」

〔一九〕冠軍吴喜聞而造焉　「而造焉」，底本作「之」，據中大本、輿地紀勝嚴州、嘉慶重修一統志卷三〇二嚴州府引本書及傅校改補。萬本、庫本作「聞之而造焉」。

〔二〇〕圖經上未有至東西京里數　萬本作「圖經上未有至東西京及四至八到里數」，傅校補「四至八到」四字。庫本「圖經上未有四至八到」九字附于下文「北至蘇州一百四十二里」之後。

〔二一〕九年省入吴縣　「九年」，舊唐書地理志三、新唐書地理志五、輿地廣記卷二三秀州、輿地紀勝卷三嘉興府皆作「八年」，此「九」疑爲「八」字之誤。

〔二二〕今乃割屬秀州　「今乃」，萬本、庫本作「皇朝」，傅校改同。

〔二三〕即朱買臣爲内史衣錦還鄉其妻羞死于此故號死亭灣　至元嘉禾志卷五引本書作「朱買臣妻初見夫貧，遂棄夫，改嫁杉青堰吏，買臣爲内史，衣錦還鄉，其妻羞死於此，故號死亭灣」，較此多「朱買臣妻初見夫貧，遂棄夫，改嫁杉青堰吏」十七字。

〔二四〕唯有一巖基一作機在東　「基」，萬本、庫本作「磯」，傅校改作「機」。萬本、庫本無「一作機」三字。

〔二五〕隋初置唐武德七年廢　原校：「今記秦漢置縣之後，初無省廢，不應忽云隋初置。按自漢至南齊，史志皆有海鹽縣，惟隋志無之，故元和郡縣志云開皇元年廢，屬杭州。舊唐書地理志亦云漢舊縣，久廢，景雲二年復置，事皆略同。隋初廢縣，非置也。又元和志云武德七年地入嘉興，舊唐志及今記云武德七年廢，唐會要及新唐志云貞觀元年省，皆牴牾不一，疑唐初嘗復置，而尋廢，乃再復耳。」按元和郡縣圖志卷二五蘇州海鹽縣序：「隋開皇九年廢縣，北屬杭州。」原校引作「開皇元年廢」，誤，又脱「北」字。

〔二六〕谷周迴二百餘里　「二百」，輿地紀勝嘉興府引吳地記同，紹熙雲間志卷上及至元嘉禾志卷一四引本書皆作「百」。

〔二七〕谷東二十里有崑山父祖墓焉　輿地紀勝嘉興府引吳地記作「谷東二十里有崑山，墳墓在焉」；紹熙雲間志卷中及至元嘉禾志卷四皆作「谷水東二里有崑山，父祖葬焉」，疑此誤。

〔二八〕西南一百八十里　元豐九域志卷五秀州崇德縣：「州西南一百里。」輿地紀勝嘉興府（南宋慶元元年升秀州置）崇德縣：「在府西南一百里。」至元嘉禾志卷一：嘉興路（元至元十三年改嘉興府置）陸路，「西至崇德縣九十五里五十步」。此「八十」二字衍。

〔二九〕至今升爲監　「至今」，萬本、庫本作「皇朝」，傅校改同。

太平寰宇記卷之九十六

江南東道八

越州

越州，會稽郡。今理會稽、山陰兩縣。禹貢揚州之域。春秋時越國之地，周禮謂吴、越星紀之分野。故春秋元命苞曰：「牽牛流爲揚州，分爲越國。」史記云：「東越之地，文身斷髮。」夏少康封少子無餘以奉禹祀，號於越，越國之稱始于此矣。後二十餘代，勾踐稱王于周。至六代王無彊，當周顯王之世，爲楚所殘。〔一〕浙江之地，越猶保之，後終爲楚所滅，〔二〕其地盡入楚。秦滅楚，以越并入吴，立會稽郡。夏侯曾先吴地志云：「南面連山萬重，北帶滄海千里。」輿地志云：「漢因秦制。至順帝時，陽羨人周嘉上書，請分浙江以西爲吴郡，東爲會稽郡。」自晉至陳，又于此置東揚州。〔三〕至隋初改爲吴州。大業元年改爲越州，以地名之，尋廢州爲會稽郡。唐武德四年平李子通，置越州總管，管越、嵊、姚、鄞、浙、綱、衢、穀、麗、嚴、婺十一州，越州領會稽、諸暨、山陰三縣；七年改總管爲都督，督越、婺、鄞、嵊、麗五州，越州領會稽、諸暨、山陰、餘姚四縣；八年廢鄞州爲鄮縣，嵊州爲剡縣來屬，麗州爲永康，屬婺州，省山陰縣，督越、婺二州。貞觀元年更督越、婺、泉、建、台、括六州。天寶元年改越州爲會稽郡。乾元元年復爲越州。皇朝爲鎮東軍節度。

元領縣七。今八：山陰，會稽，剡縣，諸暨，餘姚，上虞，蕭山，新昌。新置。

州境：東西二百三十二里。南北四百四十七里。〔四〕

四至八到：東北至東京二千四百五十里。〔五〕西北至西京二千八百七十里。西北至長安三千七百三十里。東至明州二百七十里。西至杭州一百三十里。南至台州天台縣關嶺一百三十六里。北至海與蘇州分界一百三十里。東南至台州四百七十五里。西南至婺州三百九十里。東北至浹江海際三百九十八里。

户：唐開元户六萬四千一百。皇朝户主客五萬六千四百九十一。

風俗：漢書曰：「文身斷髮，以避蛟龍之害。」言人常在水中，故斷其髮，文其身，以象龍子，則龍不見傷害。宋略云：「會稽山陰編户三萬，號爲天下繁劇之所。」

姓氏：會稽郡七姓：虞、孔、夏、桀、鍾、茲、謝。

人物：鄭吉，會稽人。爲西域都護。　謝夷吾，山陰人。爲荆州刺史。　鄭弘，會稽山陰人。爲太尉，第五倫爲司空，班次在下，弘曲躬自卑，因聽置雲母屏風，〔六〕分隔其間。　鍾離意，會稽山陰人。爲臨淮太守，出行，春天澍雨，白鹿夾轂。主簿曰：「三公車畫白鹿，必爲三公。」後官尚書。又交趾守張恢墨敗，籍其貲，詔賜臣下。意得珠，悉以委地，曰：「穢物不敢拜。」帝歎曰：「清乎尚書之言！」〔七〕　鍾離牧，字子幹。會稽人。

王充，字仲任，上虞人。少孤，家貧無書，乃游洛陽書肆，偏閲悉記。因杜門潛思，著論衡一卷。蔡邕秘之。〔八〕

嚴青，有異人曰：「汝骨得道長生。」以一卷書與青，曰：「汝得長生。」　孟嘗，字伯周，會稽上虞人。〔九〕爲合浦太守，珠還。　虞翻，字仲翔，會稽人。垂髫時，客有候其兄者不過翻，翻遺書曰：「琥珀不拾腐草，磁石不受曲鍼，過而不存，宜矣！」客大奇之。〔一〇〕嘗以所注易示孔融。融曰：「延陵之理樂，吾子之理易，乃知東南之美者，非徒會稽之竹箭也。可謂探賾窮通矣。」性疏直，數忤孫權。權行酒，翻佯醉，徙交州十年。　闞澤，會稽人。年十三，夢名在月中。〔一一〕　丁固，山陰人。少夢松生腹上，謂人曰：「松字十八公。」後果爲司徒。　朱育，山陰人。

謝敷，字慶緒，會稽人。隱若耶山中，徵博士，不就。〔一二〕　夏統，字仲御，永興人。母病，詣洛市藥。三月三日，洛中王公至浮橋，統曝藥不顧。　賀循，字彦先，山陰人。操尚清厲。元帝渡江，凡典禮皆循所定。所居舍僅庇風雨，上賜以牀簟。　虞駿，字思行。翻曾孫。　丁潭，字世康，山陰人。有時望，與孔愉、張茂齊名。愉字敬康，茂字偉康，時號「會稽三康」。　虞預，字叔寧，餘姚人。著晉書及會稽典録。　孔羣，字敬休，山陰人。嘗與匡術有隙，王導因衆坐，令術勸羣酒，羣曰：「德非孔子，厄同匡人，雖陽和布氣，鷹化爲鳩，識者猶憎其目。」

孔愉，字敬康，山陰人。討華軼有功，封餘不亭侯。少嘗得一龜，放之餘不池中，龜左顧者數。及封，鑄印而龜皆左顧，愉始悟。歷登要路，垂橐而歸，布衣茆舍，澹如也。　阮裕，字思曠，剡縣人。以德業知名，不驚寵辱。　謝玄，字幼度。少爲叔父安所器重，安嘗曰：「子弟亦何預人事而欲使其佳？」玄曰：「譬如芝蘭玉樹，當使生于庭階耳。」　謝方明，山陰人。官會稽太守，判久繫之獄如神。　謝惠連，方明子。以詩稱小謝。　孔覬，字思遠，山陰人。骨鯁有風力，以是非爲己任。歷御史中丞，雖醉日居多，而醒時判決，未嘗壅積。　謝靈運，玄孫。詞賦爲江左第一。鮑照曰：「謝五言如初日芙蓉，自然可愛。」世稱謝康樂。爲永嘉太守。　謝鳳，靈運子。　謝超宗，鳳子。爲新安王常侍。時王母殷淑妃卒，超宗作誄，上奇之，曰：「超宗殊有鳳毛。」〔一三〕　王羲之，山陰人。〔一四〕　孔稚珪，字德璋，山陰人。官太子詹事。風韻清疏，飲酒可七八斗，門庭内草萊不翦，時有蛙鳴，笑謂客曰：「以此當兩部鼓吹。」〔一五〕　虞羲集，會稽人。　虞荔，餘姚人。〔一六〕九歲時，太常陸倕問五經中十事，荔應對無遺。梁武時，爲士林學士，兼中書舍人。　孔愔，會稽人。稚珪嘗以愔所作示謝朓，朓歎賞之，語珪曰：「是子聲名未立，應共獎成，無惜齒牙餘論。」〔一七〕　唐虞世南，字伯施，餘姚人。太宗每稱世南德行、忠信、博學、文詞、書翰爲五絶。〔一八〕　賀知章，會稽人。　孔述睿。越州人。代宗徵入歷史館修撰，乞還鄉，太子賓客致仕。

土產：緋紗，甆器，越綾，以上貢。甘橘，甘蔗，玉芝，〔一九〕葛根，交梭白紗，〔二〇〕銀魚，蛤粉，剡牋，鯮魚。〔二一〕古稱出纖麗之物，〔二二〕東方朔曰：「橫山產草，莖赤葉青，死者覆之活。」

諸暨縣烏帶山出紫石英。

山陰縣，舊十二鄉，今十五鄉。本秦舊縣，置在會稽山北、龜山西，漢以爲郡都尉所居。宋略云：「會稽山陰編户三萬，號爲天下繁劇。」王羲之云：「每行山陰道上，如鏡中遊。」王子敬見潭壑澄澈，清流瀉注，乃云：「山川之美，使人應接不暇。」隋末廢并入會稽。〔二三〕唐武德四年又置。貞觀元年又廢。〔二四〕垂拱二年又分會稽置。大曆二年又廢，七年刺史陳少游又奏置之。至元和七年併入會稽、蕭山兩縣，至十年又置之。

會稽城，按郡國志云：「越無城，北面以事吴，後吴終爲越滅。」〔二五〕

種山，在縣北三里餘。吴越春秋云：「大夫種所葬處。」隋開皇十一年，越國公楊素築爲州城。

龜山縣，東北九十四步。越絶書云：「勾踐遊臺上有龜公冢在。」又神異志云：「琅邪東山徙于會稽，壓殺百家。」〔二六〕吴越春秋又云：「勾踐築城已成，怪山自至。怪山者，琅邪東武縣海中山，一宿自來，故曰怪山。山形似龜，亦呼爲龜山。」

東武。會稽志云：「龜山之下有東武里，即琅邪東武縣山一夕移于此，東武人因徙此故里不動。」

塗山，在縣西北四十三里。禹會萬國之所。郡國志曰：「有石船，長一丈，云禹所乘者。宋元嘉中，有人于船側掘得鐵履一雙。」又會稽記云：「東海聖姑從海中乘船，張石帆至。二物見在廟中。又有周時樂器，名錞于，銅爲之，形似鐘而有頸，映水用芒莖拂之則鳴。〔二七〕宋武修廟得古珪，梁初又得青玉印。」

獨婦山。越絶書云：「勾踐將伐吴，置婦女山上，以邀軍士。」

壇宴山，即謝靈運遊宴之處。今往往聞有簫笛之聲也。

江橋。〔二八〕山陰記云：「郭北有江橋，即宋江彪所居之地，因以名之。」

蘭亭，在縣西南二十七里。輿地志云：「山陰郭西有蘭渚，渚有蘭亭，王羲之所謂曲水之勝境，製序于此。」

山陰鏡湖。漢順帝永和五年，會稽太守馬臻創立鏡湖，在會稽、山陰兩縣界，築塘畜水，水高丈餘，田又高海丈餘。若水少則洩湖灌田，如水多則閉湖洩田中水入海，所以無凶年。隄塘周迴三百一十里，都溉田九千餘頃。又會稽記云：「創湖之始，多淹冢宅，有千餘人怨訴于臺，臻遂被刑于市。及臺中遣使按鞫，總不見人，驗籍，皆是先死亡人之名。」又按輿地志云：「山陰南湖，縈帶郊郭，白水翠巖，互相映發若圖畫。」故逸少云「山陰路上行，如在鏡中遊耳」。唐玄宗朝秘書監賀知章乞爲道士，還鄉，勑賜鏡湖一曲。

寒溪，一名温泉。在鏡湖西。〔二九〕暑月水冷，冬月水温。

白樓亭。孔曄記云：「江夏太守宋輔于山南白樓亭立學教授也。」又郡國志云：「沛國桓儼避地至會稽，聞陳業賢而往候之，不見。臨去入交州，留書繫白樓亭柱而别。」

柯亭。郡國志云：「千秋亭，一名柯亭。」又會稽地記云：〔三〇〕「漢議郎蔡邕避難，宿于此亭，仰觀椽竹，知有奇響，因取爲笛，遂以爲寶器也。」千秋，一云高遷亭。

飛翼樓。按越城記云：「六樓八門并四水門，共十二門，樓飛翼最高。」

故城。越絶書云：「勾踐小城，山陰是也。」

樂野。吴越春秋：「勾踐立苑于樂野。」

南林。吴越春秋：「范蠡云越之處女，出于南林。」

廢郡城，在縣南三里。昔王朗爲會稽郡時，王肅在郡東齋宿，夜半有女子從地出，自稱越王女，與肅語，將曉辭别，贈一丸墨。是時肅方注周易，多凝滯，旦用此墨，才思開敏。〔三一〕

會稽縣，舊二十六鄉，今一十八鄉。秦舊縣。吴越春秋云：「禹巡行天下，還歸大越，會計修國之道，以會稽名山，仍爲地號。」

若耶山，在縣東南四十四里。昔葛玄道成所隱，桐几化成白鹿，〔三二〕三足共行，兩頭更食。山下有潭，潭傍有石，時人謂之葛仙公石。

會稽山，在縣東南十里。山海經云：「會稽之山四方，上多金玉，下多砆石。」秦始皇東巡，立石刻銘，即李斯篆書。

秦望山，在縣南二十七里。史記云：「始皇登之，以望南海。」孔曄記云：「秦望爲衆峯之傑，入境便見。始皇刻石于此。」輿地志云：「刻石前有石廣數丈，云是始皇所坐之石；兩邊有方坐八所，云是丞相以下坐石，故今有丞相石之名。」

幹山。山南即許詢宅也。南又有落星石，方十丈。

銅牛山，在縣東南五十八里。夏侯曾先地志云：「射的山西南銅牛，〔三三〕是越王鑄冶之處。昔有銅牛走入山，因名之。」

稶山。郡國志：「稶山，一名稷山，越王種菜于此。後漢謝夷吾少爲稶鄉嗇夫是也。」

侯山，在縣西南四里。〔三四〕晉書：「孔愉爲會稽内史，登山陰湖南侯山之下，以數畝地爲宅，便棄官居之。」

陽堂山。郡國志云：「山有鮑郎祠，本名蓋，一名信，後漢人，生好獵，死葬于此。兒忽夢當更生，開棺視尸儼然，但無氣爾。人事之，頗有靈驗。」

射的山，在縣東南十五里。孔曄會稽記云：「射的山半有石室，是仙人射堂。東高巖有射的石，遠望的的如射侯，形圓，視之如鏡。土人常以占穀食貴賤，射的明則米賤，暗則米貴。諺云射的白，斛一百。射的玄，斛一千也。」

石帆山，在縣東南十五里。夏侯曾先記云：「石帆壁立，臨川涌石亘山，〔三五〕遥望之有似張帆也。下有懸巖，名爲射堂，傳云仙人常射于此，使白鶴取箭。」又有白鶴山，在射的山西也。

横山。郡國志：「横山上有草，莖赤葉青，人死覆之便活。」

鶴鳴山。郡國志云：「鶴鳴山上有石鶴，時復鳴，云是扶乘上飛者。」〔三六〕

石簣山，在縣東南十五里。賀循記：「山形似簣，在宛委山上。」吴越春秋云：「在于九山東南天柱，號曰宛委。其巖之顛，承以文玉，覆以磐石。其書金簡，青玉爲字，編以白銀，皆琢其文。禹乃東巡，登衡嶽，以白馬血祭焉。〔三七〕因夢見赤繡衣男子，自稱『玄夷蒼水使者』，謂曰：『欲得我山神書者，齋于黄帝之嶽巖之下。』禹乃齋三月，登宛委山，發金簡之書，得通水之理。遂巡行四瀆，行到名山大澤，召其神問之，使益疏而記之，名之曰山海經。」開山圖曰：「禹開宛委山，得赤珪如日，碧珪如月，長尺有二寸。」

赤堇山，在縣南三十三里。會稽記：「昔歐冶造劍于此山，云涸若耶而採銅，破赤堇而取錫。」

山陰。秦始皇移在會稽山北，故有山陰之稱。

茅山。郡國志云：「東南有會稽山，一名茅山，一名覆釜，亦曰苗山，又名揀一作「採」。〔三八〕山，即會稽一峯。周禮：『其山鎮曰會稽』也。」

禹穴。漢書司馬遷傳云：「上會稽，探禹穴。」又有禹井。揚雄羽獵賦云：「入洞穴，出蒼梧。一作「柱」。」〔三九〕注云：「在零陵，言人從禹穴入，從蒼梧出也。」

禹廟。輿地記云：「禹廟内別有聖姑堂，云禹平水土，天賜玉女也。」又云：「禹廟側有石船，長一丈，云禹所乘也。孫皓刻其背，以述功焉。後人以皓無勳可記，乃覆船刻之字，其船中折。〔四〇〕」

若耶溪，在縣東南二十八里。越絶書云：「薛燭對越王曰：『若耶之溪，涸而出銅也。』古歐冶子鑄劍之所。」故戰國策曰：「涸若耶以取銅，破堇山而出錫。」又郡國志云：「歐冶子鑄劍處。」下有孤潭，深而且清，有孤石聳于潭，上有大櫟樹。客兒與弟惠連作詩聯句，刻于樹上。唐吏部侍郎徐浩遊之，云『曾子不居勝母之里，吾豈遊若耶之溪』，遂改爲五雲溪。」

尚書塢，在縣東南三十三里。宋尚書孔稚圭之山園也。

投醪河，〔四一〕在縣西三里。句踐投醪之所也。唐太和六年，廉使陸亘重開。〔四二〕今州南門河是也。

墨池。王右軍洗硯池并舊宅在蕺山下，〔四三〕去縣二里餘。

翁洲。郡國志：「徐偃王昔居翁洲。」

大禹廟，在縣南二十里。

都護門，在縣南二里。晉中興將軍王恬爲此内史，成帝問曰：「與誰同行。」恬曰：「將弟薈偕。」帝欲見之，薈未有官，于時法式，白衣不得見天子，因拜爲都護。至郡，別開此門出入。時人貴之，因官爲號。

御史床，在州東南四里。虞翻爲長沙桓王所待，特設此床以表賢。〔四〕翻仕漢，至御史。故梁元帝玄覽賦云：「御史之床猶在，都護之門不修。」

太尉泉。按水經注云：「若耶溪東，方數丈，冬温夏涼。漢太尉鄭弘宿居潭側，因以名泉。」輿地志云：「鄭弘雖在左輔，常思故居。及疾困，思得泉水，家人馳往取之，飲少許便差。」今一名沈釀埭。

雷門。郡國志云：「雷門，勾踐所立。以吴有蛇門，得雷而發，表事吴之意。吴以越在辰巳之地，作蛇門焉。有蛇象如龍，象越以鼓威于龍也。」又輿地志：「勾踐應門之上有大鼓，名之爲雷鼓，以威于龍也。」會稽記云：「雷門上有大鼓，圍二丈八尺，聲聞洛陽。孫恩之亂，軍人斫破，有白鶴飛出，後不復鳴。」湘州記云：「泉陵山有大石鼓，云昔神鶴飛入會稽雷門中，鼓因大鳴。」漢書云：「無持布鼓過雷門也。」

富中里。越絶書云：「富中大塘，勾踐修爲義田，田肥美，故曰富中。」南都賦云：「富中之甿，貨殖之選」是也。

江君里。在招賢坊，即梁光禄大夫江淹之故宅。

許君里。在清風坊，即晉徵君許詢之故宅也。

范蠡洲。昔勾踐平吴，蠡泛五湖，惟大夫種貪禄不退，受劍而死。後人思之，因名所游之渚以美之。

梅市。漢梅福，字子真，九江人。遇王莽亂，獨棄妻子，之會稽。人多依之，遂爲村落井鄽也。

千岩萬壑。劉義慶俗説：「顧長康從會稽還，人問山川之美，顧云：『千巖競秀，萬壑爭流，草木蒙籠于上，若雲興霞蔚。』」

土城山。會稽記：「縣東六里有土城山，勾踐索美女獻吴王，得諸暨苧羅山賣薪女西施、鄭旦。先令習禮于土城山。山邊有石，是西施浣紗石。」

剡縣，東南一百八十里。〔四五〕舊四十鄉，今二十七鄉。漢舊縣。後漢順帝以浙江東十三縣爲會稽郡，剡亦屬焉。孔曄記：「縣本在江東，賀齊爲剡令，移于今所。」隋末陷于李子通。唐武德四年平賊，以剡爲嵊州；六年廢嵊州，〔四六〕依舊爲剡縣。

桐柏山。靈寶經云：「上有桐柏合生，下有丹池赤水。」南嶽真人云：「越有桐柏之金庭，吴有勾曲之金陵。」夏侯曾先志云：「縣有桐柏山，與四明、天台相連屬，皆神仙之宫也。」

太白山。夏侯曾先地志云：「縣西六十里有太白山，連巖崔嵬，吐雲合景。又有小白山相連，即趙廣信鍊九華丹登仙之所也。」

天姥山，在縣南八十里。名山志曰：「山上有楓千餘丈，蕭蕭然。」後吴録云：「剡縣有天姥山，傳云登者聞天姥歌謡之響。」謝靈運詩云：「暝投剡山中，明登天姥岑；高高入雲霓，還期何可尋。」即此也。

剡溪，在縣南一百五十步。一源出台州天台縣，一源出婺州武義縣，即王子猷雪夜訪戴逵之所也。亦名戴溪。

沃洲山，〔四七〕在縣東七十二里。白居易有沃洲記。

臨溪，在縣東北五十里。溪下有石數百丈，或暴雨，石即先動。

諸暨縣，西南一百里。〔四八〕元二十四鄉。秦舊縣，界有暨浦諸山，因以爲稱。越王允常所都。

苧羅山。山下有石跡水，是西施浣紗之所，浣紗石猶在。

巫里。勾踐得西施之所，今有西施家、東施家。

餘姚縣，東一百四十里。舊二十一鄉，今十五鄉。漢舊縣，在餘姚山西。山海經云：「勾餘之山，無草木，多金玉。」郭璞注云：「在會稽餘姚縣南，勾章縣北。山多姚章，〔四九〕故取二縣以爲名。」風土記云：「舜支庶所封，舜姓姚。」唐武德四年置姚州，七年州廢，來屬越。

姚丘山，在縣西北六十里。周處風土記云：「舜生于姚丘，嬀水之内。今上虞縣東也。」

樾林山。謝靈運作山居賦于此。

虞山，在縣西三十里。太康志：「舜避丹朱于此。」

四明山，在縣西南一百里。會稽地記云：「縣南有四明山，高峯軼雲，連岫蔽日。」孫綽天台賦序云：「涉海則有方丈、蓬萊，登陸則有四明、天台。」

太平山，在縣東南七十八里，接連天台。即謝敷隱居之所。

瀑布嶺。茶經云：「越州餘姚茶生瀑布嶺者，號曰『仙茗』。大者殊異，小者與襄州同。」

蘭芎山。會稽録云：「昔葛玄隱于蘭芎山，後于此仙去，所隱几化爲生鹿而去。此山今有素鹿，三脚。此鹿若鳴，官吏必有殿黜。」

漁浦湖。輿地志云：「舜漁處。」

梅澳湖。夏侯曾先地志云：「湖有溪澳也。」又按蘇州記云：「淹梅澳昔有梅樹，吴國採爲姑蘇臺梁，後忽于此沈。至今湖側猶有梅溪。」

蘭風湖。輿地志云：「葛洪所棲隱處。」

舜橋。地志云：「舜橋，舜避丹朱于此。百官候之，故亦名百官橋。」

上虞故縣城，漢縣，今廢城在縣西是也。郡國志云：「上虞縣，即禹與諸侯會稽事至此，〔五〇〕因相虞樂，以爲名。」

落星石，高七八尺，江潮浩漫，石亦不没。故老云星隕化爲石。

餘姚江，在縣南五十步，闊四十丈。入明州。

上虞縣，東九十六里。舊十三鄉，今一十四鄉。漢縣，地理志云屬會稽郡。唐長慶初廢，併其地入餘姚。後復置，移此理。

曹娥碑。地志云：「餘姚縣有孝女曹娥，父泝濤溺死，娥年十四，號痛入水，因抱父尸出而死。縣令度尚使外生邯鄲子禮爲碑文。〔五一〕後蔡邕過讀碑，乃題八字曰：『黄絹幼婦，外孫虀臼。』」此碑今在上虞縣水濱。

谷林。郡國志云：「上虞縣東，今有姚丘，即舜葬之所。東又有谷林，即舜生之地。復有歷山，舜耕于此，嘉禾降此山也。」

蘭風山，在縣西北二十五里。郡國志云：「蘭風山，琅邪王弘之每釣于此。〔五二〕人或遇得魚，問賣不？答曰：『釣得亦不賣。』」

石樓山。郡國志云：「石壁山南對小山，山形方正如樓。有飛翼樓，在山南，世號鼓吹樓。又西南有陳音山，山即楚之善射者陳音葬于此，因名。」

蕭山縣，西北一百里。〔五三〕舊二十四鄉，〔五四〕今十五鄉。漢書應劭注云：「漢分諸暨、山陰地爲下諸暨，後易名餘暨。」〔五五〕王莽時改曰餘衍。至吴大帝改諸暨爲永興。隋併入會稽。唐儀鳳二年又自會稽分置。天寶元年八月改爲蕭山縣。

蕭山，在縣西一里。〔五六〕漢書地理志云：「蕭山，潘泉出焉。」晉許詢常登此山，憑林構室。

高遷樓。吴志云：「孫策入郡，郡人迎策于高遷。」注：「永興有高遷樓。」

浙山。虞喜志林云：「錢塘江有浙山，亦曰定山，正居江中，潮水衝山，即迴入海，故曰浙山，亦曰定山。」〔五七〕

許玄度巖，在縣西南八十里。孔靈符地志言：「晉徵士高陽許詢幽居之所。」

牛頭山，又云臨江山，在縣東南，水陸并行二十里。〔五八〕其山北江水迴流，舟行信宿猶經萬渚。〔五九〕說云「牛頭、苧羅，一日三過」。

新昌縣，東南二百二十里。十三鄉。唐末，錢鏐割據錢塘時，以去温州之道路悠遠，此地人物稍繁，且無館驛，乃析剡縣一十三鄉置新昌縣。

卷九十六校勘記

〔一〕爲楚所殘　「殘」，底本作「滅」，庫本同，據宋版、萬本及輿地紀勝卷一〇紹興府總序引本書改。

〔二〕後終爲楚所滅　「後」，底本脱，萬本、庫本同，據宋版及輿地紀勝紹興府總序引本書補。

〔三〕自晉至陳又于此置東揚州　按輿地廣記卷二二越州總序：「宋兼置東揚州。」輿地紀勝紹興府：「象之謹按晉志無東揚州，而宋志云孝建元年分揚州之會稽等五郡爲東揚州，則東揚州置於晉也，當從宋志及輿地廣記。」

〔四〕南北四百四十七里　「七」，底本脱，據宋版、萬本、中大本、庫本、傅校及嘉泰會稽志卷一補。

〔五〕東北至東京二千四百五十里　按宋越州治即今浙江紹興市，東京即今河南開封市，在越州西北，此「東」爲「西」字之誤。

〔六〕因聽置雲母屏風　「聽」，底本無，萬本同，據宋版、庫本、後漢書卷三三鄭弘傳補。

〔七〕後官尚書至清乎尚書之言　宋版、萬本、庫本皆無四十字，當非樂史原文。

〔八〕鍾離牧字子幹至著論衡一卷蔡邕秘之　宋版、萬本、庫本皆無鍾離意、王充傳略，當非樂史原文。

〔九〕字伯周會稽上虞人　「字伯周」宋版、萬本、庫本皆無;「會稽」,底本無,據宋版、萬本、庫本補。

〔一〇〕垂髫時至客大奇之　宋版、萬本、庫本皆無此三十八字。按此文略同三國志卷五七吴書虞翻傳裴松之注引吴書,當非樂史原文,爲後世補易竄入。

〔一一〕夢名在月中　「中」,底本作「宫」,據宋版、萬本、庫本改。

〔一二〕謝敷至不就　宋版、萬本、庫本皆無,「若耶山」,晉書卷九四謝敷傳作「太平山」。此當非樂史原文。

〔一三〕賀循字彦先至超宗殊有鳳毛　宋版、萬本、庫本皆無賀循、虞駿、丁潭、虞預、孔羣、孔愉、阮裕、謝玄、謝方明、謝惠連、孔覬、謝靈運、謝鳳、謝超宗傳略,當非樂史原文。

〔一四〕王羲之山陰人　底本脱,據宋版、萬本、庫本及傳校補。

〔一五〕字德璋山陰人至以此當兩部鼓吹　宋版、萬本、庫本無「字德璋」三字及「官太子詹事」以下三十七字,「山陰人」作「會稽人」,當非樂史原文。按南齊書卷四八孔稚珪傳:「會稽山陰人。」

〔一六〕餘姚人　宋版、萬本、庫本皆作「會稽餘姚人」,同陳書卷一九虞荔傳。

〔一七〕孔愔至無惜齒牙餘論　宋版、萬本、庫本皆無孔愔傳略,當非樂史原文。

〔一八〕字伯施餘姚人太宗每稱世南德行忠信博學文詞書翰爲五絶　宋版、萬本、庫本皆作「越州餘姚人」，無「字伯施」及「太宗每稱世南德行忠信博學文詞書翰爲五絶」二十二字，當爲非樂史原文。

〔一九〕玉芝　宋版、萬本、庫本皆無，傅校删，當非樂史原文。

〔二〇〕交梭白紗　「紗」，宋版同，萬本、庫本作「綾」。按元和郡縣圖志卷二六越州作「交梭白綾」，新唐書卷四一地理志五作「白編、交梭、十樣花紋等綾」，則作「綾」爲是。

〔二一〕銀魚蛤粉鮆䱎鱭魚　宋版、萬本、庫本皆無，傅校删，非樂史原文，爲後世竄入。

〔二二〕古稱出纖麗之物　「麗」，底本作「利」，據宋版、萬本、庫本改。元和郡縣圖志越州：「自貞元之後，凡貢之外，别進異文吴綾及花皷歇單絲吴綾、吴紗等纖麗之物。」

〔二三〕隋末廢并入會稽　按隋書卷三一地理志下：平陳，廢山陰縣入會稽縣。輿地廣記越州、輿地紀勝紹興府載同，此云「隋末廢并入會稽」，恐誤。

〔二四〕貞觀元年又廢　按舊唐書卷四〇地理志三云武德八年省山陰縣，新唐書地理志五同，與此異。

〔二五〕後吴終爲越滅　萬本、庫本作「終爲越滅」，意同，宋版作「後終爲吴滅」，中大本同，恐誤。

〔二六〕琅邪東山徙于會稽壓殺百家　「東山」，宋版、萬本、庫本同。按水經漸江水注：怪山，「本琅邪郡之東武縣山也，飛來徙此，壓殺數百家。」藝文類聚卷八引吴越春秋曰：「怪山者，琅邪東武海中山也。」太平御覽卷四七及本書下文引吴越春秋同，此「東山」疑爲「東武縣山」之脱文。「家」，萬本、庫本同，據宋版改。

〔二七〕映水用芒莖拂之則鳴　「水」下底本衍「中」字，據宋版、萬本及太平御覽卷四七引會稽記删。

〔二八〕江橋　底本「橋」下衍「山」字，據宋版、萬本、中大本、庫本及嘉泰會稽志卷一一引本書删。

〔二九〕在鏡湖西　「西」，底本作「南」，萬本、庫本同，據宋版、輿地紀勝紹興府引本書及傅校改。

〔三〇〕會稽地記　宋版、萬本、庫本皆作「會稽記」，蓋會稽地記又名會稽記。

〔三一〕旦用此墨才思開敏　「旦」，宋版、庫本作「且」，萬本作「及」。「才」，底本作「放」，據宋版、萬本、庫本改。

〔三二〕白鹿　「鹿」，宋版、萬本、庫本及輿地紀勝紹興府引本書皆作「麂」，按嘉泰會稽志卷九引舊經作「鹿」。

〔三三〕射的山西南銅牛　「西南」，嘉泰會稽志卷九引夏侯曾先志作「南」，無「西」字。

〔三四〕在縣西南四里　「西南」，宋版同，萬本、中大本、庫本作「南」，按嘉泰會稽志亦作「南」。

〔三五〕涌石亘山　「亘」，底本作「魚」，注「一作亘」，據宋版改。「涌」，初學記卷八引會稽志作「漫」。萬本、庫本作「通石魚山」，誤。

〔三六〕云是扶乘上飛者　「乘」，底本作「桑」，據宋版、萬本、庫本改。「扶」，萬本、庫本作「仙」。

〔三七〕以白馬血祭焉　宋版作「血白馬以祭」，萬本、庫本作「血祭白馬」，傅校改同。太平御覽卷四七引吴越春秋作「殺白馬以祭」，其意皆同。

〔三八〕一作採　宋版、萬本、庫本皆無此三字，傅校删，非樂史原文，爲後世竄入。

〔三九〕一作柱　宋版、萬本、庫本皆無此三字，傅校删，非樂史原文，爲後世竄入。

〔四〇〕字其船中折　按輿地紀勝紹興府引本書云：「宋元嘉中於石船側，掘得鐵屐一雙。」此無，蓋脱。

〔四一〕投醪河　「投」，萬本同，庫本作「簞」。輿地紀勝紹興府：投醪河，一名簞醪河。嘉泰會稽志卷一〇：簞醪河，一名投醪河。

〔四二〕陸亘　「亘」，底本脱，萬本、庫本同。按嘉泰會稽志：「唐太和六年，觀察使陸亘重浚。」舊唐書卷一六二陸亘傳：「遷越州刺史、浙東團練觀察等使。」新唐書地理志五：山陰縣「西北四十六里有新逕斗門，大和七年觀察使陸亘置。」投醪河即爲陸亘在任時重開，此脱「亘」字，據補。

〔四三〕蕺山　「蕺」，底本作「茸」，據萬本、庫本改。輿地紀勝紹興府：「蕺山，在府西北六里。舊經云越王嗜蕺採於此山，故名。」又嘉泰會稽志卷一〇：「王右軍洗硯池在會稽縣南五里白馬山下，舊經云王右軍洗硯處，今人指蕺山潢污爲池，非也。」

〔四四〕虞翻爲長沙桓王所待特設此床以表賢　「待」，萬本作「重」，輿地紀勝紹興府引本書作「禮」。「特」，底本脱，據萬本、庫本及輿地紀勝引本書補。

〔四五〕東南一百八十里　「東」，底本作「西」；「八十」，底本無，萬本、庫本同。元和郡縣圖志越州剡縣：「西北至州一百八十五里。」元豐九域志卷五越州剡縣：「州東南一百八十里。」剡録卷一：

嵊縣(北宋宣和三年改剡縣爲嵊縣)「在紹興府(南宋紹興元年升越州置)東南一百八十里。」按唐宋越州治今浙江紹興市，剡縣即今嵊縣，位於越州東南，里數正合諸書記述，此「西」爲「東」字之誤，脱「八十」二字，據以改補。

〔四六〕六年廢嵊州　「六年」，元和郡縣圖志越州同，舊唐書地理志三、新唐書地理志五皆作「八年」。

〔四七〕沃洲山　「山」，底本脱，庫本同，據萬本及嘉泰會稽志卷九引本書補。

〔四八〕西南一百里　按元和郡縣圖志越州諸暨縣：「東北至州一百四十五里。」元豐九域志越州諸暨縣：「州西南一百四十二里。」輿地紀勝紹興府亦云「在府西南一百四十二里」。唐宋諸暨縣，即今諸暨縣，東北至紹興市(即唐宋越州治)里距，正與諸書記載符合，此「一百」下蓋脱「四十二」三字。

〔四九〕山多姚章　「章」，底本作「璋」，庫本同，萬本作「章」。按山海經南山經郭璞注云：「今在會稽餘姚縣南，句章縣北，故此二縣因此爲名云。」傅校改「璋」爲「章」，據改。

〔五〇〕即禹與諸侯會稽事至此　「禹」，萬本、庫本作「虞舜」，二説不同，未知孰是。

〔五一〕縣令度尚使外生邯鄲子禮爲碑文　「外生」、「邯鄲子禮」，庫本同，萬本作「弟子」、「邯鄲淳」。後漢書卷八四列女傳曹娥李賢注引會稽典録曰：「上虞長度尚弟子邯鄲淳，字子禮。」水經漸江水注：「縣令度尚使外甥邯鄲子禮爲碑文。」

〔五二〕王弘之　「弘之」，庫本同，萬本作「方平」。按宋書卷九三隱逸傳：「王弘之，字方平。」

〔五三〕西北一百里　「北」，底本作「南」，萬本、庫本同，據元豐九域志越州改。按唐宋蕭山縣，即今蕭山縣，位於越州(治今紹興市)西北。

〔五四〕舊二十四鄉　萬本、庫本作「二十」，無「四」字。

〔五五〕漢書應劭注云漢分諸暨山陰爲下諸暨後易名餘暨　按漢書應劭無此注，不知所據。

〔五六〕在縣西一里　按嘉慶重修一統志卷二九四紹興府引本書此下有「又名西山，有林泉之勝，唐以此名縣」十四字，未知是否即爲樂史文。

〔五七〕故曰浙山亦曰定山　庫本同，萬本無此八字。太平御覽卷六五浙江引虞喜志林注曰：「今錢塘江口折山，正居江中，潮水投山下，折而曲，一云江有反濤，水勢折歸，故云浙江。」輿地紀勝紹興府浙江引顧野王地志云：「至錢塘江有浙山，正居江中，潮水衝山，即回入海，故曰浙江。」嘉泰會稽志卷一〇引同，但「故曰浙江」下有「亦曰定山」四字，則此「故曰浙山」之「山」蓋爲「江」字之誤。

〔五八〕水陸并行二十里　「二」，底本作「三」，據萬本、中大本、庫本及嘉泰會稽志卷九改。

〔五九〕舟行信宿猶經萬渚　萬本、庫本作「舟行信宿猶經過」，嘉泰會稽志作「舟行信宿猶經舊處也」，此「萬渚」蓋「過」或「舊處」之誤。

太平寰宇記卷之九十七

江南東道九

衢州　婺州

衢州

衢州，信安郡。今理西安縣。春秋爲越西鄙之地。吴洎晉爲東陽之墟。按輿地志云：「後漢獻帝初平三年分太末立新安縣。晉太康元年以弘農有新安，改名爲信安。」地土所屬，與婺州同。唐武德四年平李子通，析婺州之西境，仍于信安縣置衢州，州西有三衢山，因以爲名；七年陷輔公祏，因廢。至垂拱二年又分婺州之信安、龍丘縣置衢州，取武德廢州爲名。天寶元年改爲信安郡。乾元元年復爲衢州，又割常山入信州。

元領縣六。今五：西安，江山，龍游，常山，開化。新置。一縣舊廢：盈川。

州境：東西一百二十二里。南北二百五里。〔一〕

四至八到：東北至東京二千七百一十五里。西北至西京三千一百三十五里。西北至長安三千九百里。東至婺州一百九十里。南至處州三百五十里。西至饒州九百九十二里。東南至處州三百六十里。〔二〕西南至建州一千一百里。西北至饒州二百一十九里。東北至睦州二百一十九里。

户：唐開元二萬七千一百。皇朝户主客一萬九千八百五十九。

風俗：同婺州。

人物：〔三〕龍丘萇，新安人。王莽累辟不就。徐伯珍。龍游人。少孤貧，以箬葉學書，淹貫經史。〔四〕

土産：白紵，大麻布，紗，扇，橘，出西安。茶，〔五〕簟，號曰生子簟。硯，堅潤略亞于歙。石輪。形似蛙而大，生山巖間，可治痔疾。〔六〕

西安縣，舊三十鄉，今二十五鄉。〔七〕漢太末縣地，後漢獻帝初平三年分太末置新安縣。晉武太康元年以弘農有新安縣，遂改此爲信安縣。唐垂拱中因立郡于此。唐末，錢鏐割據，改爲西安。

石室山，一名石橋山，一名空石山。晉中朝時有王質者，常入山伐木，至石室，見有童子數四彈琴而歌，質因放斧柯而聽之。童子以一物與質，狀如棗核，含之不復饑，遂復

得少停。俄頃，〔八〕童子語曰：「汝來已久，何不速去。」質應聲而起，柯漼然爛盡。〔九〕

泉嶺山，〔一〇〕在縣南二百里。漢朱買臣曰：「東越王居保泉山，一人守險，千人不得上。」即今信安縣之北界也。

江山縣，西八十里。元十七鄉。本信安縣之南境，唐武德四年分信安置須江縣，因南有須江爲名，八年又廢。永昌元年又置。錢鏐改爲江山。

騎石山，山下有石，如人騎馬。郡國志云：「如人而無頭，昔有神巫以印指馬頭，馬頭即落，則此山也。」

江郎山，山上有五色石，日照炫曜。又郡國志云：「山上有三峯，峯上各有一巨石，高數十丈，歲漸長。昔有江家在山下居，兄弟三人神化于此，故有三石峯在焉。又有湛滿者，亦居山下，其子仕洛，〔一一〕遭永嘉之亂，不得歸。滿乃使祝宗言于三石之靈，能致其子，靡愛斯牲。旬日中，湛子出洛水邊，見三少年，使閉目入車欄中，但聞去如疾風。俄頃閒從空墮，恍然不知所以，良久乃覺是家園中也。」

龍游縣，東七十五里。舊二十六鄉，今二十七鄉。春秋姑蔑之地，越伐吳，王孫彌庸觀之，見姑蔑之旗。杜注云：「今東陽太末縣。」秦、漢爲太末縣地，晉立龍丘縣。按輿地志云：「今龍丘，乃春秋東陽太末縣也。」一名茹末縣。東有龍丘，故以爲名。隋廢。唐武德四年置穀州及白石、太末二縣，八年廢穀州及白石、太末二縣入信安縣。貞觀八年分金華、信安二縣置龍丘縣，來屬婺州。垂拱二年屬衢州。錢鏐改爲龍游。

龍丘山。東陽記云：「山有九石，晴明遠望，盡如芙蓉。有龍丘萇隱處，因名龍丘山。崖際有石巖，外如窗牖，中有石床，〔一二〕生龍鬚草、樫柏，〔一三〕望之五采，俗呼爲新婦巖。」齊書云：「太末徐伯珍宅南九里有高山，班固謂之九巖山。」

武安故城。唐武德八年以縣來屬婺州，垂拱二年隸衢州。按信安記云：「證聖二年割常山、須江、饒州之弋陽三縣置武安縣，以地有武安山，因以爲名。」今按此邑已廢，故城存。

常山縣，西九十六里。〔一四〕舊二十鄉，今十一鄉。唐咸亨五年分信安縣之西界，於常山北置常山縣，屬婺州。垂拱二年改屬衢州。乾元元年屬信州，尋又還衢州。

三衢山。東陽記云：「山上有石，周迴三百步。」

五畝橋。

聲溪。〔一五〕

穀江。輿地志云：「其水波瀨交錯，狀如羅穀之文，因以爲名。」

開化縣，東八十里。八鄉。本常山縣地，錢鏐割據之時析常山八鄉置開化縣。〔一六〕

廢盈川縣，在州南九十五里。唐如意元年分龍丘縣西桐山、玉泉等鄉置。按縣西有刑溪，陳時土人留異惡溪有「刑」名，改曰盈川，因爲盈川縣，蓋取盈滿之義。元和七年正月又廢此縣，以其地併入信安、龍丘二縣。

婺州

婺州，東陽郡。今理金華縣。禹貢揚州之域。春秋及戰國時爲越之西界。秦屬會稽郡。漢初屬荆、吴二國，後吴王濞誅，復置會稽，屬揚州，其地亦屬焉。今州界得漢會稽郡之烏傷、太末二縣地。鄭緝之東陽記云：「此境爲會稽西部，常置都尉理于此。吴寶鼎元年始分會稽置東陽郡。」屬揚州。晉、宋、齊皆因之不改。梁武帝又置金華郡於此。陳永定三年于此置縉州。〔一七〕尋又改信安縣爲信安郡。隋開皇九年平陳，省東陽郡理，郤分爲長山等九縣，以爲吴州；十三年又于此郡舊處復置婺州，〔一八〕蓋取其地于天文爲婺女之分以爲州名焉。煬帝初廢州爲東陽郡。唐武德四年平李子通，置婺州，領華川、長山二縣；七年廢綢州，〔一九〕義烏來屬；八年廢麗州爲永康縣、衢州信安縣，〔二〇〕並來屬，又廢穀州入信安，長山入金華縣。貞觀八年復分置龍丘縣。咸亨五年置蘭溪、常山二縣。垂拱二年分龍丘、信安、常山三縣置衢州，又置東陽縣。天授二年又置武義縣。天寶元年改婺州爲東陽郡。

乾元元年復爲婺州。晉天福四年昇爲武勝軍節度使。皇朝因之。

領縣七：金華，東陽，義烏，蘭溪，永康，武義，浦陽。

州境：東西二百四十一里。南北二百六十里。

四至八到：西北至東京二千六百二十里。西北至西京三千三十五里。西北至長安三千八百九十五里。東至越州四百八十里。南至處州二百八十八里。西至衢州一百九十二里。北至睦州一百八十里。東南至台州六百一十二里。西南至處州松陽縣界一百五十里。西北至睦州陸路一百六十里，水路一百八十里。西南至越州三百九十里。

户：唐開元户一萬四千三百。皇朝户主二千九百八十二，〔二二〕客六十四。

風俗：郡國志云：「揚州東境婺州，正得東越之地。漢時其地屬會稽郡，吴爲東陽郡。民俗輕躁，少信行，好淫祀。」

人物：顏烏，烏傷人。〔二三〕楊璇，字機平，烏傷人。爲零陵太守，盛石灰于車上，馬尾鼓灰敗賊。

駱統，字公緒，烏傷人。隨陸遜破蜀。許孜，烏傷人。〔二三〕唐駱賓王，義烏人。徐安貞，蘭溪人。〔二四〕張志和。字子同，金華人。母亡不復仕，自號「烟波釣徒」。〔二五〕

土産：綿，絁，絹，南棗，酒，出蘭谿美。玉面貍。〔二六〕

金華縣，舊四十五鄉。〔二七〕今二十四鄉。本漢烏傷縣地，後漢初平三年分烏傷置長山縣，屬會稽郡。吴寶鼎元年置東陽郡，理烏傷。吴録地理志云屬東陽郡。名山略記云：「有長山，在東北，縣因之爲名。」隋改長山爲金華。按金華即長山別名，今爲金華縣焉。

長山，在縣南二十里，〔二八〕一名金華山。即黄初平初起遇道士教以仙方處。吴録地理志云：「常山，仙人採藥處，謂之長山。山南有春草巖、折竹巖。巖間不生蔓草，盡出龍鬚，云赤松羽化處。又有似龍鬚而粗大者，名爲虎頭，〔二九〕不中爲席，但以其穰爲燈炷。」抱朴子云：「左元放言此山可以合神丹，免五兵洪水之患。」又按輿地志云：「金華山連亘三百餘里。」

畢嶺。輿地志云：「東陽畢嶺之下有錢嶺，往往人于嶺下獲大錢，今俗謂之錢嶺。」

銅山，在縣南三十里。東陽記云：「山下有泉水，色鮮白，號曰銅泉。」又按異苑云：「吴時有軍士五百人，破洞得一銅釜，〔三〇〕將欲破之，水從中暴發，遂成湖以溺人。」

龍丘山，亦當此邑，解在衢州也。〔三一〕

石甑。按東陽記：「崑山頂上有一孤石，高可三十丈，〔三二〕其形如甑，人謂之石甑。」

溪水。郡國志云：「金華縣因山爲石城，南臨溪水。高阜上有樓名曰玄暢樓，宋沈約造次吟咏于此處。」

赤松澗。赤松子遊金華山，以火自燒而化，故山上有赤松之祠。澗自山而出，故曰赤松澗。

徐公湖。郡國志云：「在長山上，周迴四百八十六步。昔山下居人徐公登山至湖，逢二人共博，自稱赤松子、安期先生，酌湖中水爲酒飲，徐公醉，及醒，不見二人，而宿莽攢聚其上。徐公方追悔，因名山焉。」今有徐公宅基在此。山中有靈巖寺，即梁文士劉峻，字孝標，棄官居此湖東山之上，孝標撰類苑一百二十卷也。

東陽縣，東一百五十里。元三十三鄉。〔三三〕本烏傷縣地，〔三四〕漢書地理志屬會稽郡。垂拱二年因東陽舊郡之號，分烏傷之地以置縣焉。

東陽江，一源南自永康縣界流入，〔三五〕至金華縣合成一水，謂之東陽江。

義烏縣，東北一百一十五里。舊二十九鄉，今二十六鄉。異苑云：「東陽顏烏以淳孝著聞，羣烏助銜土塊爲墳，烏口皆傷，一境以爲至孝所致，因以縣名烏傷。」唐武德四年于此置綢州，分烏傷立華川縣；七年州縣並廢，仍改烏傷爲義烏縣。

雲黃山，在縣南三十五里。山多玄猿、〔三六〕赤豹。

歌山。郡國志云：「東陽歌山，山下水通臨海。昔有人乘船從下望見女子于山下汲水，登峯而歌，姿態端美，船人挑之，神怒，因墜三大石塞水源，遂不通舟船。山側有石步廟，臨流虛搆，高數丈，長四十丈，可容百人坐。」

蘭溪縣，西北五十五里。元一十四鄉。〔三七〕本金華之地焉，唐咸亨五年八月分金華西界置。東陽記云：「龍丘山下有蘭溪，因以爲名。」

蘭陰山，在縣西五里。一名横山，臨截三江。

風子山，在縣西六十里。上有葛洪丹竈基址。

九峰山，在縣南六十里。下有唐中書侍郎徐安貞讀書巖。

永康縣，東南一百九十里。舊三十五鄉，今二十四鄉。本烏傷縣之地，東陽記云：「赤烏八年分烏傷之上浦置爲永康縣，屬會稽郡。」隋平陳，廢之。唐武德八年又置。

石公山，在縣西十里。有孤石，望如人坐其旁。又有石如人狀，似新婦著花履焉，或名新婦巖。

石城山，在縣南一十四里。吴録云：「永康有石城山。」山海經云：「三天子都，在閩西海北。」郭璞注云：「在新安歙縣東。」又引張氏土地記云：「東陽永康縣南四里有石城山，上有小石城，云黄帝曾遊于此山，即三天子都也。」

金勝山，在縣東五十里。郡國志云：「昔有人于此拾得金勝，因名之。山有趙炳祠，炳善方術。廟今無蚊蟲。」異苑云：「孫權時，永康人入山，遇大龜，烹之不爛，即此山也。」

武義縣，輿地志云：「吴赤烏八年分烏傷、永康縣置。」隋廢。唐天授二年分永康西境又置。

大家山，在縣西二十里。〔三八〕大家起雲，新婦山即雨，因以爲候。

新婦山，解在大家山。山上有小石扶立如婦人，因以名之。

浦陽縣，東北一百二十里。元十四鄉。唐天寶十三年析義烏北鄙置浦陽縣。尋又析蘭溪縣界二鄉、杭州富陽縣二里屬焉。

浦陽江，在縣西三十里。縣取此山爲名。

卷九十七校勘記

〔一〕南北二百五里　「五」，庫本同，萬本作「一十五」。元和郡縣圖志卷二六衢州作「二百十六里」，與萬本小差。

〔二〕東南至處州三百六十里　「六十」，萬本、庫本作「六十三」。按元和郡縣圖志衢州：「東南至處州四百五十里。」本書卷九九處州：「西北至衢州四百五十里。」正合元和志記載，則此里數誤。

〔三〕人物　萬本、庫本此下並注「無」，傅校同。

〔四〕龍丘萇新安人至以箬葉學書淹貫經史　萬本無龍丘萇、徐伯珍傳略。按後漢書卷七六循吏列傳龍丘萇：「隱居太末。」南齊書卷五四高逸傳徐伯珍：「東陽太末人。」漢置太末縣，唐改爲龍丘縣，此以唐縣名爲漢、南齊縣名，不妥。

〔五〕橘出西安茶　萬本、庫本並無。

〔六〕硯堅潤略亞于歙石輪形似蛙而大生山巖間可治痔疾　萬本、庫本並無。

〔七〕今二十五鄉　「二」，萬本、中大本、庫本並作「三」，傅校改同。

〔八〕見有童子數四彈琴而歌至俄頃　「見有童子數四彈琴而歌」，庫本及太平御覽卷四七引郡國志同，萬本作「見二童子對奕」，嘉慶重修一統志卷三〇一衢州府引梁任昉述異記同。「遂復得少停，俄頃」，庫本同，而無「得」字，萬本無前五字，「俄頃」作「局終」，太平御覽引郡國志作「遂復小停，亦謂，俄頃」，此「得」蓋衍字。

〔九〕童子語曰至柯濯然爛盡　庫本同，而「柯濯然爛盡」作「柯已爛盡」，同太平御覽引郡國志。萬本作「童子指示曰汝柯爛矣。質歸鄉里，已及百歲，無復舊時人，故又名爛柯山」，同嘉慶重修一統志衢州府引述異記。

〔一〇〕泉嶺山　「嶺」，底本作「領」，據庫本、傅校及通典卷一八二州郡志一二改。萬本作「泉山」，漢書卷六四朱買臣傳、太平御覽卷四七皆作「泉山」。

〔一一〕其子仕洛　「洛」，太平御覽卷四七引郡國志作「晉」，此誤。

〔一二〕外如窗牖中有石床　「外」，底本脱，庫本同，據萬本及續漢書郡國志四劉昭注引東陽記補。又「石床」，續漢書郡國志注引東陽記作「石林」。

〔一三〕龍鬚草㮶柏　按南齊書卷五四高逸傳、南史卷七六隱逸傳下徐伯珍皆作「龍鬚㮶柏」，無「草」字。

〔一四〕西九十六里　「西」，底本作「東」，萬本、庫本同。元和郡縣圖志衢州常山縣：「東至州八十里。」元豐九域志卷五衢州常山縣：「州西九十里。」按唐廣德二年移常山縣於今縣治，在衢州治（即今浙江衢州市）西，此「東」爲「西」字之誤，據改。

〔一五〕聲溪　萬本、庫本無此二字。

〔一六〕錢鏐割據之時析常山八鄉置開化縣　按元豐九域志衢州：「乾德四年分常山縣置開化場，太平興國六年升爲縣。」宋朝事實卷一八同，則吴越錢氏置場，北宋初始升爲縣。

〔一七〕陳永定三年于此置縉州　按陳書卷三五留意傳：梁「紹泰二年以應接之功，除持節、通直散常侍、信武將軍、縉州刺史，領東陽太守。」縉州改置於梁末，此以爲陳置，非也。參見校勘記〔一八〕。

〔一八〕十三年又于此郡舊處復置婺州　按資治通鑑卷一六五梁元帝承聖二年：「王僧辯至姑孰，遣婺州刺史侯瑱：築壘東關，以待齊師。」胡三省注：「東陽郡，梁置婺州。」蓋梁始置婺州，梁末改名縉州，至隋復名婺州，此處缺脱。

〔一九〕七年廢綢州　「綢」，底本作「縉」，萬本同。按元和郡縣圖志卷二六婺州義烏縣序云：「武德四年於縣置綢州，縣屬焉，又改烏傷爲義烏。」新唐書卷四一地理志五婺州義烏縣：「本烏傷，武德四年以縣置綢州，因綢巖爲名，并析置華川縣；七年州廢，省華山入烏傷，更名來屬。」此「縉」爲「綢」字之誤，據改。庫本作「綱」，誤。後義烏縣序改同。舊唐書卷四〇地理志三作「綱州」。

〔二〇〕衢州信安縣　按舊唐書地理志三載，武德八年廢衢州，以信安縣屬婺州，此「信安縣」上脱「爲」字。

〔二一〕皇朝户主二千九百八十二　「二千」，萬本、庫本作「三萬三千」，中大本作「三萬二千」。此疑脱「三萬」二字。

〔二二〕顔烏烏傷人　萬本、庫本無。

〔二三〕許孜烏傷人　萬本、庫本無。按晉書卷八八許孜傳：「東陽吴寧人。」此云「烏傷人」，誤。

〔二四〕蘭溪人　按舊唐書卷一九〇文苑傳中徐安貞：「信安龍丘人。」此誤。

〔二五〕張志和至自號烟波釣徒　萬本、庫本無張志和傳略。

〔二六〕南棗酒出蘭谿美玉面貍　萬本、庫本並無，傅校删。

〔二七〕舊四十五鄉　「鄉」，底本作「里」，據萬本、中大本、庫本改。

〔二八〕在縣南二十里　「南」，元和郡縣圖志卷二六、宋本方輿勝覽卷七婺州作「北」，此「南」蓋「北」之誤。

〔二九〕又有似龍鬚而粗大者名爲虎頭　「似」，底本作「化」，據傅校及太平御覽卷四七引吴録地理志改。「頭」，太平御覽引吴録地理志作「鬚」，當是。萬本、庫本無此文。

〔三〇〕破洞得一銅釜　「洞」，底本作「銅山」，據萬本、庫本傅校、及太平御覽卷四七引異苑改。

〔三一〕龍丘山亦當此邑解在衢州也　中大本同，庫本同，而「解」作「界」，萬本以與衢州龍丘山重出而删，當誤。

〔三二〕高可三十丈　「高可」，底本作「可高」，據萬本、庫本及太平御覽卷四七引東陽記乙正。

〔三三〕元三十三鄉　「三十三」，萬本作「三十九」，中大本作「三十五」，庫本同，傅校同，當是。

〔三四〕本烏傷縣地　「地」，底本作「也」，據萬本、庫本及元和郡縣圖志婺州改。

〔三五〕一源南自永康縣界流入　「入」，底本作「出」，據萬本、庫本改。元和郡縣圖志婺州金華縣：「東陽江，有二源，一南自永康縣界流入，一東自義烏縣界流入，至縣界南合爲一，謂之東陽江。」

〔三六〕玄猿　「猿」，萬本、庫本作「熊」。

〔三七〕元一十四鄉　「一」，萬本、庫本作「二」，傅校改同。

〔三八〕在縣西二十里　「西」，庫本同，萬本作「西南」。

太平寰宇記卷之九十八

江南東道十

明州　台州

明州

明州，餘姚郡。今理鄮縣。古舜後爲餘姚之墟。兩漢志爲會稽鄮音茂。縣之地。〔一〕光武曾爲賊所敗逐，有奴在田中耕，因藏，光武獲免。後定天下，議賞，光武問欲何官，奴云欲得鄮縣令。後或號鄮縣爲官奴縣。唐開元二十六年析會稽之鄮縣置明州，取境内四明山爲名。天寶元年改爲餘姚郡。乾元元年復爲明州。長慶元年，浙東觀察使薛戎上言：「明州北臨鄞江，地形卑隘，今請卻移郡于鄮縣置，其元郡城近高處卻安縣。」〔二〕從之。皇朝爲奉國軍節度。

元領縣六。今五：鄮縣，奉化，慈溪，象山，定海。新置。一縣舊廢：翁山。

州境：東西一千九百五十里。內一千八百入大海，與新羅接界。南北三百六十里。內二百三十五里接大海。

四至八到：西北至東京二千六百八十里。西北至西京三千二百五十五里。西北至長安三千八百五里。南至台州寧海縣水行一百八十里，從縣西南至台州二百五十里，都四百三十里。西至越州餘姚縣一百七十里。〔三〕北至越州餘姚縣界海際水行一百八十里。東南至海中崛門山四百里，與台州象山縣分界。西南至陸昭嶺一百七十里，〔四〕與越州剡縣接界。西北至越州界一百七十里，至越州二百七十里。東北至大海岸浹口七十里，從海際浹口往海行七百五十里至海中檢山。

户：唐開元户四萬二千二百。〔五〕皇朝户主一萬八百七十八，客一萬六千八百三。

風俗：同越州。

人物：文種，字子禽，〔六〕鄞人。夏黄公，鄞人。即四皓之一。董黯。字叔達，鄞人。仲舒六世孫，事母至孝。〔七〕

土產：絹，葛，出慈谿。紅木犀，紫菜，淡菜，鮚，蚶，青鯽，〔八〕紅蝦鮓，舊貢。大蝦米，〔九〕石首魚，〔一〇〕舶船，海物。

鄮縣，舊四十鄉，今二十五鄉。〔一〕漢舊縣，居鄮山之陰，屬會稽郡。至隋廢。唐武德四年置鄞州，八年州廢爲鄮縣，屬越州。開元二十六年于縣置明州。

甬東。按史記：「越王句踐平吴，徙夫差于甬東。」韋昭云：「即句章東海中洲也。」

亶洲山，在縣東北，近海岸。

動石山。山有堅石，高五六丈，下有小石支之，暴風雨則其石自動，行于山者聞隆隆作聲。

新婦巖。夏侯曾先地志云：「新婦巖，北臨溪水，其石五色，望之頗似花鈿新婦首飾，故曰新婦巖。」

四明山，在州西八十里。有四角，各生一種木，皆不雜也。山頂有池，其池有三重石臺。

石樓，在縣南。一名石柱，云是四明山纜風出處。

靈山。郡國志云：「山有石鼓臨澗，若鳴，則野雉翔鳴，故曰靈山。」

東海上有野人，名曰庚定子。舊説云昔從徐福入海，逃避海濱，亡匿姓名，自號庚定子，土人謂之白水郎。脂澤悉用魚膏，衣服兼資絹布。音訛亦謂之盧亭子也。

句章故城，漢縣，廢城在縣西。按郡國志云：「句章縣本是平山，四明接其東嶺，天台續其南峯」是也。

古鄞城，亦漢縣，廢城在縣南。〔一二〕

嵊亭，自剡至此，溪灘磧高險，行客往來，皆此裝束。齊僕射張稷曾生子於此，乃名嵊。

陳國冢。郡國志云：「鄮縣有陳國冢，一名雁栖墓。昔國爲日南太守，死有雙鶴隨柩而歸會稽，栖于墓上，三年然後去。」

奉化縣，南六十里。九鄉。本鄮縣地，唐開元中與州同置。

慈溪縣，西北七十里。舊二十一鄉，今十四鄉。〔一三〕本鄮縣地，唐開元中與州同置，以房琯爲令。

象山縣，西北七十里。〔一四〕元二十一鄉，今十四鄉。〔一五〕本台州所管之邑，唐貞觀三年六月置，後二年十一月割入明州。〔一六〕

定海縣，東七十里。七鄉。海壖之地，梁開平三年，吳越王錢鏐以地濱海口，有魚鹽之利，因置望海縣。後改爲定海縣。

廢翁山縣，唐開元時，與州同置。大曆六年因袁晁反于此縣，遂廢之。

台州

台州，臨海郡。今理臨海縣。春秋及戰國時皆爲越地。秦屬閩中郡。漢惠帝三年封閩君摇爲東海王，都東甌，世號曰東甌王，亦兼有其地。至武帝時，東甌舉國徙處江淮閒，其地屬會稽郡。今之州界，即漢回浦縣地。山海經云：「甌居海中。」郭璞注云：「今臨海永寧縣即東甌，閩越即西甌。」又漢書地理志云回浦縣有南部都尉是也。〔一七〕揚雄解嘲云：「東南一尉，西北一候。」〔一八〕孟康注云：「會稽，東部都尉也。」後漢光武時改回浦爲章安縣。〔一九〕吴大帝時分章安、永寧置臨海縣。少帝時又分臨海、始平、松陽、羅陽四縣以置臨海郡。晉、宋、齊皆因之。梁又爲赤城郡。隋平陳，郡廢，以其地入永嘉郡。唐武德四年討平李子通，于臨海縣置海州，領臨海、章安、始豐、樂安、寧海五縣；五年改爲台州；六年没于輔公祏；七年平賊，仍置台州，省寧海入章安；八年廢始豐、樂安二縣入臨海。貞觀八年復分置始豐。舊管二縣。永昌元年置寧海縣。神龍二年置象山縣。天寶元年改爲臨海郡。乾元元年復爲台州。

領縣五：臨海，黄巖，天台，永安，寧海。

州境：東西三百九十里。南北三百九十里。

四至八到：西北至東京二千九百二十五里。西北至西京三千四百四十五里。〔二〇〕西北至長安四千五百里。東至海際一百八十里。南至海州五百里。西至處州四百五十里。西北至越州五百里。東南至大海二百九十三里。西南至括蒼山足七十里，極大山。西北至婺州六百一十二里。東北至明州象山縣東崌門山四百六十里，極大海。

户：唐開元户二萬一千。皇朝户主一萬七千四百九十九，客一萬四千四百四十二。

風俗：同越州。

人物：〔二一〕唐項斯。臨海人。爲人清雅，工詩。楊敬之有句云：「平生不解藏人善，到處逢人説項斯。」〔二二〕

土産：金松，垂條如弱柳，結子如碧硃，三年子乃一熟。方竹，可作杖。〔二三〕絹，望潮魚，一名海和尚。〔二四〕乾薑，甲香，乳柑，茶，花乳石，〔二五〕鮫魚皮，海物。

臨海縣，舊三十五鄉，今一十五鄉。本漢回浦縣地，後漢光武改爲章安縣。晉太康地記云：「吴分章安置臨海縣，屬會稽郡。少帝時置臨海郡，縣屬焉。」

括蒼山，在州西四十里。高一萬六千丈。神仙傳：「王方平居崑崙，往來羅浮、括蒼山相連。〔二六〕石壁上有刊字蝌蚪形，高不可識。春月，樵者聞鼓吹簫笳之聲聒耳。元嘉中遣名手畫寫狀於團扇，即此山。〔二七〕」

蓋竹山，在縣東三十一里。高九百丈，周迴一百里。抱朴子云：「餘山不可合神丹

金液，〔二八〕有山精木魅，多壞人藥。唯有大小台、華山、少室、蓋竹等山，一作可成。」〔二九〕

俏山。郡國志云：「山下有夫人祠，山北湖陰又有蕭御史廟，〔三〇〕孤石聳出，似婦人豔妝而坐。」

白鶴山，在縣東二十里。〔三一〕上有深湖，中有磐石，前有石鼓，俗傳石鼓鳴，則兵亂。昔有白鶴飛入會稽雷門鼓中，擊之聲振洛陽。臨海記云：「郡西有白鶴山，山上有池，泉水懸溜，遠望如倒掛白鶴，因名掛鶴泉。」又郡國志云：「漢末有徐公于此山成道，控鶴騰空而去。又有鶴掛嶺，猶有翱翔之勢。」

高相山，山中有穴無際。會稽圖云此穴與海相通。

仙石山。山有館，土人謂之黄公客堂。兩邊有石步廊，觸石雲起，崇朝必雨。有四竿筋竹，〔三二〕風吹自垂空，微拂石皆淨。即王方平所遊之地。

覆釜山，在縣東一百七十里。臨海記云：「東海有山，形似覆釜，山上有巨跡，是夸父逐日之所踐。」吴越春秋云：「夏帝登此山，得龍符。」唐天寶六載勑改爲龍符山。

石新婦山，在縣東一百一里。山旁多有奇石，如婦人之狀，石悉紺色。宋文帝遣畫工摹寫山狀，時人盛圖于白團扇焉。

靈石山。山有寺，當孫恩作叛，毁材木以爲船舸，山石即于空中自然而落，賊每有所傷，故曰靈石山。

芙蓉山。臨海記云：「州東北七十里海中有芙蓉山。」智者禪師傳云：「出海口，望芙蓉山竦若紅蓮之始開。」唐天寶六載改爲秀麗山。

燈壇山，高一千二百丈，在縣西六十里。舊圖經云：「有石壇，每陰雨有火，望之如燃。」

臨海山，在縣北二百四十里。山有水合成，溪自臨海，一水是始豐溪，一水是樂安溪，〔三三〕至州北兩相合，即名臨海溪。山因溪名。

常風山，在縣西五十一里。舊圖經云：「上有石穴，常有風，故以爲名。」

樓石山，〔三四〕在縣東六十二里。望之如樓。

海門山，在縣東一百二十六里。在臨海北岸，〔三五〕東枕海。

玉峴山，在縣東一百九里。臨海記云：「黄石山洩水九層，沿崖注落如白練。東南有鍾乳穴，多水，有伏翼如鵝大。」其山本名黄石，唐天寶六載勑改爲玉峴山。

崛門山，郡國志云：「山在大海中。腹有孔，上達于頂，有聲即大風，不風即水湧出，必有大兵。吴將平，孔内有聲，遠聞千里。」

夷洲。四面是溪，〔三六〕頂有越王釣石在焉。

月桂子。唐垂拱四年三月，月桂子降于台州，司馬孟詵、冬官侍郎狄仁傑以聞。

黄巖縣，東南一百五里。〔三七〕舊三十鄉，今十二鄉。漢縣，順帝永和元年置，今温州永嘉縣，屬會稽郡是也，歷六朝不改。至隋廢之，以其地併入臨海縣。唐上元二年四月復析臨海地以置之。天授元年八月改爲黄巖，〔三八〕以其山頂有黄石，故以名之。

永寧山。

三童山。亦有溪名三童。

天台縣，西北一百一十里。舊十五鄉，今五鄉。輿地志：「吴初置爲南始平縣。晉太康元年更名始豐。」陳、隋之代廢之。〔三九〕唐貞觀八年又置，〔四〇〕上元二年改爲唐興縣。梁改爲天台縣，後唐同光初復舊。晉天福初改爲台興縣。今爲天台縣。

天台山，在州西一百一十里。臨海記云：「天台山超然秀出，山有八重，視之如一帆，高一萬八千丈，周迴八百里。又有飛泉，懸流千仞似布。〔四一〕」故登真隱訣注云：「此山在桐柏山後，四明山東南三百里。」啟蒙記注云：〔四二〕「天台山去天不遠，路經油溪，〔四三〕水深險清泠。前有石橋，路逕不盈尺，長數十丈，下臨絶澗，唯忘其身，然後能濟。濟者梯巖壁，援蘿葛之莖，度得平路，見天台山蔚然綺秀，列雙嶺于青霄，上有瓊樓玉闕、天堂、碧林、醴泉，仙物畢具也。晉隱士白道猷得過之，獲醴泉、紫芝、靈藥。今石橋名相山。」又道書所謂玉堂天台山，其山八重，視之如一，中有金庭不死之鄉。許邁與王逸少書曰：「自山陰至臨海，多有金庭、玉堂，仙人芝草也。」

赤城山，在縣北六里。孔靈符會稽記云：「赤城山土色皆赤，狀如雲霞，懸溜千仞，謂之瀑布。」登真隱訣云：「此山下有洞，在三十六小洞天數，其山是赤城丹洞，周迴三百里，上有玉清平天也。」孫公綽天台賦云：「赤城霞起以建標，瀑布飛流以界道。」又述異記云：「赤城山一峯特高，可三百丈，丹壁爍日。」

銅溪，在縣西北五十里。其水黄色，狀如銅汁，故號銅溪。

靈溪，在縣西北三十里。孫公綽賦云「過靈溪而一濯」是也。

瀑布山，亦天台之別岫也。西南瀑布懸流千丈飛瀉，遠望如布。又按神異記云：「餘姚人虞洪入山採茗，遇一道士牽三青羊，引洪至瀑布山，曰：『吾丹丘子也，聞子善具飲，常思見惠。〔四四〕山中有大茗，可以相給，祈子他日有甌犧之餘，不相遺也。』因立奠祀。後常與家人入山，獲大茗焉。」

石城山，在縣東三十里。

猶溪，〔四五〕在縣東三十五里。

永安縣，西一百五里。〔四六〕舊一十五鄉，今六鄉。顧野王輿地志：「晉穆帝永和三年分始豐南鄉置樂安縣，屬臨海郡。」尋廢。〔四七〕唐上元二年再置，後改爲永安縣。

寧海縣，東北二百五十里。舊十二鄉，今六鄉。臨海記云：「晉永和三年分會稽郡八百户，于臨海郡章安地立寧海縣。」隋隸海州。〔四八〕唐武德五年改海州爲台州，又屬台州。尋廢。至永昌元年又置。

桐柏山，在縣西五十里。登真隱訣云：「其山八重，四面視之如一，金庭不死之鄉。」方四十里。

卷九十八校勘記

〔一〕兩漢志爲會稽鄮音茂縣之地　「志」，萬本無。按元和郡縣圖志卷二六明州總序云「本漢會稽之鄮縣及句章縣地也」，此「志」疑衍字。又「音茂」，萬本、庫本無此二字。

〔二〕其元郡城近高處卻安縣　輿地紀勝卷一一慶元府（南宋紹熙五年升明州置）總序引本書同，乾道四明圖經卷一「近」下「高」上有「南」字，未知孰是。

〔三〕西至越州餘姚縣一百七十里　「十」，底本脱，據萬本、中大本及傅校補。

〔四〕陸昭嶺　「陸」，底本作「穆」，據萬本、庫本改。剡録卷一：「東至奉化縣一百四十里界陸照嶺」是也。「昭」，「照」之省文。

〔五〕唐開元户四萬二千二百　「二百」，萬本、庫本作「四百」。按舊唐書卷四〇地理志三載天寶時「户四萬二千二十七」，新唐書卷四一地理志五載「户四萬二千二百七」，疑萬本、庫本誤。

〔六〕字子禽　萬本無此三字。

〔七〕董黯至事母至孝　萬本無「字叔達鄞人」五字。又庫本並無文種、夏黄公、董黯傳略，於人物下注「無」。

〔八〕葛出慈谿至青鯽　萬本、庫本並無，傅校删。

〔九〕紅蝦鮓舊貢大蝦米　「舊貢」，庫本書於「紅蝦鮓」上，意同；萬本書於「大蝦米」下，恐非。

〔一〇〕石首魚　萬本、庫本無，傅校删。

〔一一〕今二十五鄉　「二」，萬本、庫本同，中大本作「一」。按乾道四明圖經卷二：「元十八鄉，淳化元年分萬齡爲二鄉。」則北宋初爲十八鄉，與此異。

〔一二〕廢城在縣南　按輿地紀勝慶元府引本書「縣南」下有「故白杜里有鄞城」，乾道四明圖經卷二同，此蓋脱。

〔一三〕今十四鄉　「十四」，萬本作「四十」。按元豐九域志卷五明州慈溪縣五鄉。寶慶四明志卷一六：「貞元中爲上縣，二十一鄉。皇朝併爲五鄉，九域志亦爲上縣。」蓋北宋初併成爲五鄉，此誠可疑。

〔一四〕西北七十里　輿地紀勝慶元府象山縣：「寰宇記、九域志並云在州東一百六十里。」按元豐九域志載縣在明州「東南三百六十里」，寶慶四明志卷二一載象山縣「西北距慶元府府城驛三百七十一里」，則輿地紀勝引本書「一百」爲「三百」之誤，「六十」爲「七十」之誤，此「西北」爲「東南」之誤，並脱「三百」二字。

〔一五〕今十四鄉　「十四」，庫本同，萬本作「四十」。按乾道四明圖經卷六：「舊有五鄉，景德三年并爲三鄉。」所云「舊」蓋謂景德之前北宋初，此誠可疑。

〔一六〕唐貞觀三年六月置後二年十一月割入明州　萬本作「唐神龍元年六月置，後十二月割入明州」。按元和郡縣圖志明州亦云神龍元年置，新唐書地理志五載：「神龍元年析寧海及鄮置，廣德二年來屬。」皆與此異。

〔一七〕南部都尉　「南」，底本作「東」，庫本同，據萬本及漢書卷二八地理志上改。

〔一八〕西北一候　「候」，底本作「侯」，萬本、庫本同。按尉、候並漢末置，主伺察，此「侯」爲「候」字之誤，據改。

〔一九〕後漢光武　「後漢」，底本無，據萬本、庫本及傅校補。

〔二〇〕西北至西京三千四百四十五里　「四百」，萬本、庫本作「二百」。

〔二一〕人物　萬本、庫本此下注「無」，傅校同。

〔二二〕唐項斯至到處逢人説項斯　萬本、庫本無項斯傳略，傳校删，蓋非樂史原文。

〔二三〕金松至方竹可作杖　萬本、庫本並無，傳校删，蓋非樂史原文。

〔二四〕望潮魚一名海和尚　萬本、庫本無，傳校删，蓋非樂史原文。

〔二五〕乳柑茶花乳石　萬本、庫本並無，傳校删，蓋非樂史原文。

〔二六〕往來羅浮括蒼山相連　輿地紀勝卷一二台州引神仙傳作「羅浮、括蒼山相連」，無「往來」二字。嘉定赤城志卷一九引神仙傳作「往來羅浮、括蒼山」，無「相連」二字，嘉慶重修一統志卷二九七台州府引同，蓋是。

〔二七〕即此山　按輿地紀勝台州云：「寰宇記其説與韋羌山相類。」嘉定赤城志卷一九引本書云：「與仙居韋羌山相接。」今記無此文，當脱。

〔二八〕餘山不可合神丹金液　嘉定赤城志卷一九引抱朴子云：「此山可合神丹。」嘉慶重修一統志台州府引抱仆子同，與此引文異。

〔二九〕一作可成　「一作」，萬本、庫本無，傳校删。

〔三〇〕俏山至又有蕭御史廟　「俏山」，太平御覽卷四七、輿地紀勝台州皆作「消山」。「蕭」，萬本、庫本作「俏」，太平御覽作「消」，輿地紀勝作「蕭」。

〔三一〕在縣東二十里　按輿地紀勝台州引本書此下有「高二百丈，周回六十里」，疑此脱。

〔三二〕有四竿筋竹　「筋」，底本作「觔」，庫本同，據萬本及太平御覽卷四七改。

〔三三〕一水是樂安溪　「樂安」，底本作「東女」，庫本同，據萬本及元和郡縣圖志卷二六台州、嘉定赤城志卷一九改。

〔三四〕樓石山　中大本作「石樓山」，輿地紀勝台州同，嘉泰赤城志卷一九作「樓石山」。萬本、庫本作「樓石」，誤。

〔三五〕在臨海北岸　按輿地紀勝台州引本書作「在海北岸」，疑此「臨」字衍。

〔三六〕四面是溪　按輿地紀勝台州引本書作「四面臨海」，此「是溪」爲「臨海」之誤。

〔三七〕東南一百五里　「東南」，底本作「西」，萬本、庫本同。按元和郡縣圖志台州黄巖縣：「北至州一百五里。」元豐九域志卷五台州黄巖縣：「州東南一百六里。」按唐宋台州治臨海縣，即今臨海縣，黄巖縣即今黄巖縣，位於臨海縣東南，正合元和志、九域志記載，此「西」爲「東南」之誤，據改。

〔三八〕漢縣順帝永和元年置至天授元年八月改爲黄巖　原校：「按後漢書郡國志云：『永和三年以章安縣東甌鄉爲永寧縣。』又隋書地理志：『永嘉縣，舊曰永寧縣，隋平陳，改名永嘉。』通典、元和郡縣志與今記永嘉縣序皆同，詳此，則永寧但改爲永嘉，未嘗省廢。今黄巖縣序乃云『漢縣，順帝永和元年置，即今温州永嘉縣，歷六朝不改。至隋廢之，併入臨海縣，唐復析臨海置，改爲黄巖。』其曰『隋廢入臨海』，頗與永嘉縣序不合。及考新唐志，則上元二年析臨海置永寧，天授元年更名黄巖，乃知黄巖之爲永寧，蓋上元初自别析臨海所置，非漢之永寧嘗併入臨海而復析爲黄巖也，今記兩邑皆以爲漢舊永寧，故牴牾。」按輿地紀勝台州黄巖縣序引本書云：「漢順帝永和元年置永寧縣，歷六朝不改。」此「永和元年置」下脱「永寧縣」三字。又輿地廣記卷二三台州黄巖縣序：「唐上元二年分臨海置。」原校是也。

〔三九〕陳隋之代廢之　庫本同，萬本作「隋省縣入臨海」。按輿地紀勝台州天台縣序亦云隋平陳以始豐縣併入臨海。

〔四〇〕貞觀八年又置　按舊唐書地理志三：「武德四年復置，八年又廢，貞觀八年復爲始豐縣。」輿地紀勝台州天台縣載同，則此缺載武德時置廢事。

〔四一〕周迴八百里又有飛泉懸流千仞似布　「八」，底本作「二」，萬本、庫本同，據輿地紀勝台州引本書及太平御覽卷四一、宋本方輿勝覽卷八台州引臨海記改。嘉定赤城志卷二一引陶弘景真誥亦作「八」。「千」，底本作「十」，萬本同，據庫本、輿地紀勝引本書及太平御覽、宋本方輿勝覽引臨海記改。「似」，底本作「如」，據萬本、庫本、傅校及太平御覽、輿地紀勝、宋本方輿勝覽改。

〔四二〕啟蒙記　萬本此上有「顧愷之」三字，嘉慶重修一統志台州府載同，嘉泰赤城志卷二四作「晉東晳啓蒙記」，未知孰是。

〔四三〕油溪　庫本同，萬本作「楢溪」。讀史方輿紀要卷九二：楢溪，「一名猶溪，亦名油溪。」又太平御覽卷四一引啓蒙記作「福溪」，嘉泰赤城志卷二四同，未知孰是。

〔四四〕常思見惠　「常」，萬本作「當」。

〔四五〕猶溪　「猶」，庫本同，萬本作「楢」。按輿地紀勝台州引本書及嘉定赤城志卷二四皆作「楢」，作「楢」是。

〔四六〕西一百五里　底本作「一百五十里」，萬本、庫本同。按元和郡縣圖志台州樂安縣（吴越改爲永安縣，北宋景德四年改爲仙居縣）：「東至州一百五里。」元豐九域志台州仙居縣：「州西一百五里。」輿地紀勝台州同。此「十」乃衍字，據删。

〔四七〕晉穆帝永和三年分始豐南鄉置樂安縣屬臨海郡尋廢　按宋書卷三五州郡志一云：樂安縣，「晉康帝分始豐置。」設縣時代不同。又南齊書卷一四州郡志上臨海郡有樂安縣，則自東晉設縣後，歷南朝不廢。元和郡縣圖志台州：「隋開皇九年廢。」則此云「尋廢」，誤。

〔四八〕隋隷海州　按隋書地理志無此海州，舊唐書地理志三云武德四年置海州，此非。

太平寰宇記卷之九十九

江南東道十一

温州　處州

温州

温州，永嘉郡。今理永嘉縣。輿地志云：「會稽郡之東境。後漢永和三年置永寧縣。晉明帝以温嶠嶺以南分永寧等四縣置永嘉郡。」屬東揚州。歷宋、齊、陳皆因之。隋平陳，廢永嘉郡，置處州，十二年改爲括州。至大業復爲永嘉郡。唐武德五年置東嘉州，領永嘉、永寧、安固、樂城、横陽五縣。貞觀中廢東嘉州，(一)以縣屬括州。上元二年分括州之永嘉、安固二縣置温州，以温嶠嶺爲名。天寶元年改爲永嘉郡。乾元元年復爲温州。晉天福四年昇爲静海軍節度，從錢元瓘之奏請。皇朝爲刺史州。

元領縣四：〔二〕永嘉，瑞安，樂清，平陽。

州境：東至大海西八十七里。南北三百里。

四至八到：西至東京陸路三千四百八十里，水路四千三十里。西至西京陸路三千九百三十里，水路四千九百三十里。西至長安陸路四千七百三十里，水路四千九百三十里。東至大海八十六里，海中以外是幽求國。〔三〕南至福州水陸路相承一千八百里。〔四〕西至處州二百六十七里。北至台州五百里。東南至橫陽縣界將軍嶺，去縣二百一十五里。西南至建州界桐檜山，去橫陽縣三百五十里。西北至處州三百五十里。東北至台州泛海行五百里。

户：唐開元户一萬六千一百。皇朝户主一萬六千八十二，客二萬四千六百五十八。

風俗：俗好淫祀，有甌越之風。

人物：〔五〕張文君。永嘉人。隱丹霞山，郡守羲之造訪，遁入竹中，不得見。〔六〕

土産：貢：鮫魚，蠲紙，〔七〕金雀，竹絲燈，西施舌，似車螯而扁，生海泥中，常吐肉寸餘，類舌，俗甘其味，因名。乳橘。液多而味甘，類乳。〔八〕郡國志云：「永嘉爲東甌，鬱林爲西甌。其地蠶一年八熟。」

永嘉縣，一十四鄉。漢冶縣之地，後漢改爲章安縣，後又以章安東甌鄉爲永寧縣，即惠帝立東海王搖于東甌都此。隋改爲永嘉縣焉。

謝公池，在州西北三里。其池在積穀山東。謝靈運登池上樓詩云：「池塘生春草，園柳變鳴禽。」初公作詩不佳，夢惠連，得此句，即此處也。

西射堂，在州西南二里。今基址不存。靈運晚出西射堂詩云：「步出西掖門，〔九〕遥望城西岑；連障疊巘崿，青翠杳深沈。」今西山寺是也。

南亭，去州一里。靈運遊南亭詩云：「時竟夕澄霽，雲歸日西馳；密林含餘清，遠峯隱半規。」

北亭，在州北五里，枕永嘉江。靈運罷郡于北亭，與吏民別，詩云：「前期眇已往，〔一〇〕後會邈無因。」

白岸亭，在楠溪西南，去州八十七里。因岸沙白爲名。謝公遊之，〔一一〕詩云：「拂衣遵沙隄，緩步入蓬屋；近澗涓密石，〔一二〕遠山映疏木。」

華蓋山，去子城一里。其山周迴九里，遥望如華蓋。有湧泉，旱則水不減，雨則水不加。謝公與從弟書云：「地無佳井，賴有山泉。」

積穀山，西北去州子城二里。其山獨出一峯，有飛霞洞，南有謝公巖。

東山，子城西南四里。〔一三〕其山北臨永嘉江，東接滄海。謝公遊此望海，詩云：「開春獻初歲，白日出悠悠。」

楠溪，在州西南一十五里，水入温江。謝公詩云：「澹瀲結寒波，檀欒潤霜質；洞秀水屢迷，林迥岩逾密。」

石室山。名山志云：「楠溪入一百三十里有石室，北對清泉，高七丈，廣十三丈，深六十步，可坐千人，狀如龜背，石色黄白，扣之聲如鼓。沿山石壁，高十二丈，古老傳云是石室步廊。」謝公登石室飯僧詩云：「迎旭淩絶巘，映舷歸溆浦；〔一四〕結架非丹楹，籍田資宿莽。」

金丹山，去瞿溪七十里。山有三峯，〔一五〕連嶺高下，其色紅赤，遠望如霞映水。

泉山，從永寧南出三十里，東北枕海。永嘉記：「山北有衆泉，天旱此泉不乾，故以名山。山東有瀑布，長數十丈。遊名山者云頂有大湖，中有孤巖獨立，皆露密房。」漢史朱買臣上書云：「越王居泉山，一人守險，千人不得上。」謝公詩云：「清旦索幽異，方舟越坰郊；石室穿林陬，飛泉發樹梢。」

吹臺山，其山狀如樓臺，下有飛泉、石池，生椅梧及笙簫之竹。梁丘遲爲太守，常採琴樸，寄吴興柳文暢。

石簣山，東去州一百八十里。上有方石，形狀如簣，云昔黄帝緘玉版、金縢、篆册之秘。

靈府山，去州八十里。一名鬼府山，云地官所理。

羅浮山，在州北八里。〔一六〕高三十丈。永嘉記云：「此山秦時從海中浮來。」

永嘉江，一名温江。東自大海，西通處州青田溪。

青嶂山，在州西南四十五里。上有大湖，昔陶真人隱居此山，著真訣，以壺盛之，藏于石室。玄宗感夢取之。

孤嶼，在州南四里，永嘉江中。〔一七〕渚長三百丈，闊七十步，嶼有二峰。

盤嶼，在州西北七十里海畔。上有淡水，謝公遊海口詩曰：「遨遊碧沙渚，坦蕩丹山峯。」

大石巖，〔一八〕在州南二百里。巖前有石室，高三十丈，可坐二百人。有石柱如削，高十丈。有石鼓、石鐘。調露元年，道士傅瑶于此上昇。

石帆。永嘉記云：「永嘉南岸有帆石，乃堯時神人以破石爲帆，將入惡溪，道次置之溪側，遥望有似張帆，今俗號爲張帆溪。與天台山相接。」又郡國志云：「東海信郎神破石爲帆。今東海有信郎祠，即是也。」

桑城山。郡國志云：「山上有海眼。」

三京灣。郡國志云：「永嘉有三京灣，無所不容。諺云人有能食者，云腹如三京灣，即此也。」

白茶山，在邑界。

瑞安縣，南七十七里。〔一九〕十六鄉。輿地志云：「後漢光武改爲章安縣。吴曰羅陽，後改爲安陽。至晉太康元年改爲安固縣，因界内安固山爲名。」梁、陳屬東嘉州也。今爲瑞安縣，邑有瑞安山。

步廊山，在州東北二百二十里。從瑞安江入，遠望如有屋宇之形，因而名之。見謝公名山志。

玉環山，一名木陋嶼，又名地胏山，在海中，周迴五百餘里，去郡二百里。上有流水潔白如玉，因以爲名。按登真隱訣云：「郗司空先立别墅于此中，自東晉居人數百家，至今湖田見在。山多蛇虎。」

瞿嶼山，在州西北二十六里。太守顔延年在郡，于山創亭。

瑞安江，東連大海，西上西溪，〔二〇〕以三港爲湖。湖際又有瑞安山，又有安固山。

王表祠。郡國志云：「羅陽有神曰王表，周旋民閒，有婢名紡績，〔二一〕即孫權所迎者。」

樂清縣，東北一百二十四里。今六鄉。晉元康三年分永寧縣置樂城縣。〔三三〕陳、隋之代，廢入永嘉縣。載初元年又置之。今爲樂清縣。

芙蓉山，去瞿口五十里。西南上三峯有四聳石，並高三四尺，森然如芙蓉，紅赤相映，因以爲名。

平陽縣，南一百五里。十一鄉。亦永嘉、安固之地，大足年中析置横陽。〔三三〕今爲平陽縣，邑有平陽嶺。

樓石山，從平陽江西上十五里。其山西峯頓聳三石鼎足之狀。

温嶠嶺，横陽慎陽江南有温嶠鄉。〔三四〕

將軍嶺，是福州界。

處州

處州，縉雲郡。今理麗水縣。古縉雲之墟。秦會稽郡地，後越王無疆七代孫閩君摇率越人佐漢伐秦，漢惠帝追録前功，封摇爲東越王，都于甌。〔三五〕按山海經云：「甌在海中。」郭璞注云：「今臨海永寧縣，即東甌故地也。」若在南海中，鬱林郡爲西甌是也。按吴地記云：「漢書閩越圍東甌，告急于天子。遣大中大夫嚴助發兵往救。未至，閩越兵止，東甌乃舉國徙中國，處之江、淮間。而後遺人往往漸出，乃以東甌地爲回浦縣。」屬會稽郡。光武名章安。晉分爲永嘉郡。宋、齊、梁、陳亦因之。至隋平陳，改永嘉爲處州。尋廢處州，立括州，分松陽縣東界置括蒼縣。至煬帝又置爲永嘉郡。唐武德四年平李子通，置括州，置總管府，〔二六〕管松、嘉、台三州，括州領括蒼、麗水二縣；七年改總管爲都督；八年廢松州爲松陽縣來屬，省麗水入括蒼。貞觀元年廢都督府，省東嘉州，以永嘉、安固二縣來屬。天寶元年改爲縉雲郡。乾元元年復爲括州。大曆十四年夏五月改爲處州，避德宗諱。〔二七〕

元領縣六：〔二八〕麗水，白龍，縉雲，遂昌，青田，龍泉。

州境：東西五百四十里。南北六百一十里。

四至八到：西北至東京三千五百五里。西北至西京三千九百二十五里。西北至長安四千一百五十五里。東至台州四百里。西至衢州四百五十里。北至婺州二百五十里。東北至婺州二百七十里。東南至温州二百七十里。西北至建州浦城縣七百四十五里。西北至衢州四百五十里。

户：唐開元户一萬九千七百。皇朝户主客二萬五百八十六。

風俗：同台州。

姓氏：縉雲郡三姓：黄、賴、豐。

人物：無。

土産：同台州。

麗水縣，舊二十鄉，今十三鄉。隋割松陽縣之東鄉置括蒼縣，因山爲名也。大曆十四年與州額同改爲麗水縣。

石帆山。永嘉記云：「昔有神人破永嘉江北山石爲此帆，〔二九〕將入惡溪，道次棄之。」

城門山。永嘉記云：「城門山瀑布水值風散爲雨，遇日化爲青虹也。」

括蒼山洞。道書爲七十二福地之一。

石羊山。上有蘭巖溪，〔三〇〕溪有一穴，莫知淺深。穴口有大樹，仰觀者杳然。博物志云千載木也。石色如黛赭，形如鳥翼，或如刀劍，遠視如羊。〔三一〕

縉雲山。輿地志云：「永康縣南忠義村下有石亭，長二十里，有縉雲堂，即三天子都也。」謝靈運記云：「凡此諸山多龍鬚草，以爲攀龍而墜，化爲此草。又有孤石從地特起，高三百丈，以臨水，綿連數十峯，〔三二〕或如蓮花，或似羊角之狀。」

西隗山。永嘉記云：「西隗山東接松陽。」

突星瀨。袁潄道記云：「從石壁取江三十里，中有突星瀨。」永嘉記云：「昔王右軍遊惡溪道，嘆其奇絶，遂書『突星瀨』于石。」今猶有墨跡焉。

惡溪，出縣東北大甕山，〔三三〕西南二百一十五里至括州城下。謝靈運答從弟書云：「出惡江，至大溪，水清如鏡。」輿地志云：「惡溪道閒九十里，而有五十九瀨，兩岸連雲，高巖壁立。」

白龍縣，西一百九十二里。舊八鄉，今六鄉。本章安縣之南鄉，漢獻帝八年，吳立爲縣。吳録云：「取松陽木爲名。」按吴地記云：「縣東南臨大溪，有松陽樹，大八十一圍，腹中空，可容三十人坐，故取此爲名。」梁開平四年改爲長松縣，又改爲白龍縣。

大溪。永嘉記云：「大溪南岸有西山，〔三四〕名爲城門壁立，水流從門中出，高百餘丈，飛流如瀑布，日映風動則灑散生雲虹，水激鏗響清泠若絲竹。」

風牛山，有神，祭之酒則叩頭。

縉雲縣，東北八十五里。舊五鄉，今六鄉。周萬歲登封元年析括蒼縣東北之地以置此邑。

縉雲山。名山記云：「孤石干雲，可高三百丈。黄帝煉丹于此。郡國志云『縉雲有瀑布，日照如晴虹，風吹如細雨』，即此山。」

遂昌縣，西二百四十里。元八鄉。本漢松陽縣地，景雲中析三縣之地以立此邑。〔三五〕

青田縣，東南一百五十里。舊六鄉，今三鄉。本松陽、括蒼二邑之地，景雲中析置，因青山以爲名。按浮丘公相鶴經云「青田之鶴」，即此邑之地。

龍泉縣，西三百五十里。元六鄉。亦松陽、括蒼之地，景雲中析置，後或廢之。今爲龍泉縣。

卷九十九校勘記

〔一〕貞觀中廢東嘉州　按舊唐書卷四〇地理志三、新唐書卷四一地理志五皆載，貞觀元年廢東嘉州，與此異。

〔二〕元領縣四　「元」，底本無，據宋版、萬本、中大本、庫本補。

〔三〕幽求國　宋版同，萬本、庫本作「琉球國」。

〔四〕南至福州水陸路相承一千八百里　「路」，底本脱，據宋版、萬本、庫本補。

〔五〕人物　萬本同，宋版、庫本此下注「未詳」，傅校同。

〔六〕張文君至不得見　宋本、庫本無張文君傳略，萬本無「隱丹霞山」以下一七字，蓋非樂史原文，爲後世竄改。

〔七〕斸紙　「斸」下底本衍「糲」字，據宋版、萬本、庫本删。

〔八〕金雀至乳橘液多而味甘類乳　宋版、萬本、庫本皆無此三十九字，當非樂史原文。

〔九〕西掖門　萬本同，宋版作「西城門」。全漢三國晉南北朝詩全宋詩卷三謝詩作「西城門」，注「謝康樂集城作掖」。

〔一〇〕前期眇已往　「期」，底本作「程」，據宋版、萬本、庫本及宋本方輿勝覽瑞安府引謝詩改。

〔一一〕謝公遊之　宋版、庫本同；萬本作「亦謝靈運遊賞處」，嘉慶重修一統志卷三〇四温州府引本書同。

〔一二〕拂衣遵沙隄緩步入蓬屋近澗涓密石　「隄」，全漢三國晉南北朝詩全宋詩謝詩作「垣」。「密」，底本作「白」，據宋版、萬本、庫本及全漢三國晉南北朝詩全宋詩謝詩改。

〔一三〕子城西南四里　「南」，底本脱，萬本、庫本同，據宋版補。宋本方輿勝覽瑞安府：「東山，在子城西南二里。」

〔一四〕迎旭淩絶巘映舷歸潊浦　「巘」，全漢三國晉南北朝詩全宋詩謝詩作「嶝」。「舷」，庫本同，宋版作「弦」，全漢三國晉南北朝詩全宋詩謝詩作「泫」，此疑誤。「潊」，萬本、庫本及全宋詩謝詩同，宋版作「溆」。

〔一五〕山有三峯　「三」，底本作「七」，庫本同，據宋版、萬本、中大本及嘉慶重修一統志温州府引本書改。

〔一六〕在州北八里　底本「八」上衍「十」字，庫本同，據宋版、萬本、中大本及嘉慶重修一統志温州府引本書删。

〔一七〕在州南四里永嘉江中　按温州治永嘉縣，即今浙江温州市，永嘉江即今甌江，在温州北，此云

「在州南四里永嘉江中」，不合。宋本方輿勝覽瑞安府：「孤嶼，在城北江中。」則此「南」爲「北」字之誤。

〔一八〕大石巖　原校：「别本皆作『文若巖』，未詳。」

〔一九〕南七十七里　「南」，底本作「東」，宋版、萬本、庫本同。元和郡縣圖志卷二六温州安固縣：「北至州七十七里。」五代時改安固縣爲瑞安縣，元豐九域志卷五温州瑞安縣：「州南八十里。」按宋瑞安縣即今瑞安縣，在温州南，此「東」爲「南」字之誤，據改。

〔二〇〕西上西溪　宋版、庫本同，萬本作「西合四溪」，未知孰是。

〔二一〕紡績　新定九域志卷五温州作「績紡」。

〔二二〕晉元康三年分永寧縣置樂城縣　按宋書卷三五州郡志一：樂成，「晉孝武寧康三年分永寧立。」元和郡縣圖志温州亦載東晉孝武帝時置，非置於西晉惠帝元康年，則此「元」爲「寧」字之誤。

〔二三〕大足年中析置横陽　按元和郡縣圖志温州、舊唐書地理志三、新唐書地理志五皆載大足元年置，與此異。

〔二四〕温嶠鄉　「鄉」，底本作「嶺」，據宋版、萬本、庫本改。

〔二五〕封摇爲東越王都于甌　按史記卷一一四東越列傳：漢惠帝三年「立摇爲東海王，都東甌，世號爲東甌王」。漢書卷九五閩粤傳載同，本書卷温州永嘉縣序亦稱「惠帝立東海王摇于東甌」，此

「越」疑爲「海」字之誤，「甌」上宜有「東」字。

〔二六〕置總管府　「置」，底本脱，庫本同，據宋版、萬本及舊唐書地理志三處州總序補。

〔二七〕避德宗諱　「德宗」，底本作「代宗」，宋版、萬本、庫本同，據傅校及元和郡縣圖志卷二六處州總序、舊唐書卷一二德宗紀上改。

〔二八〕元領縣六　「元」，底本無，據宋版、萬本、中大本、庫本及傅校補。

〔二九〕昔有神人破永嘉江北山石爲此帆　萬本、庫本同，宋版、嘉慶重修一統志卷三〇五處州府引本書皆無「石」字，當是。

〔三〇〕蘭巖溪　「巖」，底本作「若」，據宋版、萬本、中大本、庫本及嘉慶重修一統志處州府引本書改。

〔三一〕遠視如羊　「遠視」，底本作「仰觀」，據宋版、萬本、庫本、嘉慶重修一統志處州府引本書及傅校改。

〔三二〕高三百丈以臨水綿連數十峯　「三」，太平御覽卷四七引郡國志、宋本方輿勝覽卷九處州作「二」。「十」，底本作「千」，庫本同，據宋版及太平御覽引郡國志、宋本方輿勝覽改。

〔三三〕大甕山　「甕」，底本作「蘢」，據宋版、萬本、中大本、庫本及嘉慶重修一統志處州府引本書改。

〔三四〕西山　「西」，底本作「四」，據宋版、萬本、中大本、庫本及傅校改。

〔三五〕景雲中析三縣之地以立此邑　宋版同，萬本作「景雲中析縣地置，以立此邑」，庫本同，按舊唐書地理志三：遂昌縣，「武德八年併入松陽，景雲二年分松陽縣復置」。新唐書地理志五同，則乃分松陽一縣置，非分三縣置，萬本、庫本是也。

太平寰宇記卷之一百

江南東道十二

福州　南劍州

福　州

福州，長樂郡。今理閩縣。古閩越之地，亦揚州之域。秦併天下，爲閩中郡。漢高帝立無諸爲閩越王，國都于此。及武帝時，閩越反，因滅之，徙其人于江淮閒，盡虚其地。後有遁逃山谷者頗出，因立爲冶縣以理之，其道蓋以越王冶鑄爲名，屬會稽郡，尋爲東冶縣。後漢改爲侯官都尉，〔一〕屬不改。後分冶地爲會稽東、南二都尉，此爲南部都尉。東部，今臨海郡是也。〔二〕吴于此立曲郍都尉，〔三〕主謫徙之人作船于此。晉置晉安郡。宋、齊因之。梁簡文帝封晉安王，〔四〕即此地。陳置閩州，後又改爲豐州。隋平陳，改爲泉州，因泉山爲名。

煬帝初改爲閩州，又改爲建安郡。唐武德八年又爲豐州，升置都督府。貞觀初置泉州。景雲二年改爲閩州都督府，督閩、泉、建、漳、湖五州。開元十三年改爲福州，依舊都督府，仍置經略使；二十三年罷漳、湖二州，督福、建、泉、汀四州。舊屬嶺南道，天寶初屬江南東道，尋改爲長樂郡。乾元元年復爲福州都督府。皇朝爲威武軍節度。

元領縣十。今十二：閩，侯官，福清，連江，古田，永泰，長溪，長樂，永貞，閩清，寧德，懷安。自永貞以下四縣新置。〔五〕 二縣割出：尤溪，入南劍州。德化。入泉州。

州境：東西五百一十里。南北二百三十里。

四至八到：西北至東京六千二百里。西北至西京六千六百五里。西北至長安七千二百九十五里。東至大山六十里，山外至海。貞元略云東至温州水路一千八百里。南至海二百里。南至泉州三百七十里。西至大山八十里，外即虔州雩都縣界。北至大山四十里，山外至温州界。東南至海一百六十四里。西南至泉州五百里。西北至汀州一千二百里。西北至建州七百二十里，貞元略云六百里。東北至温州水路一千四百七十八里。

户：唐開元户三萬四千八十。皇朝户主四萬八千八百五，客四萬五千六百七十。

風俗：開元録云：「閩州，越地，〔六〕即古東甌，今建州亦其地。皆蛇種。〔七〕有五姓，謂林、黄是其裔。」十道志云：「嗜慾、衣服，别是一方。」

人物：自唐設舉場，此州之才子登科者甚衆。黄璞纂爲閩中名士録。

土産：美人蕉，其花四時皆開，深紅照眼，經月不謝。佛手柑，羊桃，龍眼，一名荔奴。茉莉，蔗，榕，其大十圍，淩冬不凋，郡城中獨盛，故號榕城。〔八〕蕉葛，茶，白藤箱，簟，扇，輕絹，絲布，紵布，海蛤，麩金，乾薑，蚺蛇膽，荔枝乾，今貢。橄欖，筍笥，乾白沙糖。今貢。

閩縣，舊二十四鄉，今十二鄉。漢縣，以無諸所都，故立縣焉。

南臺江，在州南九里。江闊九里，源從建州建陽縣來。昔越王無諸于此臺釣得白龍，因號釣龍臺。

金鏁江，在州西二十里。閩中記云：「昔有漁父垂釣得金鏁，引鏁盡，見金牛奔湧，漁者急挽至岸，牛斷，猶得鏁長二尺。晉康帝詔于此立廟，其神甚靈。」

九仙山，在州東南二里。越王九日醮于此山，亦曰九日山。又俗傳昔有何氏兄弟九人于此學道上昇，故曰九仙山。

越王山，在州北二百五步。即越王無諸舊城也。其中有越王井，井有金雞，昔有人見，以石投之，久而聞聲。

昇山，在州西北十四里。越王勾踐時，一夜從會稽飛來。西南地號道士洞，〔九〕舊名飛山。臨海人任敦于此昇仙，其跡猶存。天寶六載勑改爲昇山。

方山，在州南七十里。周迴一百里，山頂方平，因號方山。上有珍果，惟就食即可，〔一〇〕攜出即迷。天寶六載勅改爲甘果山。

長樂山，在州東六里。越時有神仙騎白馬來此，因名白馬山。天寶六載勅改爲長樂山。

鱔溪，在州東二十里。源在鼓峯半，其潭有鱔，長三丈餘。今有廟，爲村人祈求之所。

侯官縣，南二百里。〔一一〕元十二鄉。漢縣，屬閩越。按郡國志云：「閩越之地。東閩，在岐海中；西越，今建安郡是也；東甌，今永寧郡是也。」漢武元鼎六年立都尉，居侯官，以禦兩越，所謂「東北一侯」也。長安初置。元和三年併侯官縣入閩縣，即觀察使陸淮奏省之。〔一二〕元和五年復立爲縣。

螺江，在州西北二十五里。搜神記云：「閩人謝端少孤，〔一三〕于此釣得一螺，大如斗，置之甕中，每日見盤饌甚豐。後歸，忽見一少女美麗，燃竈之次，女曰：『我是白水素女，天帝哀君少孤，遣妾與君具膳。今既已知，妾當化去，留殼與君。』其米常滿。端得其米，資及子孫，因曰釣螺江。」

閩山，去州一里二百步，〔一四〕周迴四里。本名烏石山，天寶六載勅名閩山。

福山，在州西，水路十八里，高二里。神仙傳云：「董奉，侯官人也，有宅在山下。」閩中記云：「山上有神人，昔有見者。」郡國志云：「上有神人，〔一五〕散髮修真，人見必獲福，因以名之。」

營頭戍。郡國志云即越王無諸置。

都圓浦。郡國志云：「斯地多杉雞，〔一六〕長栖止于杉樹。」

月嶼，越王石。輿地志：「侯官縣南百餘里海邊有月嶼，出海蛤。海邊又有越王石，常隱雲霧，相傳云唯清廉太守乃得見。宋元徽中，太守虞愿觀見無隱。」〔一七〕

福清縣，東南一百一十里。元十鄉。本閩縣之地，唐聖曆二年析閩縣東南之地置萬安縣。天寶元年改爲福唐縣。朱梁改爲永昌縣。後唐同光初復舊。晉天福初改爲南臺縣，後復舊。今爲福清縣。

連江縣，東一百六十里。元四鄉。〔一八〕唐武德六年分閩縣置連江縣。

南海，去縣五里。

荻蘆山，在縣東南三十里。先名九龍山，山連石鼓山而來。古老傳云秦始皇令掘斷山脊，乃見蘆根一莖長數丈，斷之有血，因名荻蘆山。

古田縣，西北七十里。〔一九〕元四鄉。唐開元二十九年開山洞置。

永泰縣，西南三百五十里。元四鄉。圖經：「唐永泰二年置，以年號爲縣名。」按晉安記：〔二〇〕「東晉永嘉之亂，渡江衣冠士族多依于此，以求安堵。」當此之時，必有縣，後人或更改，圖經未甚詳悉。

大妃小妃山，在縣東南五十里。昔越王葬二妃于此，山頭鑄鐵蓋以掩之。

高蓋山，在縣西七十里。常有紫雲所蓋，因曰高蓋山。有水色如金，亦曰金枝山。太守陶夔記云：「山有石井，深三丈，石盆廣二丈，清淨如鏡，土人徐登在此得仙，與東陽趙炳斵仙術，即此處也。」

長溪縣，東北八百里。舊十五鄉，今五鄉。〔二一〕漢閩縣地，唐武德六年置，其年併入連江縣。長安二年又置温麻縣，以縣界有温麻溪爲名。天寶元年改爲長溪縣。

霍童山，在縣西二百五十里。高七里，岡甚遠。〔二二〕山頂一峯如香爐，半山一峯名曰霍童，上有壇，壇上有石甕盛水，雨則不溢，旱則不竭。閩中記云：「鄧元伯、王玄甫于此山呑白霞丹景，得上昇之法〔二三〕，内見五藏。山下湧泉味甘如蜜，云是列仙霍童遊處。」天寶六年勅改爲霍童山，亦曰遊仙山。

長樂縣，東南一百里。舊八鄉，今六鄉。本閩縣之地，唐初立爲長樂縣，以長安樂爲名。至元和三年省，以地併入福唐，即觀察使陸淮奏省之，至五年復立縣。

永貞縣，東北二百一十里。三鄉。唐大中元年割連江縣一鄉置羅源場。至長興四年改爲永貞縣。

洞宫山，在縣東北六里。自武夷巖前連崗接阜。〔二四〕晉祚中興，以王氣生于東南，乃詔掘斷山脊，皆有血流于羅浮山，〔二五〕移老君聖像鎮于洞宫之下。

四明山，在縣西五里。其山屹然如削，高列四峯，中有古壇，生鈞絲竹，〔二六〕交蔭其上。有石井，泉甘如蜜，撓之不渾，雨之不溢，蓋靈異之所也。

閩清縣，西北一百五十里。今二鄉。唐貞觀元年割侯官一十里爲梅溪場。至梁乾化元年改爲縣。

寧德縣，東北三百里。二鄉。唐開成年中割長溪、古田兩鄉置盛德場，〔二七〕續改爲縣。

懷安縣，西北四十五里。〔二八〕九鄉。皇朝太平興國七年割閩縣敦業等九鄉置懷安縣。〔二九〕

南劍州

南劍州，劍浦郡。今理劍浦縣。按晉書云：「延平津，昔寶劍化龍之地。」吴永安三年立爲南平縣，屬建安郡。宋泰始四年廢。唐武德三年興延平爲軍，〔三〇〕蓋以居咽喉總要之地，後爲永平鎮。僞唐保大四年立爲延平軍，因析沙縣、建安、順昌等縣所管交溪、上陽、員當、逐洛、芹哨、富沙等六里户口，共成九里，爲軍額；至保大六年昇爲劍州，仍割古田縣積善、賴溪二里，〔三一〕共一十一里爲劍浦縣，又割沙縣、順昌、尤溪等縣來屬。皇朝太平興國四年割將樂縣以隸焉，以西有劍州，此故名爲南劍州。

今領縣五：〔三二〕劍浦，順昌，沙縣，尤溪，將樂。

州境：東西六百二十里。南北七百里。

四至八到：北至東京三千五百六十五里。北至西京三千九百八十五里。東北至長安四千七百一十五里。〔三三〕東至福州古田縣界三百五十里。西至建州將樂縣界二百七十里。南至泉州德化縣六百九十里。北至寅仙山一十里，其山自古已來北面險峻鳥道，不通人過。東北至建州一百五十里。西北小路，至大山無路。東南至古田縣一百三十五里。西南至漳州龍巖縣五百里，去州界七百三十里。

户：舊户載建州籍。皇朝户主三萬三千八百三十，客二萬二千八百四十。

風俗：同建州。

人物：無。

土產：花紋石，有山水禽魚狀，可爲屏。白苧布，出將樂。紙，出將樂。金橘，茴香。〔三四〕稻有一十一種：金黍，赤鮮，白稌，先黃，金牛，青龍，虎皮，女兒，狹糖，黑林，先白。茶有六般：白乳，金字，蠟面，骨子，山挺，銀字。麻竹，可爲筍笴。

劍浦縣，一十一鄉。僞唐保大四年析沙縣、建安、順昌縣内交溪、上陽、員當、逐咨、芹哨、富沙等六里户口，共成九里，爲延平軍；至保大六年昇爲劍州，仍以古田縣積善、賴溪兩里共一十一里，仍爲劍浦縣。

三溪，在州前。東溪、西溪、南溪合流，南歸于海，自古謂之險灘。

聞猿閣，在州南。常有二猿長啼于溪之南嶺。近有人誤殺其一，後一猿不復啼。

演仙山，在州西北十里。古老傳云：「演氏煉丹于此，丹竈餘基猶存。此山東面，亦略通人跡。山中出橘，其味甘美，人有食者，就之即可，〔三五〕攜之出山即迷道。又有演仙水，水出此山，當郡城北爲大河，莫知深淺。下有暗竇入城，流出劍潭，居人資之，或亢旱而常流不絶。」

順昌縣，西二百三十里。二鄉。本建安縣之校鄉地也，吴永安三年割建安之校鄉置將樂縣，又移于將水口置，屬建安郡。隋開皇九年與綏城縣同併入邵武之南鄉，屬撫州。唐武德四年復立將樂、綏城二縣。〔三六〕至貞觀三年又廢，〔三七〕東南兩鄉屬建安縣，置將水場，西北三鄉割屬邵武縣，置金泉場。元和五年依舊復將樂縣額，屬建州。景福二年又置將水鎮，尋改爲永順場，復立爲順昌縣焉。〔三八〕

七臺山，在縣西四十八里。其山磊落相連，莫知其幾何。有高峯峭壁，動逾千丈。山有微雲當雨，土人以爲候。又有大溪，在縣南一里。有徊村嶺，高五十丈，險峻鳥道，至嶺頭坦平路，尋小溪而入。其山徘徊掩映，謂之徊村。四面皆絶道，獨處一村。其水自沙縣疵源分水爲界，〔三九〕又沿流此嶺頭，頓落石崖兩處，成瀑布各長十丈，其下成石井，深不可測，每天欲風雨，其水作聲，風雨隨其聲大小也。

沙縣，西南一百六十里。三鄉。本古之南平縣餘跡也，〔四〇〕自晉武帝時爲延平縣，屬建州，其地乃□南鄉邑地也。〔四一〕至太元四年廢縣額，改爲沙戍。至唐武德四年立爲沙縣。舊隸建州，至大曆十二年隸汀州。洎乾符後，土寇亂離，漢路阻隔，〔四二〕自興鄉寨，本縣崇安鎮將鄧光布移元□縣基于縣西北鄉外八里内楊篢板置，〔四三〕即今理也。僞唐隸劍州。

幼山，在縣西北一百二十里。乃龍峽之地，孤峯上聳三十餘里，周迴二百里。山上有松、檜、竹、柏，其中有山魅，其形似人，生毛黑色，身長丈餘，逢人而笑，口上脣蓋眼，下脣蓋胸，人見亦怪矣。或時遺下藤製草鞋，長二尺五寸，鄉人所謂「山大人」，又云「山魈」，或「野人」也。爾雅云：「狒狒如人，被髮迅走，食人。」即此也。

七朵山，在縣前水南。山分七峯，踊成石壁，巖面生石椎、青陽、盧木等樹，春冬長青翠，上有木栖花，〔四四〕每深秋競發，馨香散漫市郭，人咸有美色。

沙源，經縣南二百步。其水源出汀州寧化縣黃土嶺，至虔化縣界，號曰沙源水。水勢懸峻，聲殷如雷，嶮巇如龍門。過縣東一百二十里，合邵武、將樂溪水，至建潭合建溪，南下福州。其水灘磧甚多，内有九龍、夢龍、傷龍、安龍、三龍、長龍、馬龍、三吾龍、五日龍等灘，言其險峻如龍也。

尤溪縣，東南二百四十里。四鄉。按縣理，今當延平東南二百四十里，在福州城西北八百三十五里。其地與漳州龍巖縣、汀州沙縣及福州侯官縣三處交界。山洞幽深，溪灘嶮峻，向有千里，其諸境逃人，多投此洞。開元二十八年，經略使唐修忠使以書招諭其人，高伏等千餘户請書版籍，因爲縣，人皆胥悦。此源先號尤溪，因爲縣名，屬福州。僞唐保大六年割屬劍州。

雙髻山，在縣北，與沙縣分界。有水出此山，由建溪東流入古田縣九龍山下過，合閩江向北，以此披分，經二州之界。

分枝嶺。按縣圖云：「南至泉州德化縣尤嶺爲界。嶺上有分枝樹，其樹一枝向南，一枝向北，以樹枝分二州之界。」

將樂縣，三鄉。其地在越已有將樂之名，按後漢書云：「永安三年析建安之校鄉立將樂縣。」舊屬閩國。晉屬晉安。齊兖州刺史桓崇祖受封于此，歷代不改。唐元和三年併將樂縣，以地入建安、邵武二縣；至五年復立縣。皇朝割隸劍州。

金泉山，在縣南二百步。蕭子開建安記云：「山南枕溪，有細泉出沙，彼人以夏中水小，披沙淘之，得金。山之西，有金泉祠焉。」〔四五〕

黎嶺，在縣西北三十五里。

石帆山，在縣東北三十里。坤元録云：「將樂石似張帆勢，山畔有泉，四時皆澄清。」

天階山，在縣南二十里。建安記云：「山下有寶華洞，即赤松子採藥之所。洞中有泉，有石燕、石蝙蝠、石室、石柱、石臼、石井，俗云其井南通沙縣溪。復有乳泉自上而滴，人取服之，登嶺若昇碧霄，〔四六〕故有天階之號。」

三石山，在縣西南一百八十里。建安記云：「山上有三石，一高七百尺，一高五百尺，一高四百尺。其石色紅白，似人形，其俗呼爲三郎石。」

百丈山，在縣北一百八十里。建安記云：「百丈山鳥道，〔四七〕昔越王于上設置臺榭。與撫州南豐縣分界，上有古蘭若存。」

鳴鐃山，在縣南一百九十里。天欲雨，其山有音樂聲。

梅溪，在縣西北八十里。與邵武分界。

將溪，〔四八〕源從縣西南屈曲數百里，合諸山水，同溪入邑界。

綏安故城。建安記云："晉隆安三年又改將樂西鄉置綏安縣。隋開皇中併入邵武縣。"

高平苑。蕭子開建安記云："越王獵于將樂野宫，高平苑爲越王校獵之所。"大夫、將軍校獵謂之大夫校，兵士校獵謂之子校，故將樂有大夫校、子校二村。後漢此邑爲建安縣之校鄉，則其義也。越王乘象輅曲蓋，大夫、將軍自執平蓋，今有平蓋村。載鳥旗，〔四九〕鳴鉦鐃，故今有鳴鐃山也。自樂野至于遊臺之上，相去九十里，故風俗至今好獵，所尚由此來矣。〔五〇〕

卷一百校勘記

〔一〕後漢改爲侯官都尉　按三國志卷五七吴書虞翻傳："孫策征會稽，'翻追隨營護，到東部候官，候官長閉城不受。'"則後漢末爲東部候官，此"侯"宜作"候"，晉書卷一五地理志下作"候官"，宋書卷三六州郡志二"候官，'前漢無，後漢曰東候官'"。

〔二〕今臨海郡是也　"郡"，底本脱，萬本、庫本同，據宋版及通典卷一八二州郡一二福州總序補。

〔三〕吴于此立曲郍都尉　"曲郍"，底本作"西部"，萬本同，據宋版、庫本及元和郡縣圖志卷二九、輿地紀勝卷一二八福州、淳熙三山志卷一改。宋書州郡志二作"典船校尉"。

〔四〕梁簡文帝封晉安王　按宋書卷八〇晉安王子勛傳："大明四年封晉安王。"則宋已有晉安王，不始於梁簡文帝。

〔五〕自永貞以下四縣新置　「四縣」，底本脱，據宋版、萬本、中大本、庫本補。

〔六〕閩州越地　底本作「閩縣越州地」，萬本、庫本同，宋版作「閩越州地」。按太平御覽卷一七〇引開元録曰：「閩州，越地，即古東甌。」則此「縣」字衍，「州」誤倒於「越」下，據删乙。

〔七〕皆蛇種　「蛇」，底本作「夷」，萬本同，據宋版、庫本、傅校及太平御覽引開元録改。

〔八〕美人蕉至榕其大十圍凌冬不凋郡城中獨盛故號榕城　宋版、萬本、庫本皆無，傅校删。

〔九〕道士洞　「洞」，萬本、庫本同，宋版作「坑」。

〔一〇〕惟就食即可　「即」，底本作「則」，據宋版、萬本、庫本改。

〔一一〕南二百里　「二」，萬本、庫本同，宋版作「三」。按元和郡縣圖志福州侯官縣：「北至州郭二里。武德六年於今州西北三十一里置，八年廢。長安二年重置，貞元五年觀察使鄭叔則奏移於州郭。」淳熙三山志卷二侯官縣：「州西南百步。唐武德六年置，治州西江岸，水陸三十一里。貞觀五年省入閩縣，長安二年析閩縣西十二鄉復置，貞元五年，洪水漂壞後，團練觀察使鄭叔則奏移入州城。」則自唐貞元五年後，侯官與閩縣同爲福州郭下二縣，此「百」字衍，或「二」爲「一」、「里」爲「步」字之誤。

〔一二〕陸淮　按新唐書卷七三宰相世系表三下載，陸淮任兵部郎中，非福州觀察使。唐會要卷七一州縣改置下作「陸初」，未知孰是。

〔一三〕謝端　「端」，底本作「瑞」，萬本、庫本同，據宋版及新定九域志卷九、輿地紀勝、宋本方輿勝覽卷一〇福州引搜神記改。

〔一四〕去州一里二百步　「去」，宋版、庫本作「在」，按輿地紀要福州引本書亦作「去」。萬本作「州西一里二百步」，嘉慶重修一統志卷四二五福州府引本書作「在州西一里二百步」，此「州」下疑脱「西」字。

〔一五〕昔有見者郡國志云上有神人　此十二字底本脱，皆據宋版、萬本、庫本及傅校補。「上有神人」云云，輿地紀勝、宋本方輿勝覽福州皆引之郡國志，正合宋版、萬本、庫本。

〔一六〕斯地多杉雞　「杉」，底本作「山」，據宋版、萬本、庫本改。

〔一七〕虞愿　「虞」，底本作「盧」，宋版、萬本、中大本、庫本同。按南齊書卷五三良政傳虞愿：出爲晉平太守，「海邊有越王石，常隱雲霧。相傳云清廉太守乃得見，愿往觀視，清徹無隱蔽。」南史卷七〇循吏傳虞愿、太平御覽卷五一同，此「盧」爲「虞」字之誤，據改。

〔一八〕元四鄉　「四」，底本作「六」，據宋版、萬本、中大本、庫本改。

〔一九〕西北七十里　淳熙三山志卷三：古田縣，福州北二百八十里，唐開元二十九年「立縣雙溪之匯、屏山之南，平陸三十五里。皇朝太平興國五年從轉運使楊克讓之請，乃遷治于水口，端拱元年仍舊，轉運使崔策請，即今是也」。按水口即今福建古田縣南舊水口，即爲宋太平興國五年所遷縣治，端拱元年復還舊治，即唐開元二十九年立縣之縣治，亦爲南宋淳熙時之縣治，則此「七十」上脱「二百」二字。元豐九域志卷九福州古田縣：「州西北一百八十里。」「一」疑爲「二」字之誤。

〔二〇〕晉安記　「安」，底本脱，萬本、庫本同，據宋版補。

〔二一〕今五鄉　「五」，底本作「三」，據宋版、萬本、中大本、庫本及傅校改。

〔二二〕岡甚遠　萬本、庫本、嘉慶重修一統志卷四三六福寧府引本書同，宋版「岡」上有「連」字。

〔二三〕于此山吞白霞丹景得上昇之法　「景」，底本脱，萬本、庫本同。宋版作「于此山吞白霞丹景之法」。按宋本方輿勝覽福州作「于此山授餐青精、飯白霞丹景之法」，淳熙三山志卷三八作「授青精，飯飡白屧丹景之法」，嘉慶重修一統志卷四三六福寧府引三山志作「于此修白霞丹景之法」，則宋版是，據補字。

〔二四〕自武夷巖前連崗接阜　「崗」，底本作「江」，據宋版、萬本、庫本、嘉慶重修一統志福州府引本書及傅校改。

〔二五〕以王氣生于東南乃詔掘斷山脊皆有血流于羅浮山　「王」，底本作「旺」，據宋版、萬本、庫本、輿地紀勝福州引本書及傅校補。「山」，底本脱，萬本、庫本同，據宋版及輿地紀勝引本書補。

〔二六〕生釣絲竹　「釣」，底本作「葯」，庫本同，據宋版、萬本、輿地紀勝福州及嘉慶重修一統志福州府引本書改。

〔二七〕唐開成年中割長溪古田兩鄉置盛德場　「鄉」，底本作「縣」，據宋版、萬本、庫本、輿地紀勝福州及嘉慶重修一統志福寧府引本書改。

〔二八〕西北四十五里　按元豐九域志、輿地紀勝福州、淳熙三山志皆載州西北二十里，與此異。

〔二九〕太平興國七年　「七年」，宋會要方域七之一〇、元豐九域志、輿地紀勝福州懷安縣引國朝會要作「五年」，紀勝引圖經、淳熙三山志卷三作「六年」。

〔三〇〕唐武德三年興延平爲軍　「興」，底本作「置」，據宋版、萬本、庫本及輿地紀勝卷一三三南劍州總序引本書改。

〔三一〕賴溪　「賴」，底本作「瀨」，據宋版、萬本、庫本及嘉慶重修一統志卷四三〇延平府引本書改。後劍浦縣序改同。

〔三二〕今領縣五　「今」，底本脱，據宋版、萬本、中大本、庫本補。

〔三三〕東北至長安四千七百一十五里　按宋南劍州治劍浦縣，即今福建南平市，至長安爲西北向，此「東」爲「西」字之誤。「七百一十」，底本作「一百七十」，據宋版、萬本、庫本及傅校改。

〔三四〕花紋石至茴香　宋版、萬本、庫本皆無，傅校删，非樂史原文，爲後世竄入。

〔三五〕就之即可　「即」，底本作「則」，庫本同，據宋版、萬本改。太平御覽卷四七引建安記作「人有食者即可」。

〔三六〕唐武德四年復立將樂綏城二縣　原校：「按新唐書地理志：『武德四年析邵武置綏城，隸建州；五年析邵武置將樂，隸撫州。』今皆云武德四年，恐誤。」

〔三七〕貞觀三年又廢　原校：「按新唐志：『武德七年省將樂，貞觀三年省綏城。』今記皆云貞觀三年，恐誤。又新唐志：將樂縣，『垂拱四年析邵武及故綏城縣地復置，元和三年省，五年復置。』今記爲略，然諸書互見者，蓋非一矣。」按輿地廣記卷三四南劍州將樂縣序垂拱復置後沿革同新唐書地理志。

〔三八〕尋改爲永順場復立爲順昌縣　按輿地廣記南劍州順昌縣云南唐置，輿地紀勝南劍州順昌縣序云：「五代時僞唐升爲順昌縣。」則非置於唐。

〔三九〕其水自沙縣疵源分水爲界　「源」，底本作「原」，據宋版、萬本、中大本、庫本、嘉慶重修一統志延平府引本書及傅校改。

〔四〇〕本古之南平縣餘跡也　「本」，底本脱，據宋版、萬本、庫本及傅校補。

〔四一〕其地乃□南鄉邑地也　「邑」，宋版無，傅校删。按西晉延平縣即今福建南平市，今沙縣在其西南，此「邑」疑爲空闕之「□」而倒誤，或爲衍字。萬本作「其地即南平鄉地也」，庫本作「地方乃南平鄉地也」，並誤。

〔四二〕漢路阻隔　「漢」，萬本、庫本、嘉慶重修一統志延平府引本書同，宋版作「溪」。

〔四三〕移元□縣基于縣西北鄉外八里内楊簣板置　「板」，底本作「析」，庫本同，據宋版改。嘉慶重修一統志延平府引本書作「自興鄉寨移原縣基於縣西北鄉外八里沙簣陂置」，萬本據改，未知是否。

〔四四〕上有木栖花　「木栖」，底本作「茜」，據宋版及輿地紀勝南劍州引本書補改。萬本、庫本作「桂花」，誤。

〔四五〕金泉祠　「祠」，底本作「池」，據宋版、萬本、庫本、太平御覽卷四七引建安記及傅校改。

〔四六〕登嶺若昇碧霄　「登嶺」，太平御覽卷四七引建安記作「登山頂」。萬本作「登山如飛」，嘉慶重修一統志延平府引本書同。

〔四七〕百丈山鳥道　宋版、庫本同，萬本「山」下有「有」字，嘉慶重修一統志延平府引建安記同。

〔四八〕將溪　「溪」，底本作「漢」，庫本同，據宋版、萬本、中大本、嘉慶重修一統志延平府引本書及元豐九域志卷九南劍州改。

〔四九〕載鳥旗　「旗」，底本作「其」，萬本、庫本同，宋版作「旗」。按新定九域志卷九邵武軍：「嗚鐃山，圖經云：越王無諸嘗畋獵于此，嗚鐃載旗，因以名焉。」此「其」爲「旗」字之誤，據改。

〔五〇〕所尚由此來矣　按輿地紀勝南劍州聖泉引本書云：「在將樂縣天階山。」底本、宋版、萬本、庫本皆無。

太平寰宇記卷之一百一

江南東道十三

建州　邵武軍　龍焙監

建州

建州，建安郡。今理建安縣。古閩越之地。昔禹孫少康庶子無餘受封于會稽，〔一〕世爲越侯；故有裔孫勾踐與吴争王，後敗夫差，遂併吴國。按福州圖云：「勾踐六代孫爲楚所併，其後有無諸以其境南泉山之地因而都之，稱閩越王。其弟餘善至孫繇，又以東海隅之地稱閩越王。俱是會稽之域，遂有三越之稱。」秦併天下，屬閩中郡。楚、漢之際，越王無諸帥越人佐漢滅楚，無諸自立，號閩越王，居其地。餘善殺王郢，又自立。漢因以繇爲王，以奉祭祀。尋爲漢兵所伐，繇懼，以衆歸漢。因分其地爲會稽郡冶縣之北鄉。後漢建武中又爲東侯官縣。建安初分東侯官之地爲建安，并南平、漢興三縣。吴永安三年割會稽南部，以建安、將樂、邵武、〔二〕建陽、〔三〕吴興、延平、〔四〕東安、侯官等九縣爲建安郡。晉廢郡，以舊屬邑隸晉安郡，今福州也。東晉，郡又立之。按郡國志云：「漢立郡于東溪南覆船山下。宋元嘉元年徙于溪北黄花山西。梁承聖三年封蕭基爲長樂侯于此。〔五〕梁末，城池被盜陵夷，其後謝竭爲太守，于西溪之右編木柵爲理所。陳太康四年，郡守駱文廣復徙于覆船山下。禎明元年又移于今所。」隋開皇十年，郡廢爲鎮。唐武德四年置建州，領建安、唐興、建陽、沙、將樂、邵武等縣。〔六〕天寶元年改爲建安郡。乾元元年復爲建州。皇朝爲建寧軍節度。

元領縣八。今縣四場一：〔七〕建安，浦城，建陽，松溪，新置。崇安場。新置。三縣割出：邵武，建軍。將樂，入劍州。沙縣。入劍州。

州境：東西。缺。南北。缺。

四至八到：西北至東京二千九百三十里。西北至西京三千八百三十五里。西北至長安四千六百九十五里。東至處州九百七十六里。貞元略云九百里。南至福州七百二十里。貞元略云六百里。〔八〕西北至撫州八百三十里。西北至信州五百四十里。北至衢州一千一百里。貞元略云七百里。東南至福州七百二十里。西南至汀州二千四百里。貞元略云一千五百里。

西北至饒州二千三百里。東北至衢州一千一百里。

戶：唐開元戶二萬二千七百七十。皇朝戶主四萬六千六百三十七，客四萬三千八百五十五。

風俗：同福州。

人物：顧野王，仕陳，爲光禄卿。葉京，字垂孫，建安人。官太常博士，州人登第自京始。江文蔚，字君章，建陽人。拜御史中丞。江爲。文蔚族子。遊廬山，累辟不赴。〔九〕

土産：蕉花練，茶。茶經云：「建州方山之芽及紫筍，片大極硬，須湯浸之方可碾。極治頭痛，江東老人多味之。」

建安縣，十二鄉。〔一〇〕地本孫策于建安初分東侯官之地立此邑，〔一一〕即以年號爲名，屬會稽南部都尉。元是閩國，吴永安三年始立建安郡于此。歷代如之。唐武德四年又置郡于此。

黄花山。郡圖云：「在郡東。元嘉元年徙郡于黄花山西是也。」

白鶴山，在郡東。郡圖云：「晉以望氣者言此山有異氣，〔一二〕命土工斷之，乃有二白鶴沖天而去，因此爲名。」

冥聲廟。輿地志云：「吴永安二年，空裏聞人聲，于此立廟，令人平吉，五穀豐稔，年常祈祠有福。因爾立廟，號冥聲廟。出建安郡記。」

登高山。續齊諧記云：「費長房語桓景曰：『君家當有厄，可以九月九日舉家登山飲菊花酒，〔一三〕則免之。』景如其言，九日登山，暮歸見雞犬鳥雀皆頭斷而死。」

梨山，在郡東南。其山爲郡勝槩之地。

覆船山，在郡南。其山形如覆船，昔太守駱文廣移郡于此山之北。〔一四〕

茶山，在郡北。民多植茶于此山，涉冬翠茂，俯瞰城郭。

梅君山，在郡東南。云梅福煉藥于此山上昇，因名之。〔一五〕

夢水。郡國志云：「建州夢水有沙蝨，又云短獨蟲，〔一六〕一名蜮，似龜，射人所中之處生瘡。」

仙人洲。建安記云：「郡西南大溪中。昔梅真人上昇，墜馬于此洲，故後名墜馬洲。」

顧野王宅。野王仕陳爲光禄卿，此郡人。其宅今爲開元觀。

古甌城。郡圖云：「縣東有古甌城，漢吴王世子劉駒發兵圍東甌，即此也。」

故府城，在縣東南三里。〔一七〕即漢時會稽南部都尉理此，建安八年置，吴永安三年廢。

水陸栅，〔一八〕在縣東二百里。陳信武將軍、閩州刺史、會稽太守、侯官侯陳寶應置。

浦城縣，西北三百六十五里。〔一九〕元十鄉。　縣本後漢東侯官之北鄉也。獻帝末立漢興縣。至吴永安三年改爲吴興縣，歷代不改。按邑圖云：「晉尚書陸邁、宋尚書郎江淹皆爲吴興令。」按淹自序云：「吴興地在東南嶠外，〔二〇〕閩越之舊境是也。」唐武德四年改爲唐興縣。天授二年改爲武寧縣，神龍初又爲唐興縣。天寶元年八月改爲浦城縣。按謝靈運永嘉記云：「有二浦：一曰浦城，柘水源出建安吴興縣。此浦城俗爲越王城，以城臨浦，故曰浦城。」

八面山，在縣北四十里。〔二一〕有八面，形極奇秀。

孤山，在縣西北五里。蕭子開建安記云：「孤山在環障之間，其地坦平，悉是溝塍阡陌。以此山挺然孤立，因名焉。」梁江淹爲吴興令，云此地有碧水、丹山、珍木、靈草，爲邑之勝境。

子期山，在縣西南二十五里。〔二二〕建安記云：「子期山乃溪畔小石峯也，四面巖巒峭拔，昔秦、漢之間有仙人華子期曾師商山四皓，後居此山，山因名之。」

泉山，在縣東北六十里。記云：「山頂有泉，分爲兩派，一入處州，一入建溪。」即漢書朱買臣言東越王保泉山，一人守險，千人不得上，即此山。」

大湖山，在縣西南一百里。記云：「大湖山，一名聖湖山。湖在山頂，昔有採藥者至此湖畔，見滿湖芙蓉，涉水采之，乃石也。亦有禽鳥，遠如飛翔，近視則石。」

吴山，在縣東五里。記云：「山四面秀異，人居其側多吴姓。漢興，有吴氏六千户别屯大澤，即此之民也。」

大姥山，在縣東北七十里。記云：「大姥即魏夫人也。」老子玉貞經云：「魏夫人以羅浮、天臺、大霍、洞宫四處，爲棲真之所。」此山乃洞宫之隣也，上有太母祠存焉。

柘嶺，在縣東一百六十里。東與處州麗水縣分界處。

梨巖，在縣西北八十里，因梨山以名之。記云：「南嶺下道東，有鍾離古亭跡尚存。」〔二三〕今爲戍。

上原嶺，在縣東北九十里。道路不通牛馬，與處州松陽縣分界。

温山，在縣西北八十里。建安記云：「此山有泉，夏寒冬煖。」

西巖嶺，在縣東北二十九里。晉陽敬儒居此，吴興陸邁常詣之開創，居此上巖。〔二四〕

建溪，自東北流入邑界。〔二五〕

龍背潭，在縣西南四十里。潭東有巨石數十丈，狀如龍形，昔有道士于潭中斬龍，今水微有血色。

九石潭，在縣西南四十里。以潭峯有九石相連，〔二六〕因名之。

建陽縣，西北一百六十里。元七鄉。本後漢建安縣地，又割建安地爲桐鄉；至十年，平東校尉賀齊討上饒之城兼舊桐鄉，置建平縣。故吴志云「建安十年，權使賀齊討上饒，立建平縣」是也。〔二七〕晉太元四年改建平爲建陽，〔二八〕因山之陽爲名。隋開皇九年廢入建安縣。唐武德四年復爲建陽，八年又廢，垂拱四年又置。

武夷山，在縣北一百二十八里。蕭子開建安記云：「武夷山，其高五百仞，巖石悉紅紫二色，望之若朝霞。有石壁，峭拔數百仞于烟嵐之中，其間有木碓磨、簸箕、籮箸、什器等物，靡不有之。顧野王謂之地仙之宅。半巖有懸棺數千。」傳云昔有神人武夷君居此，故得名。又坤元録云：「建陽縣上百餘里有仙人葬，山亦神仙所居之地。」郡國志云：「漢武好祀天下嶽瀆，此山與祭，故曰漢祀山。」陸鴻漸有記。

欄杆山，在縣北二百九十里。建安記云：「欄杆山南與武夷山相對，半巖有石室，可容六十人，巖口有木欄杆，飛閣棧道，遠望石室中，隱隱有床帳、案几之屬。巖石間悉生古柏。〔二九〕懸棺仙葬，多類武夷。」云是仙人葬骨。

建溪，在縣東一百步。源從武夷山下西北來縣界也。

松溪縣，東三百四十里。〔三〇〕元三鄉。本建安縣地，舊爲閩越之界，戍兵所屯，號松溪鎮焉。僞唐保大中得閩地，因爲縣，取舊鎮爲名。〔三一〕其界松溪，源自處州龍泉縣東北流入，自縣

南正西合于建安縣界。〔三一〕

杉溪，〔三二〕在縣西三十里。即建安縣界。

崇安場，北二百四十里。〔三四〕無鄉，管三里。本建陽縣東北三里，僞唐保大九年割爲場。

邵武軍

邵武軍，理邵武縣。本建州邵武縣地，皇朝太平興國五年以户口繁會，〔三五〕路當要衝，于縣置邵武軍，從轉運司之奏請也，仍析邵武之二鄉爲光澤縣，并割建州之歸化、建寧二縣來屬。

今領縣四：〔三六〕邵武，光澤，歸化，建寧。

軍境：東西二百三十里。南北二百六十五里。

四至八到：新置軍未有至二京里數。東至建州三百六十里。西至建昌軍水陸三百九里。〔三七〕南至將樂縣一百三十五里，至汀州六百四十里。北至信州五百六十里。東南至將樂縣三百七十五里。西南至將樂縣三百六十一里。西北至信州弋陽縣三百七十五里。東北至建陽縣水陸路七百二十四里。

户：舊户載建州籍。皇朝户主三萬四千三百九十一，客一萬三千四百九十。〔三八〕

風俗：同建州。

土産：同建州。

邵武縣，舊六鄉，今四鄉。本後漢東侯官縣之北鄉也，建安元年，孫策稱會稽守置南平縣。吴景帝三年改爲昭武縣。晉太康三年改爲邵武縣。太寧元年又改爲邵陽縣。宋永初元年復爲邵武縣，屬建州。〔三九〕隋開皇十八年廢郡，〔四〇〕縣隸撫州。唐武德四年復立州，又隸建州。晉天福初改爲昭武縣。漢初復舊。

麁溪。蕭子開建安記云：「邵武縣衆山西北來，開溪源出縣西烏嶺，撫州南城界，謂之麁溪。東流下與密溪、烏溪合，東南入至萬福亭入縣界。」

烏君山，在縣西一百里，高二千二百丈。記云：「山頂有二石，一高十丈，一高八丈，形皆蒼黑，鬬葉分枝，〔四一〕狀如雙蔓，謂之雙石。又秦、漢之代，有徐仲山者，于此山遇神仙妃耦，多假烏皮爲羽，飛走上下，故山因名之。今有烏君石存焉。」

烏嶺山，在縣西北三百里。烏嶺峻極，不通牛馬，以其與烏君山連接，因此爲名。魏王泰坤元録云：「邵武有庸嶺，一名烏頭嶺。北隰中有大蛇長七八丈，爲患，都尉長吏多致死者。巫言啖童女，其都尉、令長遂估賃人家婢子養之，八月祭送蛇穴，已九女矣。將樂縣李誕有六女無男，小女名奇，及受僱，應之。奇買好劍，仍作數石米餈，用蜜灌之，以置穴口。蛇夜出，目如三尺鏡。奇放犬咋蛇，奇從後以劍斫之，蛇湧出至庭而死。」

飛猿嶺，在縣西一百七十里，高千二百丈。建安記云：「飛猿嶺喬木造天，猿猱之所飛走，故曰飛猿。」今爲鎮，與撫州南豐縣分界處。

止馬亭，在縣西百六十里。洪氏建安記云：「止馬亭當飛猿嶺口，馬之登降，于此止息，故名。」

長樂村。建安記云：「長樂村，後漢時此川民居殷富，〔四二〕地土廣闊，孫策將欲檢其江左，時鄰郡亡逃，或爲公私苛亂，悉投于此，因是有長樂、將檢二村之名。」

廢烏坂城，〔四三〕在縣東南三里。建安記云：「昔越王拒漢，其城六，此城一也。」

光澤縣，西八十里。二鄉。本邵武縣地，皇朝太平興國六年割邵武之光澤、鸞鳳二鄉，〔四四〕于縣西八十里地名財演鎮立光澤縣，以鄉爲名。

歸化縣，南二百里。〔四五〕二鄉。本將樂縣地，古之金城場，〔四六〕唐末于此立歸化鎮。後以去郡遥遠，民難輸納，户口稍滋，僞唐保大三年升爲場。〔四七〕周顯德五年改爲縣，屬建州。其地去撫州南豐縣三百里，去建州六百里。皇朝太平興國五年割屬軍。

建寧縣，西二百四十里。〔四八〕六鄉。本將樂縣地，晉綏城縣，莫徭之民居焉。唐武德中併入邵武，〔四九〕垂拱年中割入將樂。乾元二年，寧海軍使董玠奏置黄連鎮。乾符五年爲義寧軍，復廢，尋爲永寧鎮。僞唐昇爲場。〔五〇〕至建隆二年，〔五一〕僞唐昇爲縣，屬建州。皇朝太平興國六年併永安場入縣，割隸本軍。

龍焙監

龍焙監，建州建安縣南鄉秦溪里地，〔五二〕以本州地出銀鑛，皇朝開寶八年置場，收銅銀。至太平興國三年昇爲龍焙監，〔五三〕凡管七場。

四至：東去福州古田縣八十里。一作四十。〔五四〕南去南劍州劍浦縣積善里界四十里。西去南劍州劍浦縣界杉口務三十里。北至建州一百五十里。

所出礦石：白礦，黄礁礦，黑牙礦，松礦，〔五五〕水礦礦，黑牙礁礦，光牙礦，土卯白礦，馬肝礁礦，桐梅礁礦，赤生銅礦，紅礁夾生白礦。

永興場，監西北三百里。在建安縣高陽里。

永樂場，監北二百里。在建安縣安樂里。

黄沙場，監西一十里。在建安縣南鄉秦溪里。

褶紙場，監西北二十里。在建安縣秦溪里。

大挺場，監北七十里。在建安縣秦溪里。

東平場，監東北三百五十里。在建安縣東平里。

杉溪場，監東北三百里。在建安縣杉溪里。

卷一百一校勘記

〔一〕昔禹孫少康庶子無餘受封于會稽　「禹孫」，底本作「夏」，萬本同，據宋版、中大本及傅校改補。

〔二〕邵武　按宋書卷三六州郡志二：邵武，「吴立曰昭武，晉武帝更名。」元和郡縣圖志卷二九建州邵武縣：「吴於此立昭武縣，晉改爲邵武。」此云吴永安三年置建安郡，「邵武」宜作「昭武」。

〔三〕建陽　按元和郡縣圖志建州建陽縣：「吴分置建平縣，晉太元四年改爲建陽。」本書卷建陽縣序：後漢建安十年置建平縣，「晉太元四年改建平爲建陽」。則建平縣置於建安十年，此宜作「建平」。

〔四〕延平　按本書卷一〇〇南劍州總序：「吴永安三年立爲南平縣。」輿地紀勝卷一三三南劍州總序云：「晉武平吴，易南平縣爲延平縣。」則此宜作「南平」。

〔五〕承聖三年　「三」，萬本、庫本同，宋版作「二」。

〔六〕領建安唐興建陽沙將樂邵武等縣　「建安」，宋版、庫本同，萬本作「綏城」。按舊唐書卷四〇地理志三建州總序作「綏城」，新唐書卷四一地理志五建州邵武縣：「本隸撫州，武德四年析置綏城縣，隸建州，七年以邵武來屬。貞觀三年省綏城入焉。」則唐武德四年建州應有綏城縣而無邵武縣，此脱「綏城」而衍「邵武」。

〔七〕今縣四場一　萬本同，宋版、萬本皆作「今場縣五」，傅校改同。

〔八〕六百里　「六」，宋版同，萬本、庫本作「七」，傅校改同。

〔九〕葉京字垂孫至江爲文蔚族子遊廬山累辟不赴　宋版、萬本、庫本皆無葉京、江文蔚、江爲傳略，蓋非樂史原文。

〔一〇〕十二鄉　「二」，宋版同，萬本、庫本作「三」，傅校改同。

〔一一〕地本孫策于建安初分東侯官之地立此邑　宋版、庫本同，萬本無「地本」二字，輿地紀勝卷一二九建寧府建安縣序、嘉慶重修一統志卷四三一建寧府引本書亦無。

〔一二〕晉以望氣者言此山有異氣　「晉以」，輿地紀勝建寧府引本書作「東晉時」，宋本方輿勝覽卷一一建寧府同。

〔一三〕可以九月九日舉家登山飲菊花酒　「以」，底本作「于」，據宋版、萬本、庫本及傅校改。

〔一四〕昔太守駱文廣移郡于此山之北　「昔」，嘉慶重修一統志建寧府引本書作「陳」，未知孰是。

〔一五〕梅君山至因名之　宋版、庫本皆無此二十字。「梅福」，嘉慶重修一統志建寧府引本書「梅福」上有「漢」字。

〔一六〕短獨蟲　「獨」，萬本、庫本同，宋版作「狐」，蓋是。

〔一七〕在縣東南三里　底本「三」下衍「百」字，萬本、庫本同，據宋版及輿地紀勝、嘉慶重修一統志建寧府删。

〔一八〕水陸栅　「陸」，底本作「路」，萬本、庫本同，宋版作「陸」。按陳書卷三五陳寶應傳：「昭達頓于建安，余孝頃又自臨海道襲于晉安，寶應據建安之湖際，逆拒王師，水陸爲栅。」則此「路」爲「陸」字之誤，據改。

〔一九〕西北三百六十五里　元豐九域志卷九建州浦城縣：「州東北三百三十里。」按宋建州治即今福建建甌縣，浦城縣即今縣，在建州北少東，九域志記載是也，此「西」爲「東」字之誤。

〔二〇〕吴興地在東南嶠外　「在」，底本脱，萬本、庫本同，據宋版及太平御覽卷一七〇引江淹自序補。

〔二一〕在縣北四十里　「北」，宋版同，萬本、庫本作「西北」。

〔二二〕在縣西南二十五里　「二十五」，宋版同；萬本、庫本作「二十二」，傅校改同，輿地紀勝建寧府引本書作「二十餘里」。

〔二三〕有鍾離古亭跡尚存　「亭跡」，底本作「跡亭」，據宋版、萬本、庫本及太平御覽卷四七引泉山記乙正。

〔二四〕居此上巖　萬本、庫本同，宋版作「居止此巖」，當是。

〔二五〕自東北流入邑界　「東北」，底本作「北東」，萬本、庫本同，據宋版乙正。按本書卷建陽縣：「建溪，在縣東一百步。源從武夷山下西北來縣界也。」輿地紀勝建寧府同，元豐九域志稱爲建陽溪，即今建陽溪，而出於浦城縣（即今縣）東北之水，今名南浦溪，宋代是否亦稱爲建溪，宋代諸志書皆不載，存疑。

〔二六〕以潭峯有九石相連　庫本同，宋版「峯」作「岸」；萬本「潭」下有「上」字，嘉慶重修一統志建寧府引本書同。

〔二七〕權使賀齊討上饒立建平縣　「立」，底本脱，萬本、庫本同，據宋版及輿地紀勝建寧府引本書補。三國志卷四七吴主傳：「建安十年，孫權使賀齊討上饒，分爲建平縣。」同書卷六〇吴書賀齊傳：建安十年，「轉討上饒，分以爲建平縣」。是也。

〔二八〕晉太元四年改建平爲建陽　按晉書卷一五地理志下，建安郡領有建陽縣，宋書卷三六州郡志二建安郡建陽縣：「晉太康地志有。」是西晉太康初已有建陽縣，非東晉太元時改也。

〔二九〕巖石間悉生古柏　「古」，底本作「石」，萬本、庫本同，據宋版及太平御覽卷四七引建安記改。

〔三〇〕東三百四十里　「東」，底本作「西」，宋版、萬本、庫本同。元豐九域志建州松溪縣：「州東二百六十里。」輿地紀勝建寧府（南宋紹興三十二年升建州置）松溪縣：「在府東二百六十里。」按松溪縣置於南唐，在今松溪縣東，北宋開寶末移治今縣，在建州（治今建甌縣）東北，此「西」爲「東」

字之誤，據改。

〔三一〕因爲縣取舊鎮爲名　按輿地紀勝松溪縣引圖經云：「南唐保大九年升爲松源縣，國朝開寶八年改爲松溪縣。」始置縣名及改名皆與此異。

〔三二〕自縣南正西合于建安縣界　「南」，底本脱，萬本、庫本同。嘉慶重修一統志建寧府：松溪，「源出浙江處州府龍泉縣，經松溪縣東北，西南流繞城東南，又西南流經政和縣西，又西流經建安縣東」。按今松溪流經松溪縣南向西流，正合宋版所記，據補「南」字。

〔三三〕杉溪　「杉」，底本作「松」，萬本、庫本同，據宋版、中大本及輿地紀勝建寧府改。按松溪在松溪縣東，杉溪在縣西。

〔三四〕北二百四十里　「北」，底本脱，萬本同，宋版空缺，據嘉慶重修一統志建寧府引本書及輿地紀勝建寧府補。按北宋初崇安場即今崇安縣，在建州（治今建甌縣）西北。

〔三五〕太平興國五年　按續資治通鑑長編卷二〇：太平興國四年十一月辛卯，「以建州邵武縣爲邵武軍」。當從續長編。

〔三六〕今領縣四　「今」，底本無，據宋版、萬本、庫本及傅校補。

〔三七〕西至建昌軍水陸三百九里　「陸三」，底本作「路六」，萬本、庫本同，據宋版改。按本書卷一一〇建昌軍：「東南至邵武軍三百七十四里。」元豐九域志卷九邵武軍：「西至本軍界一百四十里，自界首至建昌軍二百里。」則底本「六百」爲「三百」之誤。

〔三八〕客一萬三千四百九十　「三」，萬本、庫本同，宋版作「二」。

〔三九〕建州　按建州之設，始於唐武德四年，載於元和郡縣圖志、舊唐書地理志三、新唐書地理志五及本書卷建州總序，此前無建州之名。宋書州郡志二邵武縣屬建安郡，南齊書卷一四州郡志同，則此「建州」爲「建安郡」之誤。

〔四〇〕隋開皇十八年廢郡　按隋書卷三一地理志下建安縣：「舊置建安郡，平陳廢。」則廢建安郡自在開皇九年平陳後，本書卷建州總序云開皇十年廢郡，此云「十八年」，當誤，或「八」字衍。

〔四一〕闞葉分枝　「闞」，底本作「間」，據宋版、萬本、庫本及傅校改。「枝」，宋版同，萬本、庫本作「披」，傅校改同。

〔四二〕後漢時此川民居殷富　「川」，底本作「州」，據宋版、萬本、中大本、庫本及輿地紀勝卷一三四邵武軍引建安記改。

〔四三〕廢烏坂城　「坂」，底本作「阪」，據宋版、萬本、庫本及輿地紀勝邵武軍引本書改。

〔四四〕鸑鳳　「鸑」，底本作「金」，據宋版、萬本、中大本、庫本、輿地紀勝邵武軍光澤縣序及傅校改。

〔四五〕南二百里　「南」，底本作「西」，據宋版、萬本、中大本、庫本、嘉慶重修一統志卷四三二邵武府引本書及元豐九域志邵武軍改。按歸化縣於元祐元年改名泰寧縣，即今縣，在邵武軍（治今邵武縣)西南。

〔四六〕金城場　「城」，底本作「銀」，萬本同，據宋版、中大本、庫本及嘉慶重修一統志邵武府引本書改。

〔四七〕僞唐保大三年升爲場　「升」，底本作「立」，庫本同，據宋版、萬本及嘉慶重修一統志邵武府引本書改。

〔四八〕西二百四十里　「二」，底本作「三」，宋版、萬本、庫本同，嘉慶重修一統志邵武軍引本書作「二」。按元豐九域志、輿地紀勝皆載建寧縣在邵武軍西南二百四十五里，建寧縣即今縣，東北去邵武里數正合二書記載，此「三」爲「二」字之誤，據改。

〔四九〕唐武德中併入邵武　按新唐書地理志五云武德四年析邵武縣置綏城縣，隸建州，貞觀三年省綏城縣入邵武縣，此云武德中省，誤。

〔五〇〕乾符五年爲義寧軍復廢尋爲永寧鎮僞唐昇爲場　宋版、萬本、庫本同。按輿地紀勝建寧縣序引本書云：「黄巢叛，鎮將兵禦黄巢有功，土人陳巖爲福建觀察使，表爲義寧軍治，其後廢爲永寧鎮，又改爲永安場。」文與此異，未知是否。又「永寧鎮」，宋版、萬本、庫本同，嘉慶重修一統志邵武府引本書作「永安鎮」。

〔五一〕建隆二年　輿地紀勝建寧縣序作「建隆元年」。

〔五二〕秦溪里　萬本、庫本同，宋版、中大本及輿地紀勝邵武軍皆作「秦漢溪里」，傅校補「漢」字，但本書後文諸本仍作「秦溪里」，或秦溪里又名秦漢溪里。

〔五三〕太平興國三年　「三」，萬本、庫本、嘉慶重修一統志建寧府引本書同，宋版及輿地紀勝邵武軍皆作「二」。

〔五四〕東去福州古田縣八十里一作四十　「去」，底本作「至」，萬本同，據宋版、庫本及傅校改，下二文「南至」、「西至」之「至」皆據改。「八十里一作四十」，宋版作「八十里」，無「一作四十」二字；萬本、庫本作「四十」，無「八十里一作」五字，傅校改同。

〔五五〕松礦　「松」，萬本、庫本同，宋版作「鈆」，蓋此「松」爲「鈆」字之誤。

太平寰宇記卷之一百二

江南東道十四

泉州　漳州　汀州　興化軍

泉　州

泉州，清源郡。今理晉江縣。秦、漢土地與長樂郡同。東晉南渡，衣冠士族多萃其地，以求安堵，因立晉安郡。〔一〕宋、齊以後因之。隋爲泉州，舊理閩縣，後移於南安縣。唐聖曆二年始分泉州之莆田、南安、龍溪三縣置武榮州，三年州廢，三縣還泉州。久視元年又以三縣置武榮州。景雲二年改爲泉州。開元二十九年割龍溪入漳州。天寶元年改爲清源郡。乾元元年復爲泉州。皇朝爲平海軍節度。

元領縣四。今七：晉江，南安，同安，自同安以下皆新置。〔二〕永春，清溪，德化，惠安。

三縣割出：莆田，仙遊，以上二縣入興化軍。長泰。新置，入漳州。

州境：東西三百四十七里。南北三百五十里。

四至八到：西北至東京五千四百二十里。西北至西京五千八百三十五里。西北至長安六千六百九十五里。東至大海百二十里。貞元畧云一百里。南至大海一百八十里。西至錦田村即漳州龍巖縣界二百八十五里。北至仙遊縣一百五十里。東南至海四十里。西南至漳州六百里。貞元畧云三百五十里。西北至皂洋村一百里。東北至福州五百里。

户：唐開元户三萬一千六百。皇朝户主五萬二千五十六，客四萬四千五百二十五。

風俗：泉郎，即此州之夷户，亦曰遊艇子，即盧循之餘。晉末，盧循寇暴，爲劉裕所滅，遺種逃叛，散居山海，至今種類尚繁。唐武德八年，都督王義童遣使招撫，得其首領周造、麥細陵等，〔三〕並受騎都尉，令相統攝，不爲寇盜。貞觀十年，始輸半課。其居止常在船上，兼結廬海畔，隨時移徙，不常厥所。船頭尾尖高，當中平闊，冲波逆浪，都無畏懼，名曰了鳥船。〔四〕

姓氏：南安郡五姓：黄、林、單、威、〔五〕仇。

人物：自唐設舉場，此州之才子間生，登科者甚衆。黄璞纂爲名士録。盛均，字之才，永春人。官韶州刺史。歐陽詹。字行周，晉江人。與韓愈等聯第。閩人舉進士，自詹始。〔六〕

土產：蠲符紙，貢。生蕉，白藤箱，蚺蛇膽，紅花，蕉，〔七〕茜緋，葛，〔八〕海舶，香藥，天門冬，鐵，鹽，枇杷，〔九〕再熟稻，春夏收訖，其株又苗生，至秋薄熟，即吳都賦云「再熟稻」。橄欖，荔枝，龍眼，甘蔗，茉莉。〔一〇〕

晉江縣，舊八鄉，今五鄉。地本長樂郡之屬邑。〔一一〕晉立郡，又爲晉安郡地焉。隋廢郡爲邑。唐景雲二年分豐州之地又于此立州。〔一二〕

泉山，在州北五里，因此爲名。〔一三〕

晉江，在州南一里。自南安縣來，流五十里入海。

尚書塘。唐貞元五年，檢校户部尚書趙昌爲刺史，置塘以溉民田，人蒙其利。元和二年，刺史馬總美趙公之留，〔一四〕惠名爲尚書塘。

龍湖，在縣南一百里。有廟存焉。

南安縣，〔一五〕舊十九鄉，今九鄉。吳置東安縣。晉置晉安郡於此。陳立南安縣。〔一六〕唐武德五年置豐州。貞觀初州廢，來屬。

桃林溪，在縣西二十里。自龍溪縣界來，灌田三百二十畝，與綿田溪合，入晉江縣界。

九日山，在縣西一里。山連晉江縣。

金雞山，在縣西南六里。

同安縣，西南一百六十二里。〔一七〕唐貞元十九年析南安縣南界四鄉置大同場。福州僞命己亥歲升爲同安縣。

煮海里，一邊在海中，有島嶼四所，計四百餘家居焉。無田疇，人以釣魚拾螺爲業。

永春縣，西一百五十九里。二鄉。唐長慶二年析南安縣西界兩鄉置桃林場。福州僞命壬寅歲改爲永春縣。〔一八〕

清溪縣，西一百五十七里。二鄉。唐咸通五年析南安縣西界兩鄉置小溪場。〔一九〕江南僞命乙卯歲升爲清溪縣。

德化縣，北二百一十里。元二鄉。元屬福州，僞命日置。庚戌年歸屬當州。

惠安縣，去州四十五里。三鄉。〔二〇〕本晉江縣北鄉也，皇朝太平興國六年析置惠安縣。

漳州

漳州，漳浦郡。今理漳浦縣。歷代與長樂郡同。按郡國志：「梁山有漳浦水，一云漳溪水。」唐垂拱二年析長樂郡西南之地置漳州，兼立漳浦縣以隸焉。舊屬嶺南道，天寶中割屬江南東道，仍爲漳浦郡。乾元元年復爲漳州。

元領縣三。今四：龍溪，漳浦，龍巖，長泰。泉州割至。

州境：東西四百里。南北五百里。

四至八到：西北至東京六千五百七十里。西北至西京六千九百八十五里。西北至長安七千四十五里。東至大海一百五十里。南至大海一百六十二里。西至大海二百八十里。西至潮州五百六十里。西北至汀州九百里。北至建州二千四百里。東南至黄如江一百里。西南至廢懷恩縣界一百里。西南至潮州四百八十里。西北至石埭溪一百五十里。東北至泉州六百里。

户：唐開元户一萬五千。皇朝户主一萬九千七百三十，客四千二百七十七。

風俗：同泉州。

人物：唐周匡物。字幾本，龍巖人。初，郡人未有業儒者，自匡物以明經並舉進士，郡人始知向學。〔二〕

土産：甲香，沙魚皮，鹽，〔三〕蠟茶，銀魚〔三〕海舶，香藥，長枝竹。〔四〕

龍溪縣，四鄉。舊屬泉州，因龍溪爲名。唐開元二十九年割屬漳州。

九龍山，山下有水，名九龍水。按郡國志云：「一名鬼候山，背有金溪水。山中多山魈，一名羊花子。」

赤嶼，有石，朝色如丹，晚色如霞，因名。亦曰丹霞嶼。

蜡湖。郡國志云：「漳浦蜡湖，〔二五〕隨潮之盈縮。」

梁嶼洲。郡國志云：「在中洲，有水豹、水人。」

荆嶼，嶼上多荆草，因名之。

漳浦縣，西南一百二十里。〔二六〕三鄉。按地本與龍溪地同，垂拱二年于龍溪立郡，因而析置以隸焉。〔二七〕

龍巖縣，西北泝流五日，約三百里。三鄉。唐武德以前爲雜羅縣，〔二八〕天寶元年改爲龍巖，隸漳州。〔二九〕

長泰縣，東北五十里。〔三〇〕三鄉。本屬泉州，唐乾符三年析大同場西界六里置武德場。江南僞唐乙卯歲升爲長泰縣。皇朝太平興國五年割屬漳州，從轉運司之請也。

汀州

汀州，臨汀郡。今理長汀縣。按地理志，歷代土地舊與長樂郡同。唐開元二十四年開福、撫二州山洞置汀州。天寶元年改爲臨汀郡。乾元元年復爲汀州。牛肅紀聞云：「江東採訪使奏於虔州南山洞中置汀州，〔三一〕州境五百里，山深，林木秀茂，以領長汀、黄連、雜羅三縣。」〔三二〕地多瘴癘，山都、木客叢萃其中。〔三三〕州初置在雜羅，以其地瘴，居民多死。大曆十四年移理長汀白石村，去舊州理三百里，福州觀察使承昭所奏移也。按牛肅紀聞云：「州初移長汀，長汀大樹千餘株，皆豫章，迫隘以新造州府，故斬伐林木。凡斬伐諸樹，其樹皆楓松，大徑二三丈，高者三百尺。山都所居，其高者曰人都，在其中者曰猪都，處其下者曰烏都。人都即如人形而卑小，男子婦人自爲配耦。猪都皆身如猪。烏都皆人首，盡能人言，聞其聲而不見其形，亦鬼之流也。三都皆在樹窟宅，人都所居最華。人都或時見形。當伐木時，有術者周元太能伏諸都，禹步爲厲術，則以左合赤索，圍而伐之，樹既卧仆，剖其中，三都皆不化，則執而投之鑊中煮焉。」〔三四〕

元領縣三。今二：長汀，寧化。一縣割出：沙縣。入劍州。

州境：東西五百里。南北四百里。

四至八到：東北至東京五千七百里。西北至西京五千三百里。西北至長安六千一百九十五里。東至龍溪縣二千四百五十里。南至潮州一千三百里，若至潮州管下程鄉縣界一千里。西至虔州雩都縣界九百里，至虔州一千二百里。〔三五〕北至撫州南豐縣界一千六十里。〔三六〕東南至漳州廢懷恩縣界一千五百里。西南至潮州程鄉縣界八百里。西北至撫州南豐縣一千六百里。東北至福州水陸相兼共一千三百六十里。東北至建州一千五百里。

户：唐開元户四千六百八十。皇朝户主一萬九千七百三十，客四千二百七十七。

風俗：同福州。

人物：無。

土産：鼹鼠，鼹同鼴。〔三七〕茶，龜甲。古圖經云：「進黄蠟、蠲紙。」出銀并銅，長汀縣有黄焙場，〔三八〕安豐場，并寧化縣有龍門場，〔三九〕俱出銀、銅。降真香。〔四〇〕

長汀縣，五鄉。地即長樂郡屬邑，唐開元中立郡，舊治在九龍水源長汀村。大曆中移在白石鄉，地名金沙水，即今治也。

雑羅故城。〔四一〕牛肅記聞云：「開元末，雑羅縣令孫奉先晝日坐廳事，有神見庭中，披戈執殳，狀甚可畏，奉先見之驚起。神曰：『吾雑羅山神也，今從府主求一牛爲食，能見祭乎？祭，吾當佑爾。』奉先對曰：『神既有請，誠不敢違。然格令有文，殺牛事大，請以羊豕代牛可乎？』神怒曰：『惜一牛不以祭，我不佑爾，其能宰乎！』因滅。于是瘴癘大起，月餘不息。奉先病死，其家二十口亡盡。」

靈蛇山，在州南三百八十里。

溪水，在州東四十里。地名石涵内流出，從城過，直至廣南潮州，〔四二〕通小船。

寧化縣，東北六百里。〔四三〕二鄉。武德初爲黄連縣，〔四四〕以地有黄連洞，因以爲名。至天寶元年改爲寧化縣。

鐵石山，在縣東一百五十里。

上杭場，州南，去八日程，接漳州界。

武平場，州西南，去計五日程，連循州界。

興化軍

興化軍，本泉州莆田縣地也，皇朝太平興國四年于泉州游洋鎮置興化軍，以游洋、百丈鎮共六里人户，仍析莆田二里人户置興化縣，并割莆田、仙遊等縣以屬焉；至八年以游洋鎮地不當要衝，移于莆田縣爲軍理，從轉運使楊克讓之所請也。

今領縣三：〔四五〕莆田，仙遊，興化。

軍境：東西二百一十五里。南北一百四十五里。

四至八到：新置軍未有至西京里數。西北至東京六千五百四十二里。東至海七十里。南至海四十里。東南至莆田縣奉國里大海一百里。北至福州福清縣一百五十里。西北至泉州一百八十里。東北至福州三百八十里。西北至福州永泰縣一百里。西南至泉州德化縣界一百四十五里。

户：舊户載在泉州籍。皇朝户主一萬三千一百七，客二萬六百。

風俗：同泉州。

土產：同泉州。

莆田縣，舊五鄉，今六鄉。唐武德五年分南安縣置莆田縣，〔四六〕屬豐州。州廢屬泉州。今興化軍之理所。

至孝闕。唐貞元十三年居人林攢廬于父墳，至孝上感，甘露下降。勅旌表門閭，置闕，在縣北三里。

仙遊縣，西八十五里。元四鄉。唐聖曆二年分莆田縣置清源縣。天寶元年八月改爲仙遊縣。在大飛山前五里。

九仙山，在縣北四十五里。

大飛山，在縣北五里。

瀑布山，在縣東北五里。其山峭峻，懸崖有瀑泉，〔四七〕千尺而下者。

興化縣，北八十里。今三鄉。隨軍所置，解在軍敘中。

百丈溪，東去縣七十里。有山巖百丈水流入福州福清縣。

游洋溪，從縣前流，西入永泰縣。舊鎮因此爲名。

卷一百二校勘記

〔一〕東晉南渡至因立晉安郡　按晉書卷一五地理志下：「晉安郡，太康三年置。」宋書卷三六州郡志二：「晉安郡，「晉武帝太康三年分建安立」。則晉安郡非立於東晉南渡以後。

〔二〕自同安以下皆新置　「皆」，底本脱，庫本同，據宋版及傅校補。

〔三〕麥細陵　「麥」，底本作「麦」，庫本同，據宋版、萬本改。

〔四〕了鳥船　「鳥」，底本作「烏」，據宋版、萬本、庫本及傅校改。

〔五〕威　萬本、庫本作「戚」。

〔六〕盛均字之才至閩人舉進士自詹始　萬本、庫本無盛均、歐陽詹傳略，傅校删，蓋非樂史原文。

〔七〕蕉　萬本、庫本無。

〔八〕葛　萬本、庫本無，傅校删，蓋非樂史原文。

〔九〕天門冬鐵鹽枇杷　萬本、庫本皆無，傅校删，蓋非樂史原文。

〔一〇〕橄欖荔枝龍眼甘蔗茉莉　萬本、庫本皆無，傅校删，蓋非樂史原文。

〔一一〕地本長樂郡之屬邑　按輿地紀勝卷一三〇泉州晉江縣序引本書作「本建安郡之屬邑」，此「長樂」爲「建安」之誤。

〔一二〕隋廢郡爲邑唐景雲二年分豐州之地又于此立州　按輿地紀勝晉江縣序引本書云：「隋廢郡，屬南安縣。」又引本書云：「景雲二年分豐州之地置晉安縣，又於此立泉州。」「晉安縣」當爲「晉江縣」之誤，則此「隋廢郡爲邑」下脱「屬南安縣」四字，「分豐州之地」下脱「置晉江縣」四字，「州」上脱「泉」字。又舊唐書卷四〇地理志三泉州云景雲二年改武榮州爲泉州，晉江縣云開元八年分南安縣置，新唐書卷四一地理志五、輿地廣記卷三四泉州同，則泉州與晉江縣非同時置也。

〔一三〕因此爲名　萬本、庫本同，輿地紀勝泉州引本書作「因此名州」，此「因」上脱「州」字，或「爲名」爲「名州」之誤。

〔一四〕馬總　「總」，底本作「聰」，據萬本、庫本改。輿地紀勝泉州：「馬總，贛州刺史廳壁記云：元和四年總自泉移贛。」元和二年，馬總正任泉州刺史。

〔一五〕南安縣　元豐九域志卷九泉州南安縣：「州西一十三里。」輿地紀勝泉州同。按宋泉州治晉江縣，即今福建泉州市，南安縣在今南安縣東南豐州，東南去泉州十餘里，則此南安縣下脱「西一十三里」五字。

〔一六〕陳立南安縣　按隋書卷三一地理志下：南安縣，「舊曰晉安，置南安郡。平陳，郡廢，縣改名焉」。陳置南安郡，隋平陳改置南安縣，此「縣」宜作「郡」。

〔一七〕西南一百六十二里　「二」，底本作「三」，據萬本、中大本、庫本、嘉慶重修一統志卷四二八泉州府引本書及傅校改。元豐九域志泉州同安縣：「州西一百三十五里。」輿地紀勝泉州同，記載里數不同。又九域志同安縣有三鄉，此當脱數鄉字。

〔一八〕福州僞命壬寅歲改爲永春縣　按輿地紀勝泉州引本書云：「福州僞命升爲桃源縣，壬寅歲改爲永春縣。」則此「僞命」下蓋脱「升爲桃源縣」五字。

〔一九〕小溪場　「小溪」，底本作「桃林」，庫本同，據萬本及嘉慶重修一統志泉州府引本書改。

〔二〇〕三鄉　「三」，底本作「二」，據萬本、中大本及傅校改。

〔二一〕唐周匡物至郡人始知向學　萬本、庫本無周匡物傳略，傅校删。按輿地紀勝卷一三一漳州載周爲龍溪人，未知孰是。

〔二二〕鹽　萬本、庫本無，傅校删，蓋非樂史原文。

〔二三〕銀魚　萬本、庫本無，傅校删，蓋非樂史原文。

〔二四〕長枝竹　萬本、庫本無，傅校删，蓋非樂史原文。

〔二五〕漳浦蜡湖　「湖」，底本脱，據輿地紀勝漳州引郡國志補。

〔二六〕西南一百二十里　「西南」，萬本作「南」。按元和郡縣圖志卷二九漳州漳浦縣作「東北」，云「東北」至州，輿地紀勝漳州漳浦縣作「南」，則二者皆是。

〔二七〕按地本與龍溪地同垂拱二年于龍溪立郡因而析置以隸焉　「按地本與龍溪同」，輿地紀勝漳浦縣序引本書作「本龍溪縣地」，疑此誤。萬本據福建通志改爲：「漢冶縣及南海郡揭揚縣地，晉義熙九年分置綏安縣，屬義安郡，宋齊以後因之。隋開皇十三年併入龍溪。唐垂拱二年析龍溪南界置漳浦縣。乾元二年徙州治龍溪，以漳浦爲屬縣，歷朝因之。」實非樂史原文，甚誤，庫本全文闕脱。

〔二八〕唐武德以前爲雜羅縣　「雜」，萬本注：「一本作『新』。」按元和郡縣圖志漳州龍巖縣序云：「先置在汀州界雜羅口，名雜羅縣。」考晉書地理志下晉安郡有新羅縣，輿地紀勝卷一三二汀州總序云：「晉武帝平吴立新羅縣，後廢置無所考，至唐明皇時『開福撫二州山洞置汀州，治新羅』。」宋本方輿勝覽卷一三汀州總序同，新唐書地理志五亦云開元二十四年置汀州，治新羅，此及元和志之「雜羅縣」疑即其地，「雜」蓋爲「新」字之誤。本書卷汀州總序「雜羅」亦爲「新羅」之誤。又舊唐書地理志三、新唐書地理志五皆云開元二十四年置龍巖縣，不及「雜羅縣」，與本書、元和志異。

〔二九〕天寶元年改爲龍巖隸漳州　按元和郡縣圖志、新唐書地理志皆云原屬汀州，大曆十二年改隸漳州，當是。

〔三〇〕東北五十里　「東」，底本作「西」，萬本、庫本同，據嘉慶重修一統志卷四二九漳州府引本書改。按宋長泰縣即今縣，在漳州（治今漳州市）東北，元豐九域志卷九、輿地紀勝皆作「州北」，亦是。

〔三一〕虔州　「虔」，底本作「處」，據輿地紀勝汀州總序引牛肅紀聞改。按處州在汀州東北，中間建州、南劍州諸州；虔州在汀州西北，二州相鄰，紀勝所引是。

〔三二〕雜羅　輿地紀勝引牛肅紀聞作「新羅」，此「雜」爲「新」字之誤，後同。參見本卷校勘記〔二七〕。

〔三三〕牛肅紀聞云至山都木客叢萃其中　萬本、庫本無此五十四字。

〔三四〕按牛肅紀聞云至則執而投之鑊中煮焉　萬本無此一九一字。

〔三五〕至虔州一千二百里　「至」，底本脱，萬本同，據永樂大典卷七八九〇引本書補。

〔三六〕北至撫州南豐縣界一千六十里　「十」，底本作「百」，據萬本、中大本及永樂大典卷七八九〇引本書改。

〔三七〕鼹同鼴　傅校删此三字。

〔三八〕黄焙場　「焙」，底本作「培」，據萬本及嘉慶重修一統志卷四三四汀州府引本書改。

〔三九〕有龍門場　萬本無此四字。按元豐九域志卷九汀州寧化縣有龍門新、舊二銀場。

〔四〇〕降真香　萬本無此三字，傅校删。

〔四一〕雜羅故城　「雜」，萬本作「新」，輿地紀勝汀州、永樂大典卷七八九二引本書同，此「雜」爲「新」字之誤，下同。參見本卷校勘記〔二七〕。

〔四二〕内流出從城過直至廣南潮州　底本「内」上衍「涵」字，「出」下衍「水」字，「廣南」下脱「潮州」二字，皆據萬本、嘉慶重修一統志汀州府引本書及傅校删補，中大本亦有「潮州」二字。

〔四三〕東北六百里　元和郡縣圖志卷二九汀州寧化縣：「西南至州六百里。」元豐九域志汀州寧化縣：「州東北一百八十里。」輿地紀勝同。按唐寧化縣在今寧化縣東，五代後唐同光元年遷治今縣，西南去汀州治長汀縣，即今長汀縣，正合九域志、紀勝記載，則此「六百」乃沿襲元和志而誤。

〔四四〕武德初爲黄連縣 「縣」，底本脱，萬本同，據輿地紀勝汀州、永樂大典卷七八八九引本書補。又元和郡縣圖志汀州載開元二十二年置寧化縣，舊唐書地理志三載開元二十四年置，皆與此異。

〔四五〕領縣三 萬本「領」上有「今」字。

〔四六〕南安縣 「南安」，底本作「安南」，萬本同，據元和郡縣圖志、舊唐書地理志三、新唐書地理志五泉州乙正。

〔四七〕懸崖有瀑泉 「瀑泉」，萬本作「瀑布泉」，按輿地紀勝卷一三五興化軍引晏公類要作「瀑布」。